Elizabeth Taylor

Vom Dicksein, vom Dünnsein, vom Glücklichsein

Droemer Knaur

Aus dem Amerikanischen
von Gisela Strasser

CIP-Titelaufnahme der Deutschen Bibliothek

Taylor, Elizabeth:
Vom Dicksein, vom Dünnsein, vom Glücklichsein / Elizabeth Taylor.
Aus d. Amerikan. von Gisela Strasser. – München: Droemer Knaur, 1988
Einheitssacht.: Elizabeth takes off <dt.>
ISBN 3-426-26339-4

Copyright © 1988 bei Droemersche Verlagsanstalt
Th. Knaur Nachf., München
Original English language edition »Elizabeth Takes Off«
Copyright © 1988 by Elizabeth Taylor
This edition published by arrangement with
The Putnam Publishing Group, Inc.
Umschlaggestaltung: Kaselow Design, München
Umschlagfoto: © by Gary Bernstein
Satzarbeiten: Compusatz GmbH, München
Druck und Bindearbeiten: May & Co., Darmstadt
Printed in Germany
3-426-26339-4

2 4 5 3 1

Für Dich
(Du weißt schon, wen ich meine)

Inhalt

Vorwort

Ich heiße Elizabeth Taylor. Seit fast fünfzig Jahren stehe ich im Blickfeld der Öffentlichkeit: als Kind, als junges Mädchen und als junge Frau, als Ehefrau, Mutter und jetzt als Großmutter. Sie sehen, daß ich die Stationen meines Lebens einfach aufzähle, ohne sie durch schmückende Beiwörter näher zu beschreiben. Das hat natürlich Gründe. Die Filmstudios und die Presse haben mich zu Tode beschrieben, also muß ich nicht auch noch verbalen Ballast abladen.

Jung oder alt, dick oder dünn – der Himmel weiß, daß mich mein Image immer wieder eingeholt hat. Ob mir gerade danach ist, meinem Größe-sechsunddreißig-Spiegelbild zuzulächeln – was ja nicht schlecht ist für eine Großmutter um die fünfzig –, oder ob ich lieber jedem Spiegel aus dem Weg gehe bis auf den in meiner Handtasche: Seit ich ein kleines Mädchen war, hat mein Bild mich gnadenlos aus Zeitungen, Illustrierten und von der Leinwand herunter angestarrt.

Zu den Gefahren, die auf einen lauern, wenn man in Hollywood aufwächst, gehört, daß man dort nicht klar genug zwischen dem äußeren Erscheinungsbild und dem Selbstbild unterscheidet. Wie jemand aussieht und wie jemand sich selbst empfindet, das ist längst nicht immer dasselbe. Unser Bild bezieht sich auf unser Aussehen. Unser Selbstbild bezieht sich auf das, was wir wirklich sind. Wir alle kennen schwergewichtige Leute, die mit

9

ihren Gefühlen klarkommen und ein gesundes Selbstbewußtsein haben. Auf der anderen Seite wissen wir, daß Hollywood voll ist von schönen, schlanken Frauen, die unglücklich sind, ein unerfülltes Leben und so gut wie keine Selbstachtung haben.

Ich hatte Glück. Ich habe sehr früh gelernt, zwischen mir selbst und meiner öffentlichen Erscheinung eine Trennlinie zu ziehen. Das war aber auch nötig. Seit meinem neunten Lebensjahr stehe ich vor der Kamera, und wenn es mir diese ganzen Jahre lang darum gegangen wäre, die Erwartungen des großen unbekannten Publikums zu erfüllen, dann wäre ich jetzt ein Wrack. Auch wenn die Presse aus meinem Leben ein Theaterstück für die ganze Welt gemacht hat, habe ich doch dieses Leben für mich gelebt und für die Menschen, denen gegenüber ich mich verantwortlich fühle. Ich meine die Menschen, deren Leben mit meinem eng verbunden ist. Ich habe auch nie versucht, meine Handlungen der ganzen Welt zu erklären, sondern nur den Menschen, denen ich mich verantwortlich fühle. Diese Haltung hat das Publikum zwar gelegentlich schockiert, aber letztlich hat man mich, glaube ich, dafür respektiert.

Der Wert, den man sich selbst zugesteht, wird natürlich auch von den Ansichten anderer beeinflußt – von Freunden, von der Familie und von Menschen, die man liebt. Letztendlich aber wird das Selbstbild im innersten Kern der Person geschmiedet. Jede Frau weiß, daß ihr Aussehen von ihrer Laune und, umgekehrt, ihre Laune von ihrem Aussehen abhängt. Und jede Frau, die ehrlich ist, wird zugeben, daß Selbstbild und Selbstachtung engstens miteinander verknüpft sind. Bitte – ich sage nicht Bild, sondern Selbstbild. Das Aussehen ist dabei nicht das allein Entscheidende. Als ich mit der Schauspielerei anfing, hat meine Mutter mir genau das sehr schnell und mit Nachdruck beigebracht.

In *National Velvet,* dem Film, der mich zum Star machte, gewinnt Velvet bei einer Lotterie ein Pferd. Der Vorbesitzer warnt sie, daß das Tier bis jetzt weder zugeritten noch zu sonst irgendeiner Arbeit eingesetzt worden sei. »Es ist einfach nur ein schönes Tier.« Worauf Velvet entgegnet: »Ist das denn nicht genug, wenn man einfach nur schön ist?«

»Nein«, hat meine Mutter klar gekontert. Es sei denn, man meint »schön« im wahrsten Sinn des Wortes, in der Bedeutung, daß man mit seinem Leben zufrieden, anderen Menschen verbunden und stolz auf seine Arbeit ist. Da kann meine Mutter noch so recht haben – die meisten Frauen wissen, daß ihr Aussehen ihr Selbstbild prägt, und in unserer Gesellschaft heißt »gut aussehen« soviel wie »schlank sein«. Wenn wir zunehmen, dann wirkt sich das auf unseren Selbstwert genauso aus wie auf unser Aussehen. Wenn wir abnehmen, kann das unser Selbstbewußtsein auf der Stelle heben. Und jede Frau weiß, daß es längst nicht soviel Anstrengung kostet, wenig zu essen, wenn man glücklich ist. Obwohl ich gutes Essen grundsätzlich sehr genieße, ist der Lockruf der Schokoladencreme im Kühlschrank doch viel leiser, wenn ich zufrieden und ausgelastet bin. Und auch die Perugia-Pralinen, die ich meinen Gästen anbiete, flüstern mir nicht beim Einschlafen Verführerisches ins Ohr, wenn mein Leben mit Arbeit ausgefüllt ist und Menschen um mich sind, die ich mag. Wenn ich ganz tief in der Filmarbeit stecke, vergesse ich auch schon mal das Mittagessen – und ich bin wirklich jemand, der gutes Essen gleich neben der großen Kunst ansiedelt.

11

Als ich so auf die fünfzig zugesteuert bin, hat mein Übergewicht meinen Selbstwert stark beeinträchtigt. Und als ich dann endlich den Mut aufbrachte, etwas gegen diese angesammelten Pfunde zu unternehmen, wurde mir klar, daß verletzter Stolz eine entscheidende Rolle dabei gespielt hatte, warum ich überhaupt so dick geworden war. Eigentlich kann ich mich aber nicht beschweren.

Wenn man vierzig Jahre lang sein gutes Aussehen als etwas Selbstverständliches hinnehmen kann, dann ist das doch ganz schön. Und genau das war bei mir der Fall. Sicher, ich wußte, daß es zu meiner Arbeit gehörte, ein gewisses Maß an Energie auf mein Aussehen zu verwenden, aber es war wunderbar, daß ich mir um das Ergebnis keine Sorgen machen mußte. Dann, vor ein paar Jahren, ging es mit meinem Gefühlsleben bergab, und mein Aussehen rutschte hinterher. Es war ein Teufelskreis, aus dem ich nicht mehr herausfand. Die Riesenportionen, die ich in mich hineinschaufelte, waren ein Ersatz für alles, was mir, wie ich fand, in meinem Leben fehlte.

Was aber wirklich am Verhungern war, war mein Selbstbewußtsein, und alles Essen auf der Welt konnte das nicht aufrichten. In Wirklichkeit war mein sich vergrößernder Taillenumfang nur wieder ein Grund mehr, mit mir hart ins Gericht zu gehen. Und schon versuchte ich, meine verletzten Gefühle mit neuen Leckerbissen und wieder einem kleinen Schlückchen zu besänftigen. Nach einiger Zeit bestand mein Lebensinhalt fast nur noch aus Essen und Trinken. Das erste, woran ich am Morgen dachte, war: Was will ich essen? Nach dem Frühstück zählte ich die Stunden bis zum Mittagessen, und wenn das vorbei war, stellte ich meinen inneren

Wecker auch schon auf das Abendessen ein. Dazwischen hielt ich mich mit kleinen Häppchen am Leben, so daß das Wort »Imbiß« bei mir allmählich eine neue Bedeutung bekam. Das Wörterbuch definiert einen Imbiß als eine leichte Zwischenmahlzeit. In meinem Wörterbuch wurde daraus ein zusätzliches Festmahl von bankettartigen Ausmaßen.

Einen Punkt möchte ich hier klarstellen. Dieses Buch handelt von einer meiner Suchten. Ich versuche nicht, meinen Alkoholismus oder meine Tablettensucht zu vertuschen, auszuklammern oder zu verniedlichen. Das wird ein anderes Buch füllen, und zwar ein dickes.

Kürzlich haben mir Freunde geschildert, wie fassungslos sie waren über diese ungeheuren Mengen an Nahrung, die ich verdrücken konnte. Das Schlimmste dabei ist, daß ich mir meiner gastronomischen Heldentaten nicht einmal bewußt war. Ich frage mich, ob man die Dicken zu einer Diät nicht einfach dadurch animieren könnte, daß man jede Mahlzeit und jeden Imbiß, den sie so im Laufe eines Tages zu sich nehmen, filmt. Der Betroffene könnte sich dann den Film anschauen und mit eigenen Augen sehen, was er so alles in sich hineinstopft. Ich kann mir aber nicht vorstellen, daß irgend jemand den Streifen *Wie ich mir den Bauch vollschlage* mit Elizabeth Taylor in der Hauptrolle durchstehen würde, obwohl mein wachsender Umfang für die Medien weiß Gott ein gefundenes Fressen war. Während der frühen sechziger Jahre hatte eine Art Konkurrenz geherrscht zwischen der »profanen« Romanze der Burtons und der »geheiligten«, die sich damals in Washington abspielte. Dieselben Zeitungen, die lieber die ersten Fotos von Richard Burton und mir am Strand als die von den Kennedys im Weißen Haus brachten, befaßten sich inzwischen ausführlich mit meinen neuen, höchst unvorteilhaften Ausmaßen.

Meine Resonanz in den Medien habe ich eigentlich immer in einer Art schaudernder Faszination verfolgt, auch wenn ich mich nicht davon betroffen fühlte. Mein Leben war wohl auch ziemlich dramatisch – sehr schwarz oder sehr weiß –, obwohl ich zwar augenblicklich versuche, auch das »Grau« zu seinem Recht kommen zu lassen. Eigentlich eine sehr schöne Farbe, und überhaupt nicht langweilig. Trotzdem sieht es ganz so aus, als würde alles, was ich tue, soweit es die Öffentlichkeit betrifft, grundsätzlich immer nur in Extremen wahrgenommen.

Meine Odyssee von schlank zu fett und dann wieder zu fit war so sorgfältig dokumentiert wie ein Fall vor dem Bundesgerichtshof. Ich finde es schön, daß so viele Menschen für mich die Daumen drückten, aber irgendwann nahm das Interesse an meinem Übergewicht und dem nachfolgenden Abspecken einfach absurde Formen an. Eines Abends kam ich von einer Preisverleihung nach Hause und schaltete den Fernseher ein, um mir die Spätnachrichten anzusehen. Thema der Hauptnachricht war mein gutes Aussehen, und dazu gab es jede Menge »Vorher«- und »Nachher«-Material. Im Anschluß daran folgten ein Gipfeltreffen, eine Überschwemmung und ein Wallstreet-Skandal. Es ist natürlich sehr schmeichelhaft, wenn die Leute sich so um mein Aussehen sorgen, daß sie mich vor der internationalen Politik, vor Naturkatastrophen und Finanzskandalen erwähnen. Aber es ist auch ziemlich lächerlich. Leider ging mir während der Zeit, in der ich mein Höchstgewicht – so an die 170 Pfund – erreicht hatte, auch mein Sinn für Komik verloren. Er ging denselben Weg wie meine Selbstachtung – begraben unter vielen Kilos von ungesundem Speck und emotionalen Problemen, die ich zu ignorieren versuchte. Vieles von dem, was in den Zeitungen stand, war die Wahrheit. Es besteht ja ein gewisser Unterschied zwischen gut gepolstert und schlicht und einfach fett, und ich hatte diese Grenze überschritten.

Zum erstenmal in meinem Leben war es mir egal, wie ich aussah. Ich war ein Spektakel für die Welt, und jeder konnte zusehen. Ich wehrte mich gegen diesen Druck und aß immer mehr. Mein Trotz, meine Schuldgefühle, meine Schande – jeder konnte daran teilhaben und darauf reagieren, nicht nur die Komiker. Als ich mich auf diesen selbstzerstörerischen Kurs begab, war das genauso mit voller Kraft, wie ich auch sonst alles mache. Obwohl es oft diesen Anschein hat, bin ich nicht jemand, der unter Zwängen handelt; ich weiß meistens ganz genau, was ich tue. Natürlich, wenn man so bekannt ist wie ich und sich selbst kaputtmacht, ist es für andere einfacher anzunehmen, hier habe einer die Kontrolle verloren, als anzunehmen, daß einer sich bewußt so aufführt. Tatsache ist, daß ich ganz genau wußte, was ich tat.

Ich habe immer versucht, ehrlich zu sein. Ich habe nie versucht, Entschuldigungen oder Ausreden zu finden. Ich möchte mir selbst treu bleiben, ob das anderen paßt oder nicht. Die Leute können mich nicht immer nur verstehen oder über mein Leben Bescheid wissen. Lesen können sie meistens nur etwas über die Folgen, und die sind gewöhnlich von den Medien entstellt und verzerrt. Sogar in meiner schlimmsten Phase hatte ich das Gefühl, daß ich mir selbst treu war. Während dieser Zeit hatte ich ein ganz bestimmtes Selbstbild, und das habe ich, in mehr als einem Sinn, hochgepäppelt. Jetzt habe ich ein wahreres Bild von mir, und um dieses Porträt geht es mir.

Während ich meine Freßorgien feierte, reagierte ich wie viele andere Frauen, die an einem Punkt angelangt sind, an dem sie nicht mehr auf sich stolz sind. Ich war fast fünfzig, als ich zum erstenmal in meinem Leben den Sinn für meinen eigenen Wert verlor. Und das ist mir passiert, weil ich mich, nachdem mein Mann, John Warner, in den Senat der Vereinigten Staaten von Amerika gewählt worden war, völlig überflüssig fühlte. Wie so viele Ehefrauen in Washington und so viele andere Frauen in verschiedenen Stadien ihres Lebens hatte ich nichts zu tun. Das Bild, das die Öffentlichkeit von mir hatte, und mein Selbstbild – nichts als Scherben.

Die Tatsache, daß ich es auf mich nahm, mein Leben herumzureißen, war ein Wunder, und ich halte es mir zugute, daß ich dieses Ziel nicht aus den Augen verlor, obwohl es Zeiten emotionaler Verwirrung gab und Tage, an denen nichts mich davon abhalten konnte, einen Trampelpfad in die Küche anzulegen. Es war nicht einfach. Nichts, das etwas wert ist, ist einfach, nicht einmal etwas so Elementares wie ein gutes Gefühl sich selbst gegenüber. Aber ich glaube ganz fest daran: Wenn ich mich ändern konnte, dann können Sie es auch. Vielleicht sind Sie der Meinung, die Tatsache, daß ich Elizabeth Taylor bin, hätte mir die Sache erleichtert. In mancher Beziehung sicher. Aber es hat sie auch erschwert. Ich war verhätschelt und verwöhnt, und ich brauchte eine ganze Weile dazu, die Wahrheit über mein Gewicht zu erkennen. Und wenn man nicht ehrlich mit sich selber ist, kann man auch keinen Erfolg haben.

Einer der Gründe, warum ich mich zu diesem Buch

entschloß, ist der, daß ich ausgesprochen irritiert war durch Hunderte von Artikeln, die verkündeten, meine Gewichtszunahme – und damit stillschweigend auch die anderer Frauen – sei das Ergebnis von Faktoren, über die ich keine Kontrolle hätte. Und das ist einfach nicht wahr. Jeder ist doch irgendwie unter Druck – durch Termine, die es nicht erlauben, daß man drei regelmäßige Mahlzeiten zu sich nimmt, durch die Versuchung, Speisen zu essen, die für Gäste bestimmt sind und einen hohen Kalorienwert haben, und ganz allgemein durch die Einstellung, daß Essen Trost bedeutet. Wenn wir aber mit diesem Druck richtig umgehen, gerät gar nichts außer Kontrolle. Während der Zeit, in der ich diese vielen Pfunde abnahm, lernte ich allerlei über das Selbstbild und die Selbstachtung – und vor allem das, daß es auf mich ankommt.

Viele fanden es erstaunlich, was ich geschafft habe. Und ich bin auch stolz auf mich. 1982 wog ich 165 Pfund, und als ich heute morgen auf die Waage stieg, waren es 109. Dieser Gewichtsverlust ist meine am deutlichsten sichtbare Leistung. Sichtbar für jeden. Was man aber nicht sehen kann, ist, wie ich das geschafft habe, und, noch viel wichtiger, wie ich mein Gewicht halte.

Dieses Buch kann und will Ihnen weder ein besseres Selbstbild noch eine kleinere Kleidergröße versprechen. Aber ich will versuchen, Wege aufzuzeigen, wie Sie die Art, in der Sie Ihr Leben und auch sich selbst betrachten, ändern können. Der Erfolg hängt von Ihnen ab. Ich kann dabei ein Wegweiser für Sie sein.

Deshalb wollen wir auch gleich über den am deutlichsten sichtbaren Aspekt Ihrer Neugeburt reden – über das Abnehmen. Bitte denken Sie daran: Wenn ich sage, eine Diät machen, dann meine ich nicht, daß Sie hungern sollen. Eine vernünftige Diät und ihre Einhaltung, das ist eine Sache – eine Hungerkur und ein erniedrigender Entzug, das ist etwas ganz anderes. Zu dünn sein ist genauso gefährlich wie zu dick sein. Es gibt viel zu viele Frauen (und auch manche Männer), die fest an das alte Sprichwort glauben: »Man kann nie zu dünn und nie zu reich sein.« Unter uns gesagt, der zweite Teil dieses Satzes ist mir aus der Seele gesprochen, der erste ganz und gar nicht.

Inzwischen weiß ich, wieviel ich wiegen muß, um mich wohlzufühlen, und seit fast drei Jahren halte ich dieses Gewicht so ungefähr. Ich bin aber auch nur ein Mensch, und es gab Zeiten, in denen ich von den vernünftigen Eßgewohnheiten abgewichen bin. Ich glaube, daß alle Frauen Zeiten durchmachen, in denen das Gefühl die Oberhand gewinnt und sie zu Freßorgien treibt – Langeweile, Alleinsein oder auch nur Streß im Beruf. Bei mir hängt das in letzter Zeit direkt mit meiner Gesundheit zusammen. Man lege mich in ein Krankenhaus, erkläre mir, daß ich mich jetzt auf wochenlange Fuß-, Rücken- oder Zahnschmerzen einzustellen hätte, und das erste, woran ich denke, ist eine richtig schöne, fette, süße Schokoladencreme. Nur, heute geht es dabei vielleicht um fünf Pfund, nicht mehr um fünfzig. Ich habe die letzten Jahre genug schlimme Zeiten mitgemacht, und ich kenne meine Schwächen – aber ich konnte meine Gewichtszunahmen Gott sei Dank immer unter Kontrolle halten.

Es heißt, daß es ab einem bestimmten Alter für eine Frau nicht nur schwerer ist abzunehmen, sondern auch, daß sie dabei zwischen ihrem Po und ihrem Gesicht wählen muß. Ich hatte Glück in dieser Beziehung; mein Gesicht sieht dünn besser aus, und ich konnte abnehmen, ohne hager zu wirken. Leider setzen sich viele meiner Altersgenossinnen ungesunde Ziele und wollen extrem viel abnehmen. Sie finden sich umwerfend, wenn ihre Wangen wie zwei Schluchten wirken. Ich finde, sie sehen aus wie wandelnde Skelette. Ich verstehe nicht, warum die Medien Frauen dazu bringen, derart negative Selbstbilder zu übernehmen. In Hollywood hat man die Ausrede, daß die Kamera ohnehin noch zehn Pfund dazutut. Diesen alten Spruch haben Sie sicher auch schon mal gehört. Mich überzeugt er nicht, und ich würde ihn auch ganz sicher nicht als Ausrede für die Magersucht gelten lassen. Wenn ich weniger als 108 Pfund wiege, verwende ich genausoviel Energie darauf, wieder auf 110 Pfund zu kommen, wie wenn ich 112 wiege und abnehmen muß. Die Vorstellung, daß ich gelegentlich auch einmal zunehmen muß, ist einfach köstlich. Wenn ich arbeite, vergesse ich wirklich manchmal das Essen. Also nehme ich ab. In meinem Alter machen aber ein paar Pfund weniger genauso einen Unterschied wie ein paar Pfund mehr. Einmal wog ich unter 108 Pfund, und mein Busen fing an zu verschwinden. Ich mußte ganz schnell ein bißchen Speck ansetzen. Glauben Sie mir, es ist ein Vergnügen, in so eine Lage zu kommen – aber es hat lange gedauert, bis ich dahin gekommen bin.

Heute fühle ich, daß ich nicht nur meinem eigenen Leben gegenüber eine Verpflichtung habe, sondern auch gegenüber anderen, die von meinen Erfahrungen profitieren können. Nachdem ich jahrelang die Idealvorstellung von irgendwelchen Filmmogulen verkörpert habe, ist es wirklich ein Segen, mich jetzt so zu geben, wie ich bin.

Dieses Buch soll nicht nur Klarheit darüber bringen, warum ich zugenommen und wie ich wieder abgenommen habe. Ich möchte auch ein paar Methoden aufzeigen, durch die ich meine eigene falsche Haltung dem Dicksein gegenüber überwinden konnte. Mich selbst so zu sehen, wie ich wirklich war, und etwas dagegen zu unternehmen – dieser Lernprozeß war der erste Schritt. Mich gesund zu ernähren und regelmäßig Gymnastik zu machen – das war die zweite Lektion.

Ich bin kein Arzt und kein Ernährungswissenschaftler, aber ich war dick, und ich weiß, wie schlimm das sein kann. Und ich weiß, daß dieses selbstzerstörerische Verhaltensmuster unweigerlich auch Selbstmitleid hervorruft. Wenn meine Geschichte andere dazu anregt, die Kontrolle über ihr Leben und ihr Aussehen wieder selbst zu übernehmen, dann hat sie ihren Zweck erfüllt.

Einleitung

Sie, Sie ganz allein können über Ihr Selbstbild und Ihr Gewicht bestimmen. Ich möchte Ihnen dabei helfen und meine Erfahrungen, meine Diät und auch mein Fitness-Programm mit Ihnen teilen. Aber letztlich liegt die Verantwortung bei Ihnen. Ich hoffe natürlich, daß die folgenden Kapitel Sie darin bestärken, sich Ihr Leben so einzurichten, daß Sie sich so wohl wie möglich fühlen und so gut wie möglich aussehen. Aber es liegt an Ihnen, diese Ratschläge und Richtlinien so anzuwenden, daß Sie dabei an Ihre eigenen Idealvorstellungen herankommen.

Einer der ersten Schritte besteht darin, herauszufinden, welches Gewicht für Sie am besten ist. Bei Frauen können das 90 Pfund sein, 110, oder aber auch 135 Pfund! Bei Männern liegt das alles etwas höher, aber die Grundregeln sind dieselben.

Ohne Schuhe bin ich 1,62 m groß, und ich fühle mich am wohlsten, wenn ich zwischen 108 und 110 Pfund wiege – nicht mehr und, vor allen Dingen, auch nicht weniger. Ich halte das für mein Idealgewicht, aber »ideal« ist ein ziemlich schwieriges Wort, wenn man es auf den Zeiger einer Waage anwendet. Ich glaube fest daran, daß man sich danach richten soll, wie man sich am besten fühlt; gleichzeitig ist es aber auch nicht schlecht, eine Gewichtstabelle zu Rate zu ziehen. Die guten Tabellen berücksichtigen Geschlecht, Alter, Größe und Knochenbau, aber selbst die besten differieren häufig bis zu zwanzig Pfund innerhalb einer Gruppe und sind oft mit Erklärungen versehen, die, milde ausgedrückt, ziemlich verwirrend sind. Diese Tabellen beziehen sich dann auf Dinge wie »Größe mit 5-cm-Absätzen« oder »Gewicht mit Straßenkleidung«. Warum muß man sich dabei für bestimmte Schuhe entscheiden? Und gehören Jeans zur Sommer- oder Winterkleidung? Warum beziehen sich diese Angaben nicht einfach aufs Evaskostüm? Dann müßte man sich nicht auch noch wegen der Jahreszeit Gedanken machen.

Eine gute Tabelle sollte so weit wie möglich auf die individuelle Figur eingehen. Sie soll sich nach den neuen, gesünderen Gewichtsempfehlungen richten, sich mit realen Personen befassen und keine unerreichbaren Ziele setzen.

Es ist interessant, daß sich das Gewicht, das die Lebensversicherer 1959 empfahlen, deutlich von dem unterscheidet, das sie 1983 als richtig empfanden. Nach diesen Zahlen hätte ich vor dreißig Jahren zwischen 100 und 107 Pfund wiegen sollen, heute dagegen zwischen 103 und 114. Als ich 1967 den Film *Spiegelbild im goldenen Auge (Reflections in a Golden Eye)* machte, wog ich 119 Pfund. Ich war damals der Ansicht, daß ich ziemlich gut aussah. Würde ich immer noch glauben, daß ich mit 119 Pfund gut aussehe, hätte ich an diesem Punkt sofort mit der Diät aufgehört; aber auf meinem Rückweg aus dem Schweineparadies kamen die 119 Pfund und gingen auch wieder, und ich fühle mich nicht nur besser, sondern ich sehe auch besser aus, wenn ich 10 Pfund leichter bin.

Neben den Gewichtstabellen und der Waage ist, wenn Sie mich fragen, Ihr bester Freund ein großer Spiegel. Sicher, man kann sein Bild auch verschleiern. So wie ich.

Auf meinem absoluten Höhepunkt hatte ich eine ganz einfache Methode. Ich hüllte mich in voluminöse Kleidungsstücke, meist Kaftans, in denen ganze Beduinenstämme bequem Zuflucht gefunden hätten. Dann rannte ich so schnell am Spiegel vorbei, daß ich nur einen ziemlich flüchtigen Eindruck von mir bekam. Ich dachte, ich würde ganz o. k. aussehen. Aber diese schnellen Seitenblicke waren natürlich eine gewaltige Selbsttäuschung. Machen Sie sich nichts vor. Alle Kaftans, Jelabas und Zeltkleider der Welt können nicht hinwegtäuschen über das, was sich darunter verbirgt.

Wenn es Ihnen damit ernst ist, sollten Sie das tun, was ich letztendlich auch gemacht habe: Ziehen Sie sich ganz aus, und stellen Sie sich vor einen Spiegel, am besten vor einen, in dem man sich von allen Seiten betrachten kann. Man kann sich nicht mehr belügen, wenn einem die Tatsachen vor Augen hängen. Das wurde mir klar, als ich endlich den Mut aufbrachte zum »Ausziehen und Anschauen«. Dann sah ich endlich das, was die Öffentlichkeit schon seit Jahren gesehen hatte – eine Frau in mittleren Jahren, die dick und aufgedunsen wirkte. Die berühmten blauen Augen waren eingebettet in Fettschichten. Das war kein sehr schöner Anblick und sicher auch kein gesunder.

»Filmstar« hin oder her, die Gründe, warum ich in diesen desolaten Zustand verfiel, waren dieselben wie bei jeder Frau, die sich, im wahrsten Sinn des Wortes, gehenläßt. Warum also? Die Entschuldigung, die man am schnellsten parat hat, wenn das gute Aussehen einer Frau dahinschwindet, ist die Tatsache, daß sie älter wird. Aber alles auf das Altern abzuschieben ist nicht nur eine faule Ausrede, es ist auch gefährlich. Geben wir es doch zu, es gibt nur eine Alternative zum Altwerden.

Vielleicht tun Frauen sich schwerer damit als Männer, den natürlichen Altersprozeß zu akzeptieren, aber es ist absolut notwendig, daß man es tut. Mein Freund Sidney Guilaroff, *der* Haarstylist in Hollywood und mein Ersatzvater seit meinen ersten Tagen bei MGM, war auch ein Freund von Marilyn Monroe. Marilyn liebte Sidney und vertraute ihm, und auch er hatte sie sehr gern, aber wie alle ihre Freunde machte er sich Sorgen um sie. Sidney weiß, daß sie schreckliche Angst davor hatte, vierzig zu werden. »Eines Tages kam sie, um sich die Haare machen zu lassen«, schilderte er mir. »Und während ich sie auskämmte, beugte sie sich zum Spiegel, schlug die Hände vors Gesicht und jammerte: ›O Gott, Sidney, schau dir diese Falten an. O Gott, Sidney, werde ich jetzt alt?‹ Natürlich sagte ich ihr, sie würde blendend aussehen, aber diese Falten haben sie wahnsinnig deprimiert. Drei Tage später war sie tot, mit sechsunddreißig. Sie wäre jetzt zweiundsechzig. Aber Marilyn hätte nie zweiundsechzig werden können«, sagte Sidney. Und dann machte er mir eines der schönsten Komplimente, die ich je bekam: »Elizabeth, du kannst zweiundsechzig, zweiundsiebzig oder zweiundachtzig sein und einfach genauso wunderbar sein wie jetzt mit fünfzig.«
In einem hat Sidney recht. Ich habe keine Angst vorm Altwerden. Wenn ich versuche, gut auszusehen, heißt das nicht, daß ich versuche, jung auszusehen. Das ist unmöglich. Ich habe sehr gut ausgesehen, als ich zwanzig war, aber mit fünfzig kann ich nicht mehr so aussehen. Als Gloria Steinem ihren vierzigsten Geburtstag feierte, sagte jemand zu ihr: »Du siehst nicht aus wie vierzig.« »Aber so sieht vierzig aus«, soll Gloria Steinem geantwortet haben. Genau das ist die positive Einstellung, die wir alle in jedem Alter haben sollten.

Ich kann es wirklich nicht auf meine Berühmtheit schieben, daß ich mich in Washington in einen Ballon verwandelt habe. Sogar damals war mir klar, daß die Gründe für meine Gewichtszunahme die ganz üblichen Probleme des Alterns waren, nämlich Einsamkeit und Untätigkeit. Gut, in meinem Fall wurde das noch verstärkt und unterstützt durch zu viel Alkohol und zu viele Pillen.

Mit fünfzig Jahren mußte ich mich selbst wieder neu erschaffen oder neu erfinden. Bei mir hieß das, weil ich noch einige Probleme dazu hatte, einen Entzug im Betty-Ford-Center machen. Aber schon vor diesem Schritt hatte ich mir vorgenommen, wieder in Form zu kommen. Als ich Washington verließ, um wieder als Schauspielerin zu arbeiten, war ich auch bereit, mich meinem Selbstbild zu stellen. Und das bedeutete Diät. Ich hatte zwar früher eigentlich nie selbst irgendwelche Gewichtsprobleme, war aber als Schauspielerin praktisch immer von professionellen Abnehmern umgeben. Und während der letzten Jahre hatte auch ich dann die ganzen Mode-Diäten mitgemacht. Die Pampelmusen-, die Stillman-, die Scarsdale-Diät – was gerade dran war, ich habe es probiert. Ich habe alles und jedes versucht, um abzunehmen. Und ich habe auch abgenommen, Pfunde um Pfunde, aber weil ich meine Einstellung zum Essen nicht geändert hatte, waren sie alle auch gleich wieder drauf. Mein Ziel war es jetzt, einen vernünftigen Weg zu finden, mein Übergewicht loszuwerden und dann mein Gewicht zu halten.

Jetzt kommt etwas, was Sie von mir vielleicht noch nicht wissen. Wenn ich mich auf etwas einlasse, dann knie ich mich so richtig hinein und finde am Ende meistens meine eigene Methode. Fragen Sie Mike Westmore, er

25

wird Ihnen sagen, daß ich meine eigenen Variationen zu seinen Frisuren gemacht habe. Fragen Sie Nolan Miller, und er wird Ihnen sagen, daß ich, auch wenn ich meine Garderobe nicht selbst entwerfe, weiß, was mir am besten steht, und deshalb grundsätzlich Vorschläge mache. Fragen Sie Dr. LeRoy Perry, und er wird Ihnen sagen, daß ich mir meine Gymnastikübungen zum großen Teil selbst ausgedacht habe. Und genauso habe ich es auch beim Abnehmen gehalten. Ich habe die verschiedenen Komponenten der erfolgreichen Programme analysiert und schließlich eine Diät zusammengestellt, die wirklich funktioniert. Ich bin von Größe 44 auf Größe 36, gelegentlich auf Größe 34 geschrumpft, und ich habe mich seit Jahren nicht mehr so wohl gefühlt. Das mit den Kleidergrößen ist allerdings sehr relativ. Kann sein, daß Sie toll aussehen in Größe 40, also versuchen Sie nicht, sich in Größe 36 hineinzuhungern. Sie müssen objektiv an die Sache herangehen und sich auf das Gewicht und auf die Größe einstellen, die für Sie am besten sind, nicht für mich oder für sonst irgend jemanden – und glauben Sie mir, wenn Sie lange Beine haben, beneide ich Sie.

Nach Nolan, der die Kostüme für »Denver-Clan« entwirft, habe ich die typische Figur einer Filmschauspielerin: breite Schultern, voller Busen, schmale Taille, schlanke Hüften. Klingt ja ganz gut, aber, wie bei uns allen, gibt es einiges, das ich gerne anders hätte: meine Oberarme oder diese zu kurzen Beine oder dieses drohende Doppelkinn... oder... Sie sehen, wie gut wir uns alle selber auseinandernehmen können.

In meinem Beruf, in dem das Aussehen so wichtig ist für die Karriere, sind sich die Leute, die Schauspieler und Schauspielerinnen, ihrer körperlichen Nachteile besonders bewußt. Aber jeder, der mit seinem Selbstbild

26

klarkommen will, muß sich auch dazu zwingen, sein Aussehen realistisch zu beurteilen. Der Kampf gegen ein Selbstbild, das immer trüber wird, je älter wir werden, ist eine der größten Herausforderungen.

Als ich zwanzig war, kam ich ins Studio, und das war's. Ich machte mir keine Sorgen um irgendwelche Rundungen, weil ich jung und schlank war. Na ja, das änderte sich, als ich auf die vierzig zusteuerte. Einer der Gründe dafür ist natürlich, daß sich der Stoffwechsel verlangsamt, wenn man älter wird. Der Kalorienbedarf kann bei älteren Frauen bis auf 1800 pro Tag heruntergehen – für einen aktiven Teenager ist das eine Hungerkur. Natürlich können wir, wenn wir älter werden, unsere Nahrungsaufnahme reduzieren, aber weder Sie noch ich können unseren Körper wieder rekonstruieren. Die Jugend hat ihren ganz eigenen Glanz, den Schimmer der Haut über festem Fleisch, den die Zeit, dieser Dieb, verändert. Und wie ich schon sagte, kein Chirurg und keine Diät dieser Welt kann Sie wieder in eine Achtzehnjährige verwandeln – also sollten Sie es erst gar nicht versuchen.

Wenn Sie jung sind, kann Ihnen meine Diät helfen, überflüssige Pfunde zu verlieren; aber dann haben Sie im Grunde auch schon gewonnen, weil Sie die Jugend auf Ihrer Seite haben. Das Schöne daran ist, daß Sie, wenn Sie Ihre Eßgewohnheiten sinnvoll verändern, dieses Muster ein Leben lang beibehalten können und dann später, wenn Sie älter werden, keinerlei drastische Änderungen in Ihrer Ernährung vornehmen müssen.

Wir haben das Glück, in einer Zeit zu leben, in der die Wissenschaft uns gründlich über den Alterungsprozeß aufgeklärt und uns damit die Möglichkeit gegeben hat, den Zahn der Zeit ein bißchen aufzuhalten. Unsere

Kinder sind besser dran als unsere Mütter und Großmütter. Sie wissen, daß es gut für sie ist, wenn sie sich in ihrer Jugend richtig ernähren und vernünftig Sport treiben, weil sie sich dadurch für ihr Alter einen gesunden Körper erhalten.

Wenn eine Frau älter wird, verwandelt sich ein ziemlich großer Anteil ihrer Körpermasse von Muskeln in Fett, das sich in unseren Vierzigern gerne an Hüften und Schenkeln, und ab den Fünfzigern dann in der Taille ansiedelt. Wenn Sie auf die sechzig zugehen, kann der Anteil an Körperfett schon bei 42 Prozent liegen. Das Ergebnis ist ziemlich wabbelig. Für die heutige Generation von durchtrainierten und richtig ernährten Frauen wird das allerdings kein solches Problem mehr sein. Diese durch das Alter und die Schwerkraft bewirkten Veränderungen, wie hängende Brüste und wabernde Hüften, sind nicht mehr unvermeidlich.

Aber ob Sie nun alt sind oder jung, ich kann Ihnen nicht versprechen, daß meine Diät Spaß machen wird. Als ein Mensch, der das Leben in all seinen Schattierungen lustvoll genießt, bin ich die erste, die zugibt, daß Abnehmen langweilig ist. Ich mache vieles mit großer Begeisterung und das gilt auch fürs Essen. Jeder weiß, daß die Lieblingsspeisen meistens auch die Dickmacher sind. Meine Schwäche sind Süßigkeiten, vor allem gute Schokolade, aber immer, wenn ich jetzt an einem Spiegel vorbeikomme, finde ich, daß meine Selbstbeherrschung sich bezahlt macht.

Wenn es aber dann wirklich ums Abnehmen geht, gibt es keine Wunder. Ich weiß das sehr genau, weil ich lange genug danach gesucht habe, unter anderem auch an diesen Wallfahrtsorten für die Dicken, die schrumpfen wollen – den Kurbädern. Eine feine Sache, wenn man es sich leisten kann. Aber wenn es Ihnen so geht wie mir und Sie dort immer wieder nur dieselben 15 Pfund abnehmen, dann ist das auch nicht zum Lachen. Nach meiner Ansicht liegt der Schlüssel zu einem dauerhaften Erfolg darin, wie Sie sich zu Hause ernähren, in vernünftigen Eßgewohnheiten Tag für Tag.

Nachdem ich jahrelang eine Diät nach der anderen ausprobiert habe, habe ich endlich meine eigenen Wunder gewirkt. Ich habe das gehört, was ich »Klick« nenne, dieses Glöckchen, das im Kopf losklingelt und bedeutet: »Genug jetzt, aufhören damit.«

Ich habe dieses Wort zum erstenmal 1958 gehört, als ich in der Filmversion von Tennessee Williams', *Die Katze auf dem heißen Blechdach (Cat on a Hot Tin Roof)* die Maggie spielte. Brick, mein Mann, wurde von einem Hollywoodneuling gespielt, von Paul Newman.

Weil dieses Stück homosexuelle Tendenzen hatte – eine riskante Sache damals für einen Film in den fünfziger Jahren –, hatte das Studio Schwierigkeiten, den richtigen Regisseur zu finden. Benny Thau von MGM beauftragte schließlich Richard Brooke, der unter Vertrag stand und es machen mußte, ob er wollte oder nicht. Nach Jahren erzählte mir Richard, warum das Studio damals so in Zeitdruck war. Thau hatte gesagt: »Wenn Elizabeth nicht am 1. Februar zu drehen anfängt, läuft ihr Vertrag aus, und dann müssen wir ihr für den nächsten Film eine Million Dollar zahlen. Jetzt kriegt sie nur 60 000.«

In diesem Film spielte Newman einen Alkoholiker. Und in einer seiner Textpassagen habe ich zum erstenmal den Ausdruck »Klick« gehört. Ich muß so lange trinken, bis ich's hab«, sagte Brick. »Es is' was Mechanisches, etwas wie 'n Schalter, der sich in meinem Kopf ausschaltet, das heiße Licht ausschaltet und das kühle Licht an. Und auf einmal is' Frieden.«

Das »Klick« von Brick ist eine negative Aufladung. Es kommt aus der Dumpfheit des Rausches. Es ist gefährlich und illusionär, aber ich habe dieses Wort nie vergessen. Für mich hat es eine positive Bedeutung. »Klick«, das Geräusch, wenn der Groschen fällt. »Klick« macht der Schalter in meinem Kopf und sagt mir, daß es an der Zeit ist, etwas zu verändern.

An dem Tag, an dem ich mich endlich zwang, mich vor den großen Spiegel zu stellen und meinen Körper so zu sehen, wie er wirklich war, hörte ich das »Klick« in meinem Kopf. Und das sagte mir, daß es höchste Zeit war, damit aufzuhören, mir über mein Aussehen etwas vorzumachen. Und genau an diesem Punkt fing ich an, an meinem Selbstbild und an meiner Selbstachtung zu arbeiten, um beides wiederzugewinnen.

Ehe ich mich ernsthaft zum Abnehmen entschloß, habe ich oft die Gründe für mein Elend analysiert, sie gegen den Genuß eines köstlichen Leckerbissens abgewogen und gefunden: »Egal. Ich mach noch eine Woche so weiter, freß mich so richtig an, und dann fang ich an.« In der Zwischenzeit fragten wohlmeinende Freunde und Verwandte: »Elizabeth, findest du nicht, daß du ein paar Pfund abnehmen solltest?« Das war natürlich genau das, was ich hören wollte. Meine perverse Seite gewann die Oberhand, und ich marschierte in Richtung Kühlschrank.

Aber als ich mich dann endlich entschlossen hatte, etwas gegen meine Fülle zu unternehmen, ließ ich mein Ziel nie mehr aus den Augen. Und ich war jetzt auch bereit, mich mit den emotionalen Gründen für mein Übergewicht auseinanderzusetzen und auch diese Probleme anzugehen. Der Weg war ziemlich steil, und immer wenn ich merkte, daß ich wieder abrutschte, hielt ich inne und lauschte auf das »Klick«. Manchmal muß ich mich dafür eine Stunde, manchmal aber auch einen ganzen Tag lang zurückziehen. Wieviel Zeit es auch kostet, ich zwinge mich, über all diese selbstzerstörerischen Dinge nachzudenken. Und dann entschließe ich mich, sie aufzugeben, eines nach dem anderen. Zuviel essen ist eine sehr oberflächliche Befriedigung. Wenn ich dann einen so kurzlebigen Trost mit der wunderbaren Erleichterung vergleiche, die ich empfinde, wenn ich weiß, daß ich gut aussehe und mich auch so fühle, dann ist es keine Frage, wofür ich mich entscheide.

Das »Klick« hat bei mir gewirkt, weil ich dazu bereit war. Sich selbst zu motivieren ist der einzige wirklich erfolgreiche Weg. Niemand ändert sich, nur um einem anderen einen Gefallen zu tun. Wenn Sie den Schalter in Ihrem eigenen Kopf nicht einschalten können, werden Sie keinen Erfolg haben. Aber wenn Sie dazu bereit sind, kann dieses Buch Ihnen helfen. Es ist mehr als ein Programm zum Abnehmen. Es ist eine Chance für Sie, altvertraute, selbstzerstörerische Angewohnheiten über Bord zu werfen und ein positiveres Leben zu beginnen.

Erster Teil

Wie alles anfing
Aus meiner Sicht

1

Zu dieser problematischen Auseinandersetzung mit meinem Selbstbild und meiner Selbstachtung kam es in Washington, also weit weg von Hollywood, meiner eigentlichen Heimat. Dort habe ich zum ersten Mal das Vertrauen in den Menschen Elizabeth Taylor verloren, und dort habe ich das »Klick« gehört, das mein Leben verändert hat. Weil ich nie wieder in derart selbstzerstörerische Mechanismen zurückfallen möchte, ist es wichtig, mich daran zu erinnern, wie alles anfing.

Als ich mich in John Warner verliebte, war ich mir klar darüber, daß er politische Ambitionen hatte. Bald nach unserer Hochzeit kündigte Senator William Scott aus Virginia seinen Rücktritt an, und ich wußte, daß John entschlossen war, sich um dieses Amt zu bewerben. Die erste Hürde war die Nominierung durch die Republikanische Partei. John verlor gegen Richard Obenshain. Seine Enttäuschung war groß, aber ich wußte, er würde sich auch weiterhin politisch betätigen.

Dann kam im August die Nachricht, daß Richard Obenshain bei einem Flugzeugabsturz ums Leben gekommen war. Ich dachte an den Tod von Mike Todd und empfand ein tiefes Mitgefühl für die Familie Obenshain; aber aufgrund dieses tragischen Unglücks wurde John von der Republikanischen Partei nominiert.

Für die Skeptiker war das natürlich ein gefundenes Fressen. Wie konnte eine gefeierte Filmdiva mit den harten Bedingungen einer Wahlkampfreise zurechtkommen, auch wenn sie dabei nur in einer Nebenrolle auftrat. Alle Welt ließ sich darüber aus, warum ich meine Karriere an den Nagel gehängt hatte und in die Politik gegangen war. Soweit ich mich erinnere, war die schmeichelhafteste Vermutung die, daß ich in Hollywood »nicht mehr gefragt« war. Der wahre Grund aber lag in meiner persönlichen Überzeugung und nicht bei meiner Karriere. John Warner war mein Mann, ich glaubte an ihn – das tue ich immer noch –, und ich wollte ihm helfen, sein Ziel zu erreichen. Ich habe eine ziemlich altmodische Vorstellung von den Pflichten einer Ehefrau, und ich war immer der nachgiebige Teil in meinen ehelichen Verhältnissen. Ich stelle mich, gerne und aus Überzeugung, hundertprozentig auf das Leben meines Mannes ein. Man kann mich in die eine Richtung schubsen und in die andere stoßen, und es ist alles in Ordnung: Ich bin ein Stehaufmännchen. Aber ich gebe zu, wenn ich zu sehr herumgeschubst werde, und sei es durch meinen Mann, dann zerbricht etwas in mir, und die Beziehung ist vorbei.

Ich weiß, daß meine Anschauungen nicht gerade feministisch klingen, aber so bin ich erzogen, und so denke ich auch. Von der Arbeit einmal abgesehen, wo alles, was nicht auf das gleiche Geld für gleiche Leistung hinausläuft, unannehmbar ist, glaube ich an den Unterschied zwischen Mann und Frau. Offen gesagt, ich liebe diesen Unterschied. Wahrscheinlich hängt es auch mit dieser seltsamen Einstellung zusammen, daß ich so oft geheiratet habe. Im Grunde genommen bin ich spießig. Mein Gefühl für Recht und Unrecht macht es mir sehr schwer, Affären zu haben. Ich muß wirklich in einen Mann verliebt sein, um mit ihm ins Bett zu gehen, und wenn ich wirklich verliebt bin, möchte ich heiraten.

Die vergangenen fünf Jahre habe ich alleine gelebt, und ich habe das Gefühl, daß das Publikum das gut findet. Aber wie gesagt, ich kann mein Leben nicht so leben, daß die Welt ihre Freude dran hat, mein Bild in Schwarz und Weiß zu zeichnen. Wenn ich das bis dahin nicht schon gewußt hätte, hätte ich es spätestens 1961 in London gelernt, als ich beinahe an einer Lungenentzündung gestorben wäre. Irgendwann hörte meine Atmung auf, und das Krankenhaus gab ein Bulletin heraus mit dem Tenor, daß alles vorbei sei. »Liz tot«, hieß es in den Schlagzeilen.

Während meiner Genesung las ich fasziniert, was die Zeitungen schrieben, als sie mich für tot hielten. Ich hatte die beste Presse meines Lebens. Es soll Leute gegeben haben, die mit ihren Wagen an den Straßenrand fuhren und weinten! Na gut, ich war nicht tot, und die Medien waren weit weniger freundlich, als ich 1977 versuchte, ein ernstzunehmender Wahlkampfpartner zu werden.

Meine Hollywoodausbildung und meine Selbstdisziplin waren für mich bei meinem Einstieg ins politische Leben sicherlich von großem Vorteil. Trotzdem muß ich zugeben, daß das, was Politiker alles auf sich nehmen, um ihr Ziel zu erreichen, die Schauspielerei zu einem Kinderspiel macht. Und es gibt dabei keine Kamera, hinter der man sich verstecken kann, keine Wiederholung, keinen Schnitt. Man steht da und referiert über wichtige Themen, beantwortet Fragen und sagt nicht nur seinen Dialog auf. Eine Rolle zu lernen ist eine Sache, seine eigenen Ideen so zu entwickeln, daß man sie bei der richtigen Gelegenheit intelligent und mit Überzeugung vorstellen kann, das ist etwas ganz anderes. Wenn man eine Figur auf der Leinwand oder auf der Bühne darstellt, dann spielt man. Wenn man aber einen

Wahlkampf führt, exponiert man sich auf eine Art und Weise, wie ich es in all den Jahren als Schauspielerin nicht erlebt hatte.

Als ich mich mit John auf den Weg machte, hatte ich unglaublich naive Vorstellungen vom Wahlkampf. Aber auch als mir dann klar wurde, daß dies ein 24-Stunden-Job war, ignorierte ich, wie gefährlich es war, ständig übermüdet zu sein und nie für mich allein sein zu können. Wie so viele vor mir, verschwendete ich keinen Gedanken an die Folgen von späten und ungesunden Mahlzeiten, und um »bei Kraft zu bleiben«, nahm ich auch immer wieder mal ein paar Häppchen zu mir. Um die Wahrheit zu sagen, ich fraß wie ein Scheunendrescher, ich »schnappte« wie verrückt. »Schnappen« war etwas, das mein älterer Bruder Howard und ich als Kinder bei unseren Streifzügen zum Kühlschrank und in die Vorratskammer machten. Wenn wir bei unserer Suche nach Eßbarem fündig wurden, »schnappten« wir es uns und »schnappten« es dann auch ganz schnell auf. Ich verwende dieses Wort, wenn ich mich auf meine außerplanmäßige Esserei beziehe, und davon habe ich mir unterwegs in Virginia wirklich allerhand geleistet. »Schnappen« wurde ein Ersatz für vernünftige Ernährung. Während dieser vielen langen Stunden bis zum Mittag- oder Abendessen griff ich nach allem Erreichbaren, nur um durchhalten zu können.

John war ununterbrochen damit beschäftigt, sich auf den nächsten Auftritt, die nächste Rede oder sonst irgendeine Feierlichkeit vorzubereiten – eine schier endlose Anzahl von notwendigen und anstrengenden Programmnummern. Ich war als seine Frau ständig an seiner Seite. Wie viele andere Politikerfrauen merkte ich zwar, daß ich zunahm, aber es war mir egal. Das einzige, das zählte, war, die Wahl zu gewinnen, und weil ich nicht als Schauspielerin auftrat, fand ich, gab es auch keinen Grund, warum ich auf eine bestimmte Weise aussehen oder ein bestimmtes Gewicht haben müßte.

Wenn ich an meine Eßgewohnheiten aus dieser Zeit denke, kann ich mich nur wundern, daß ich nicht geplatzt bin. Es ist keine Übertreibung zu sagen, daß auf dem Weg in politische Ämter sicher genauso viele Leute auf der Strecke geblieben sind wie die, die Hollywood »kaputtgemacht« hat. Meine ganze Energie und all meine Interessen waren auf die Wahl gerichtet. Ich hatte keine Zeit und keine Gelegenheit, mich mit dem Luxus, an den ich gewöhnt war, zu umgeben, und ich muß zugeben, daß ich es liebe, schöne Dinge um mich zu haben und mich verwöhnen zu lassen. Viele meiner Freunde waren überzeugt, daß ich nicht durchhalten würde. »Ist dir klar, Elizabeth, daß du auch noch in die letzten Winkel von Virginia fahren mußt, da kommt man nur mit dem Bus hin.« – »Weißt du, Elizabeth, daß du dein Personal nicht mitnehmen kannst.« – »Du kannst dir keinen Friseur mitnehmen.«

Auch John machte sich Sorgen, und ehe es wirklich losging, sprachen wir über die Anforderungen des Wahlkampfs und vor allem über den Zeitplan. Verabredungen mußten weit im voraus getroffen und konnten auch nicht abgesagt oder verschoben werden, weil schon ein paar verlorene Minuten einen ganzen Tagesplan völlig durcheinanderbringen konnten. War ich wirklich imstande, mich allein anzuziehen, mich selbst zu frisieren und mich in jedes Fahrzeug zu setzen, das vier Räder hatte? Und vor allem, würde ich pünktlich sein?

Ich habe es ihnen gezeigt. Ich stand mit der Sonne auf, kurvte in Autobussen herum und machte alles, was man von mir verlangte. Bei mir kam der alte Pioniergeist durch, der schon meinen Urgroßeltern geholfen hatte, dieses Land in einem Planwagen zu durchqueren, und wie sie habe ich mich durch herzhaftes, nahrhaftes Essen bei Laune gehalten. Es war, als wäre das Essen – auch wenn es nur Hamburger und Pommes waren – der einzige verbliebene Luxus.

Manches, was man von mir verlangte, hatte Sinn, aber manches kam mir einfach idiotisch vor. Eines Tages erschien eine Delegation der Republikanischen Partei und erklärte mir, ich dürfe kein Rot mehr tragen.

»Wie meinen Sie das?« fragte ich. »Seit ich auf der Welt bin, ist Rot meine Lieblingsfarbe. Ich habe wahrscheinlich schon rote Windeln gehabt. Würden Sie mir bitte sagen, warum ich es nicht mehr tragen soll?«

»Na ja, Mrs. Warner, wissen Sie... Rot steht für Leidenschaft.«

»Ja und, wem tut das was?« antwortete ich.

Nach einigem Räuspern und Hüsteln sagte ein anderer: »Ja, wissen Sie, Mrs. Warner, es ist eine königliche Farbe. Die meisten Leute bringen die Monarchie damit in Verbindung.«

»Ja und?« ich ganz unschuldig.

»Na ja, wir möchten nicht, daß die Leute daraus, daß Sie Rot tragen, irgendwelche Rückschlüsse ziehen.«

Hätten sie es nicht so ernst gemeint, wäre ich wohl in lautes Lachen ausgebrochen. Die Republikanische Partei konnte sich nicht darauf einigen, ob man mich für eine Schlampe oder für die Königin von England halten würde. Aber, so idiotisch diese Bitte auch war, ich hörte auf, Rot zu tragen. Und zwar, weil ich keinen Aufstand und meinem Mann keine Schwierigkeiten machen wollte. Ich hängte meine wunderschönen Halston-Modelle weg und bestellte schlichte, kleine republikanische Kleidchen. Keiner hat mich je gefragt, was es mich kostete, meine Erscheinung umzukrempeln, und nicht einmal ich kapierte, daß ich mein Selbstbewußtsein verlor.

Diese Geschichte hat noch einen hübschen Ausklang. Als mein Washingtoner Abenteuer sich seinem Ende zuneigte und ich fleißig große Summen für die Partei gesammelt hatte, gaben die republikanischen Damen mir zu Ehren ein Essen. Um ihnen zu zeigen, daß die alte E. T. durchaus noch Lebenszeichen von sich gab, trug ich einen roten Hosenanzug von Halston und erzählte ihnen die Geschichte der zensierten Garderobe. »Meine Damen«, schloß ich, »ich trage heute dieses Ensemble Ihnen zu Ehren.«

Aber nicht alle Aufgaben ließen sich so ohne viel Aufhebens lösen. Während John und ich unterwegs waren, mußte ich am Tag bis zu 2000 Hände schütteln. Leider kann ich am Zeigefinger meiner rechten Hand immer noch eine geschwollene Ader vorweisen, die ich mir damals geholt habe. Der Knochen war gebrochen, und durch die Blutung schwoll die Ader an. Gegen Ende des Wahlkampfs wurde es so schlimm, daß ich eine Schutzmanschette tragen mußte. Mein Mittelfinger wurde dadurch aufrecht gestellt, und es machte mir wirklich Spaß, im passenden Moment damit herumzuwedeln. Ich trug die Manschette fast die ganze Zeit und nahm sie nur bei den ganz großen Abendgesellschaften ab, in der Hoffnung, daß ich nicht allzu viele Anhänger begrüßen müßte. Die meisten hatten auch Verständnis; aber später hieß es doch gelegentlich, ich würde meine Arme auf dem Rücken verstecken und mich weigern, den Leuten die Hand zu geben. Selbst als mir vom vielen Stehen die

Haut an den Fußballen platzte, hielt ich durch – ich aß nur noch ein bißchen mehr Pommes und noch ein bißchen mehr Eis, damit mir das Lächeln nicht verging. Wäre ich Soldat gewesen, hätte man mir ein Verwundetenabzeichen angesteckt. Mit blutverschmierten Schuhen überreichte ich Diplome, verlieh Preise für die besten Zuchtbullen und stand sogar hinter einem Vorhang und ließ mir Torten ins Gesicht schmeißen! Und die ganze Zeit über mußte ich mich mit Fotografen herumschlagen, die mir überallhin folgten, sogar bis in die öffentlichen Toiletten. Aber das Schwierigste am ganzen Wahlkampf, eine Belastung, die auch durch Schokoladencreme nicht erträglicher wurde, war, daß man sich nirgendwohin zurückziehen konnte, um allein zu sein.

Der physische Streß wurde immer größer, und ich aß munter weiter. Lauter ungesundes Zeug. Wenn man vor Sonnenaufgang unterwegs ist, nimmt man mit, was man kriegen kann, und gewöhnlich trieft das vor Fett und liegt zwischen zwei Semmelhälften. Am Ende des Tages landeten wir dann in irgendeinem Hotel, wo das Essen zwar nicht gerade Haute Cuisine war, aber doch etwas Nährwert hatte. Aber da war ich dann meistens schon zu müde, um noch vernünftig zu essen.

Der berüchtigte Vorfall mit dem Hühnerknochen war die natürliche Folge der unnatürlichen Weise, auf die ich mich ernährte. John und ich waren zu einem kalten Buffet in Big Stone Gap in Virginia eingeladen und unterhielten uns mit den Gästen. Dann gingen wir in die Küche, weil wir dem Koch ein Kompliment machen wollten. Ich nahm ein Stück gebratenes Huhn von einem Tablett und biß ein großes Stück ab. Der Knochen blieb mir im Hals stecken, und ich rang nach Luft. Ich versuchte, den Knochen mit Brot hinunterzuwürgen. Als sich herausstellte, daß ich wirklich Probleme hatte, brachte man mich in das Lonesome-Pine-Krankenhaus, wo ein Chirurg den Knochen entfernte. Die Schlagzeilen waren so grausig, wie man sich nur denken kann. Natürlich hat man mich gefragt, ob ich die Samstagabend-Sendung im Fernsehen gesehen hätte, in der John Belushi, mit kohlumränderten Augen und als Frau aufgedonnert, den Vorfall nachspielte. Ja, ich habe es gesehen, und ich habe gelacht. Es war sehr komisch. Was für eine traurige Ironie des Schicksals, daß dieser begabte junge Mann, der meine Exzesse anprangerte, dann an seinen eigenen starb.

Meine Freundin, die Schriftstellerin Chen Sam, war während des Wahlkampfs als Privatsekretärin mit uns unterwegs. Auch sie ergab sich dem Schnapp-Syndrom. Als der Wahlkampf vorbei war, hatten wir leider ziemlich viele Pfunde aufgestockt. Ich will nicht von Chens Figur reden, weil dies ein Buch über meine Gewichtsprobleme ist; aber es gibt ein Bild von uns beiden beim Apfelblütenfest in Shenandoah, beide in Grün, beide so rund, so fest und stramm verpackt – wie zwei Granny-Smith-Äpfel! (Chen machte meine Diät und ist jetzt ganz schmal!)

Der Wahlkampf war schwerer als alles, was ich je für meine eigene Karriere tun mußte, aber ich gebe zu, daß diese Erfahrungen auch sehr stimulierend waren. Ich konnte vor dem Publikum sehr spontan reagieren, weil ich nicht mich selbst verkaufen mußte, und die Menschen in Virginia waren einfach wunderbar. Sie waren sehr freundlich, ich fühlte mich wie zu Hause, und sie halfen mir auch. Mir wird immer noch warm ums Herz, wenn ich an sie denke, und immer wieder kommt mal jemand und sagt: »Du fehlst uns. Es war so schön, als du noch in Virginia daheim warst.« Keiner hat gesagt: »Gott sei Dank hast du abgenommen. Du warst ja damals so fett.« Chen hat mir erzählt, daß sie die Leute, die mich während des Wahlkampfs kennenlernten, hinterher sagen hörte: »Die ist in Ordnung, mit der kann man reden.«

Sie waren jedenfalls meistens sehr viel freundlicher als die Medien. Nach der Wahl erhielt ich die Auszeichnung »Fahrender Schauspieler des Jahres«. Ich flog zur Verleihung nach New York. Beim Abendessen wurde ich als Elizabeth Taylor-Hilton-Wilding-Todd-Fisher-Burton-Burton-Warner vorgestellt. Ich war wie vor den Kopf geschlagen. Es war schließlich kein Kabarettauftritt, aber aus irgendeinem grotesken Grund hat dieser unglückselige Showmaster es für notwendig erachtet, diese Namensliste meiner früheren Ehen herunterzuleiern. Warum macht man so etwas? Habe ich keine Gefühle, bloß weil ich berühmt bin? Nie hat sich einer der Wähler in Virginia je so unnötig grausam verhalten.

Am 7. November 1978 wurde John Warner in den Senat der Vereinigten Staaten gewählt. Das erste Jahr unserer Ehe hatten wir in einer Hochstimmung mit der Herausforderung verbracht, gemeinsam für ein Ziel zu kämpfen – daß John in den Senat gewählt wird. Ich kann nicht schildern, wie glücklich und wie stolz ich war, auf ihn ... ja, und auch auf mich. Der Augenblick, in dem Vizepräsident Walter Mondale John vereidigte, war einer der glücklichsten meines Lebens. Ich dachte nicht im Traum daran, daß dies auch den Anfang vom Ende meiner Ehe bedeutete.

Meine Vorstellungen vom Leben in der Hauptstadt

waren, wie bei vielen anderen auch, von Filmen geprägt
wie *Mr. Smith goes to Washington*. Ich erwartete eine Art
Bundesmärchenland, wo ich meinem Mann bei seinen
Aufgaben behilflich sein und nicht nur zum Wohle
Virginias, sondern der ganzen Vereinigten Staaten wir-
ken konnte. Ich hatte nicht die geringste Ahnung, was
geschehen würde, wenn John Warner seinen Dienst als
Senator erst einmal antreten würde.

Die Frau eines Senators zu sein ist enervierend. Ich bin
voller Bewunderung für die, die es aushalten – und voller
Mitgefühl für die, die es nicht schaffen. Ich habe es nicht
geschafft, obwohl ich mich für ziemlich belastbar halte.
Nachdem ich während des Wahlkampfs alles mit meinem Mann gemeinsam durchlebt und durchlitten hatte,
fand ich mich nach seiner Ernennung in einer Art
häuslichem Sibirien wieder. John stürzte sich voller
Begeisterung in seine Arbeit, und anders als vor der
Wahl konnte es dabei keine Gemeinsamkeiten geben.
Ich hatte keine Funktion, nicht einmal mehr als
Schmuckstück war ich zu gebrauchen. Nicht nur, daß
man von der Frau eines Senators nichts hört, man sieht
sie auch so gut wie nicht. Manche Senatorenfrauen
kommen gar nicht erst nach Washington, sie bleiben in
ihren Heimatstaaten. Junge Frauen, die kleine Kinder
haben, sind wenigstens auf diese Weise ausgelastet; aber
meine Kinder, Michael und Christopher Wilding, Liza
Todd und Maria Burton, waren alle erwachsen und sehr
wohl imstande, für sich und ihre Familien zu sorgen. Ein
solches Leben ist nicht einmal einer länger bestehenden
Ehe zuträglich, und bei uns waren die Flitterwochen
noch kaum vorbei.

Ich glaube nicht, daß ich je in meinem Leben so einsam
war wie als Frau Senator, und ich gebe nicht meinem Ex-

Mann die Schuld. Er hat nie einen Hehl daraus gemacht, daß er ein Mann ist, der seine öffentlichen Aufgaben ungeheuer ernst nimmt, und als es mit dem Dienst an der Öffentlichkeit dann auch wirklich ernst wurde, mußte ich hinter seinem Wahlkreis zurückstehen. Nach der Intensität des Wahlkampfs hat mich das beinahe umgebracht.

John ging früh aus dem Haus. Das Frühstück verschlang er im Stehen; das meiste davon steckte er ohnehin in eine braune Papiertüte, die er in seiner Aktentasche verstaute. Ich sagte ihm auf Wiedersehen und schlief weiter. Ich hatte keinen Grund aufzustehen. Ich wurde nirgendwo erwartet. Irgendwann stand ich dann auf, zog mich an, fing an zu lesen oder schaltete den Fernseher ein, schaute die Wände an oder machte gar nichts.

Es gab nichts, was mein Leben ausfüllte, und obwohl ich mich für alle möglichen Wohlfahrtsveranstaltungen zur Verfügung stellte, hatte ich nicht wirklich etwas zu tun. Meine Hauptaufgaben waren das monatliche Treffen der Senatorenfrauen und Krankenbesuche, vor allem in Kinder- und Nervenkliniken. Am liebsten ging ich zu den geistig behinderten Kindern. Sie wußten nicht, wer ich war, und hätten sie es gewußt, wäre es ihnen auch egal gewesen. Sie hatten mich gern, weil ich sie auch gern hatte. Später hielt ich dann Seminare für Schauspieler. Ich bin sicher, daß meine Schüler entsetzt über mein Aussehen waren, aber sie gingen völlig auf in der Schauspielerei und bewerteten mich anscheinend danach, was ich ihnen vortrug, und nicht danach, wie ich aussah. Ich habe in fünf Jahren etwa fünfundvierzig Seminare abgehalten – nicht gerade viel für jemanden, der sonst immer ein gewaltiges Tagespensum hatte.

Die Tage waren schlimm genug, aber die Abende waren

einfach schrecklich einsam. John kam abends so gegen halb acht oder acht mit Bergen von Akten nach Hause. Ich konnte nie ein Abendessen planen, weil ich nie genau wußte, wann er kommen würde. In den meisten Politikerfamilien ist es ähnlich. Das gesellschaftliche Leben in Washington ist eher armselig. Man geht auf Cocktailpartys. Die Demokraten haben ihre Cocktailpartys und die Republikaner auch. Ein zwangloses, gemütliches Zusammensein ist sehr selten. Es ist fast so wie früher in Los Angeles, als es dort nur eine Branche gab und immer und überall von nichts als der Filmerei die Rede war. Mike Todd hat das ganze Hollywood-Geschwätz immer als »geistigen Inzest« bezeichnet. Dasselbe könnte man auch von der Washingtoner Szene sagen.

John und ich hatten nie Besuch, und wir gingen auch fast nie aus. Am Abend sagte er meistens: »Geh doch rauf zum Fernsehen, Pooters (so nannte er mich). Ich hab so viel zu tun, ich weiß einfach nicht, wann ich fertig werde.«

Das also war mein Lebensrhythmus, und es ist schwer, sich für mich etwas Unpassenderes vorzustellen. Ich machte das nicht John zum Vorwurf und auch nicht mir selbst. Ich sagte auch nicht: O Gott, was hab ich nur verbrochen – es war ja nicht in diesem Sinne ein Verlust meiner Selbstachtung. Ich empfand es auch nie als eine persönliche Zurückweisung durch John, jedenfalls nicht als eine bewußte. John verhielt sich nicht anders als jeder andere Senator auch. Ich konnte nur diese schreckliche Einsamkeit nicht mehr ertragen – nicht ertragen, daß der Mensch, mit dem ich durch dick und dünn gehen wollte, mich nicht mehr brauchte.

Ich hatte ja schon während des Wahlkampfs eine Unmenge an ungesunder Nahrung in mich hineingestopft, aber das war nichts im Vergleich zu meiner Völlerei in der Zeit, als ich gar nichts zu tun hatte. Wenn ich schon vom Leben nicht das bekam, was ich wollte, dann wollte ich wenigstens gut essen. Und ich aß. Essen gehörte zum Schönsten, das mir einfiel, um mir die einsamen Stunden zu vertreiben. Und ich aß und trank mit Hingabe. Wenn ich dicker wurde, kaufte ich mir neue Sachen, und der liebe Halston sorgte dafür, daß meine nicht-roten Hosenanzüge mit meinem Gewicht Schritt hielten. Mir war es schließlich ziemlich egal, wie ich aussah. Ich war einfach eine Senatorengattin. Ich kleidete mich wie eine Politikerfrau, und wen interessierte das schon, welchen Körper diese Kleider einhüllten. Ich war nur eine von vielen.

Die Vorstellung, in der Menge unterzutauchen, faszinierte mich. Ich hatte das als junges Mädchen versucht, und es war mir nicht gelungen. Jetzt, als eine Frau in den besten Jahren, versuchte ich es noch einmal, eine unter vielen zu sein. Es ging nicht. Die politische Familie nahm mich nicht an ihren großen Busen, und mein voluminöser Umfang erregte zunehmend die Aufmerksamkeit der Medien. Ich war in einem desolaten Zustand und merkte es immer noch nicht.

Mein Mann und ich waren immer gute Freunde – und sind jetzt sogar noch bessere als früher –, aber wir hatten in unserer Ehe einen Punkt erreicht, an dem es keine Kommunikation mehr gab. Obwohl wir unter demselben Dach lebten, gingen wir beide unserer Wege. Er ging in den Senat, und ich schoß mich auf Selbstzerstörung ein. Es war nicht nur das Übergewicht; diese vielen Pfunde waren nur das, was sich äußerlich zeigte. Bis zu diesem Punkt in meinem Leben hatte mir mein ausgeprägtes

Selbstwertgefühl auch über wirklich schwierige Zeiten hinweggeholfen. Aber 1979 wußte ich nicht mehr, wie ich zurechtkommen sollte. Ich zerbrach innerlich. Zum ersten Mal in meinem Leben ging mir ein entscheidender Teil meiner Selbstachtung verloren – mein *Stolz*.

Lange Zeit verschloß ich die Augen davor und sah nur, was ich sehen wollte. Ich trickste mich selbst aus, weil ich meinen Körper nur mit »Fett-Augen«, wie ich das nenne, betrachtete. Ich bin sicher, daß dicke Leute sich manchmal mit derselben falschen Optik sehen wie Magersüchtige – wie dürr die auch sind, sie selbst sehen sich immer als fett. Ich gebe zu, ich konnte mich nicht völlig selber täuschen. Ich wich zwar jedem Spiegel aus, aber auf Fotos sah ich ja, daß ich immer dicker wurde, und irgendwo in meinem Kopf blieben diese Bilder dann auch hängen. In meinem Unterbewußtsein flüsterte ein feines Stimmchen: »O Gott, dieser Bauch, diese Schenkel, das muß man einfach zudecken.« Aber sehr tief ging das nicht.

Wenn jemand mir helfen wollte, sagte ich: »Schau, ich weiß, was ich tue. Ich bin jetzt in so einer Phase. Ich kann jetzt keine Fastenkur machen. Ich bin einfach noch nicht soweit. Und wenn du noch lange an mir herumnörgelst, hole ich mir auf der Stelle eine Schokoladenmousse.« Ich zeigte der ganzen Welt die Zunge. Und weil man so viele Witze über mich riß, versuchte ich, den anderen mit meinen eigenen Witzen zuvorzukommen. Dicke Menschen lachen viel, damit die Leute denken, es macht ihnen nichts aus. Aber es macht ihnen etwas aus. »Außen lachen, innen weinen«, das ist das Motto der Dicken. Ich war nicht nur am Weinen, ich war am Eingehen. Aber ich habe nie darüber geredet, weil ich nicht wollte, daß man etwas merkt.

49

Leider nahmen viele Leute mein Schweigen zum Anlaß, ihre Grausamkeit auszuspielen. Komiker und Kabarettisten bauten mich in ihre Progamme ein. Sie trafen mich da, wo ich ungeheuer verletzlich war. Wie gesagt, es gibt für die Öffentlichkeit kaum etwas Schöneres, als das einzureißen, was sie zuvor aufgebaut hat. Ich war als Filmstar aufgebaut, und als ich dick wurde, war die Öffentlichkeit teils beglückt, teils traurig. Wenn Elizabeth Taylor so aussehen konnte, dann konnte das jeder, und viele fanden das ganz tröstlich. Ich konnte diese Faszination irgendwie verstehen, war ich doch letztlich selbst höchst erstaunt darüber, wie ich aussah. Was ich allerdings immer noch nicht verstehen kann, ist diese vorsätzliche Grausamkeit. Die Witze waren häufig bösartig und dienten lediglich dem Zweck, sich über mein Unglück zu amüsieren. Einer von denen, die sich mehr oder weniger geistreich über mein Gewicht ausließen, sagte hinterher: »Hätte ich gewußt, daß sich Elizabeth Taylor davon getroffen fühlt, hätte ich sofort damit aufgehört. Sie hat doch Humor. Ich dachte, sie findet das lustig.« Das kaufe ich ihm nicht ab. Diese Leute wußten genau, daß sie mir damit ziemlich weh taten.

Vor nicht allzu langer Zeit traf ich auf einer Wohltätigkeitsveranstaltung mit Joan Rivers zusammen; sie hatte unter denen, die in meinem Gewicht einen unerschöpflichen Quell der Heiterkeit sahen, einen Spitzenrang bekleidet. Als ich gehen wollte, nahm sie mich bei der Hand und sagte: »Elizabeth, du siehst fantastisch aus! Ich möchte nur, daß du darüber nachdenkst, *warum* ich solche Äußerungen über dich gemacht habe, als du so dick warst.«

»Okay, mach ich«, sagte ich und wollte gehen. Aber sie

ließ mich nicht los. »Wirklich, Elizabeth. Denk bitte darüber nach, *warum* ich das alles gesagt habe.«

»Okay, Joan, ich denk darüber nach«, antwortete ich, entzog ihr meine Hand und ging.

Ich mußte nicht darüber nachdenken. Ich wußte, was sie sagen wollte. Sie dachte, sie sei schuld daran, daß ich abgenommen hatte. Ich glaube nicht, daß man Grausamkeit dadurch rechtfertigen kann, daß man sie herumdreht und einen Segen daraus macht. Die Witze über mich und mein Gewicht wurden gemacht, weil die Leute darüber lachten. Basta.

Abgenommen habe ich schließlich deshalb, weil ich mich dazu gezwungen habe, der Wahrheit ins Gesicht zu sehen. Und nicht einmal heute kann ich sagen, wie ich den Mut dazu aufgebracht habe. Die großen Spiegel in unserem Haus in Georgetown befanden sich im Ankleidezimmer hinter verschlossenen Türen. Ich hatte das so geplant. Ich benutzte nur kleine Handspiegel zum Schminken und vermied es sorgfältig, meinen Körper anzusehen. Aber an diesem denkwürdigen Tag stieg ich aus der Badewanne, ging in das Ankleidezimmer und zwang mich, die Schranktüren zu öffnen. Ich sah mich, und zwar ganz. Ich sah, wie ich aussah, und ich konnte es nicht fassen. Ich war fett.

Es ist kaum zu verstehen, wie man sich so gehenlassen kann, ohne sich die Wahrheit einzugestehen. Aber ich hatte mir trotz all der Witze und unvorteilhaften Bilder eine bestimmte Vorstellung von meinem »Image« erhalten. Ein Spiegel, so ging meine Überlegung, reflektiert nur meine äußere Schale, nicht mein wirkliches Ich. Ich machte mir vor, daß ich innerlich immer noch dieselbe war, auch wenn sich mein Aussehen verändert hatte. Aber der Anblick meines nackten Körpers und, mehr

51

noch, meine unglücklichen Augen sagten mir, wie weit ich meine Selbsttäuschung schon getrieben hatte. Da, in diesem Spiegel, sah ich Elizabeth Taylor, wie sie wirklich war. Und obwohl ich grundsätzlich mein öffentliches Image von der Privatperson zu trennen versuchte, wurde mir klar, daß mein feistes Spiegelbild *beides* darstellte. Ich konnte mich von diesem schrecklichen Anblick nicht losreißen, und gleichzeitig schob sich davor immer wieder das Bild einer jungen Frau, die ich einmal war – des aufgeweckten Teenagers in *National Velvet,* der reizvollen Ehefrau in *Die Katze auf dem heißen Blechdach,* der edlen Verführerin in *Cleopatra.* Aber je länger ich schaute, desto härter wurde die schreckliche Wahrheit.

Ich habe mich nie besonders schön gefunden. Meine körperlichen Vorzüge empfand ich wie ein Geschenk, ein genetisches Geschenk. Jetzt stand ich jemandem gegenüber, den ich nicht kannte, jemandem, den ich, ehrlich gesagt, nicht einmal kennenlernen wollte... Und dieser Jemand war ich selbst. Als ich in diesen Spiegel blickte, lernte ich etwas, was mir die ganzen Komiker mit ihren Witzen und all die Schlagzeilen in den Zeitungen nicht beibringen konnten: Ich sah, daß ich meine Selbstachtung tatsächlich verspielt hatte. Ich hatte mein Bild mit häßlichen Grafitti verschmiert. Ich hatte mein Geschenk mißachtet. Ich war nicht mehr die Ware, die sich so gut bezahlt gemacht hatte, ich war nicht mehr eine der »schönsten Frauen der Welt«, und, noch viel schlimmer, ich war nicht einmal mehr Elizabeth Taylor, die Frau, die ich kannte.

Wie, um Gottes willen, hatte ich das geschafft? Und wie, um Himmels willen, konnte ich das ändern?

Das war das erste »Klick«.

Ich wollte angesichts dieser grotesken Karikatur, zu der ich geworden war, nicht klein beigeben. Ich beschloß, mein exzessives Verhalten, das daran schuld war, zu überwinden. Und damit das möglich wurde, mußte ich mein ganzes Leben Revue passieren lassen und die Dinge, die mich dahin gebracht hatten, noch einmal heraufbeschwören. Und ich betete, daß es mir dadurch gelingen würde, mich selbst zu retten.

2

Ich wurde am 27. Februar 1932 geboren und habe jetzt schon fast sechs Jahrzehnte überstanden. Jedes dieser Jahrzehnte war durch bestimmte Ereignisse geprägt, die der Zeit ihren Stempel aufdrückten. Die dreißiger Jahre waren von der großen Depression beherrscht, die vierziger Jahre vom Zweiten Weltkrieg, die fünfziger vom Nachkriegs-Wirtschaftswunder, die sechziger vom Erwachen des sozialen Gewissens, die siebziger von den Zielen der »Ich-Generation« und die achtziger von dem, was ich als eine Rückkehr zur Selbstdisziplin empfinde. Auch in meinem Leben spielte natürlich, wie bei allen anderen auch, der Zeitgeist eine Rolle; aber wo immer es mir möglich war, folgte ich meiner eigenen Richtung.

Meine Eltern waren nach Großbritannien gegangen, kehrten aber, weil Krieg drohte, in die Vereinigten Staaten zurück. Wäre ich in England aufgewachsen, wäre mein Leben ganz anders verlaufen. Weil wir nach Los Angeles zogen, wurde aus mir ein Filmstar. Es war kein üblicher Lebenslauf. Die Ansprüche, vor allem die, die an meine Gefühle gestellt wurden, waren mörderisch. Als Kind und als Teenager sahen mich Millionen Menschen, die der Meinung waren, daß sie mich, weil sie mich auf der Leinwand gesehen und in der Presse über mich gelesen hatten, gut kannten. Einige meiner Kollegen, begabte Schauspieler und im Grunde genommen brave Menschen, zerbrachen unter diesem Druck. Sie nahmen Artikel, die in der Presse über sie erschienen, ernst und lebten ihr Leben, wie die Medien es wollten. Sie fragten sich nie: Wie geht es *mir* dabei? Wie denke *ich* darüber? Was will denn eigentlich *ich*? Sie begriffen sich selbst als Eigentum des Studios. Das war nichts für mich. Schon als Kind bestand ich darauf, mein Schicksal selbst in die Hand zu nehmen.

Ich bin ein Beobachter. Ich habe durch Beobachten fast soviel gelernt wie durch Erfahrung, obwohl das nicht immer einfach war. Beobachten, ohne Aufmerksamkeit zu erregen, das ist ein Luxus für jeden, der berühmt ist. Darum fahre ich so gerne nach China oder nach Afrika, wo mich keiner kennt. Aber auch in den Vereinigten Staaten, wo häufig ich das beobachtete Objekt war, versuchte ich zu sehen, zu hören und zu lernen.

Solange ich ein Kind war, war das einfacher. Weil ich klein war, hat keiner meine »großen Ohren« oder meine »großen Augen« bemerkt. Als ich anfing, im Studio zu arbeiten, sah ich ziemlich bald, was mit vielen Leinwandschönheiten passierte, die ihr Leinwandkonterfei mit ins wirkliche Leben nahmen. Sobald ihre Zelluloid-Persönlichkeit nicht mehr gefragt war, verschwanden sie sozusagen einfach von der Bildfläche. Noch bevor ich ins Teenageralter kam, beschloß ich, meine Selbstwertgefühle abzutrennen von dem Bild, das die Öffentlichkeit von Elizabeth Taylor, dem Kinderstar, hatte. Das war eine Lektion, die ich nie mehr vergaß, eine Lektion, die für jeden sinnvoll ist, egal, ob Hausfrau, Karrierefrau, Mutter oder eine Kombination daraus. Wenn das Selbstbild auf dem Selbst beruht und nicht an eine bestimmte Rolle geknüpft ist, herrscht immer eine gewisse Erwartung, das Gefühl, daß etwas in Bewegung ist.

Ich war neun, als ich meinen ersten Film drehte: *There's*

One Born Every Minute für Universal Pictures. Meine langjährige Verbindung mit Metro-Goldwyn-Mayer begann erst mit meinem zweiten Film, mit *Heimweh (Lassie);* und diese Rolle bekam ich eigentlich durch einen Zufall.

Mein Vater, der in Los Angeles als Luftschutzwart eingesetzt war, machte eines Abends seine Runde mit Sam Marx, einem Redakteur bei MGM. Marx erzählte meinem Vater, daß man bei Metro für *Lassie,* einen Film, der bereits in Produktion gegangen war, verzweifelt ein junges englisches Mädchen suchte. Man hatte Maria Flynn, das süße Mädchen aus dem Film *Intermezzo,* engagiert; aber während Mary wartete, bis ihr Filmpartner Roddy McDowell einen anderen Film abdrehte, bekam sie einen Wachstumsschub und schoß derart in die Höhe, daß sie, wie viele Mädchen in diesem Alter, auf die gleichaltrigen Jungs nur noch herabblicken konnte. (Roddy fand, daß er neben ihr wie ein Zwerg wirkte.) Ein kleineres Mädchen mußte gefunden werden, und zwar bald. Als mein Vater diese Geschichte in aller Unschuld meiner Mutter erzählte, machte diese Sam Marx umgehend klar, daß sie eine hübsche kleine Tochter habe, die auch schon einmal in einem Film mitgespielt habe. Mutter sagte nichts davon, daß das Studio meinen Vertrag nicht verlängert hatte. Der Besetzungschef von Universal hatte gefunden, ich hätte eine »alte Seele« und »traurige Augen«. Dem Urteil dieses Herrn nach sah ich »einfach nicht wie ein Kind aus«. Sam Marx schlug mich vor, man machte Probeaufnahmen und engagierte mich.

Roddy erinnert sich noch deutlich an unser erstes Zusammentreffen. »Du warst vollkommen, eine wunderschöne kleine Puppe. Deine Gesichtszüge, deine Farben, die Form deines Gesichts – du warst einfach das vollkommenste, schönste Wesen, das mir je untergekommen war, und ich fing an zu lachen, weil du... weil du nichts davon geahnt hast.«

Er erinnerte sich auch noch an den ersten Aufnahmetag, an dem mich der Kameramann, Len Smith, zurück zur Maske schicken wollte, damit man mir die Wimperntusche wieder entfernte. Ich war zehn Jahre alt. Ich hatte keine Tusche drauf. Es war nur das erste Mal, daß es jemandem auffiel, daß ich doppelte Wimpern habe. Mein Leben lang hat Roddy McDowell mein Ego gepolstert. Er ist der Meinung, daß Schönsein eine große Kunstform ist. Seinem Urteil nach können »manche schönen Menschen nicht mit ihrer Schönheit umgehen und schütteln sie ab. Andere dagegen tragen sie mit großer Natürlichkeit.« Für Roddy gehöre ich zur zweiten Kategorie, und er redet gerne über meine »Haltung«, einen Teilaspekt der Schönheit, den er für unerläßlich hält. Als Teenager waren wir einmal auf dem Weg nach Palm Springs zu einer Wohltätigkeitsveranstaltung, als plötzlich mitten in der Wüste der Bus streikte. Es waren ziemlich viele Leute dabei, darunter auch einige aufgedonnerte Schönheiten, sagt Roddy; aber als wir in der drückenden Wüstenhitze warten mußten, war ich die einzige, die nicht schwitzte, behauptet Roddy.

Er glaubt, daß meine Fähigkeit, ganz ruhig zu sein und völlig still dasitzen zu können, meinem Image sehr gut getan hat. Aber als ich jung war, war mein Aussehen für mich einfach Teil meines Handwerks. Außerhalb der Bühne machten mich Bemerkungen über mein Aussehen eher nervös. Ich finde mich nicht »schön«. Das fand ich mich noch nie. Daran ist teilweise meine

Mutter schuld. Wenn Leute während meiner Kindheit über mein Aussehen sprachen, sagte sie zu mir: »Elizabeth, du hast wunderschöne Augen, aber die Augen sind nur ein Spiegel der Seele. Vergiß nie, daß wahre Schönheit von innen kommt.« Weil sie sehr viel Wert auf Charakter legte, durfte ich mich nie zu sehr mit meinem Aussehen beschäftigen. Sie zitierte oft den Franzosen, der gesagt hatte: »Mit zwanzig hat eine Frau das Gesicht, mit dem sie auf die Welt gekommen ist; mit vierzig hat sie das Gesicht, das sie verdient.«

Das finde ich auch. Wenn man jung ist, trägt einen die rein körperliche Schönheit weit. Wenn man älter wird, zeigt sich am Aussehen, wer man ist. Ein liebevolles, ruhiges Wesen kann Falten verschwinden lassen und ein hängendes Kinn mildern. Ein egoistischer, harter Charakter kann die schönsten Züge verunstalten.

Als *Lassie* dann ein großer Kassenerfolg wurde, erklärte meine Mutter mir umgehend, daß mein Erfolg, genau wie mein Aussehen, nicht länger standhalten würde als mein Charakter. Und bei Gott, sich selbst treu bleiben damals bei MGM, das erforderte ziemlich viel Charakter. Diese Leute waren der Meinung, sie seien an meiner Karriere schuld und mein Vertrag würde mich mit Leib und Seele an sie binden. Glücklicherweise half mir mein ausgeprägtes Selbstbewußtsein, mit tyrannischen Studiochefs, wie z. B. Louis B. Mayer, umzugehen. Schon mit zwölf konnte ich genauso stur sein wie er. Viele meiner Freunde konnten das nicht. Ich stritt mich mit dem Studio herum und ließ mich nicht einfach herumschubsen. Judy Garland dagegen hat nie widersprochen; sie folgte aufs Wort. Man stopfte sie voll Pillen, damit sie wach blieb, damit sie einschlief und damit sie schlank blieb. Judy, ein aufgewecktes, liebes

Mädchen, das jedem vertraute, hat sich nie Gedanken über die Motive der Filmgesellschaft gemacht.

In Hollywood aufzuwachsen war nie so grandios wie das, was die Illustrierten daraus machten. Aussehen bedeutete alles. Ich hatte Glück, weil ich gut aussah und weil mich die Kamera nicht nervös machte. Aber was auf der Leinwand geschah, hatte mit der Realität nichts zu tun. Es war harte Arbeit, und zwar mindestens sechs Tage die Woche. Als ich neun Jahre alt war, begann ich, mich selbst als zwei verschiedene Wesen zu empfinden: Elizabeth Taylor, der Mensch, und Elizabeth Taylor, der Markenartikel.

Ich empfand den Unterschied zwischen meinem Image und meinem wirklichen Ich. Schließlich war ich schon jemand, bevor ich in einem Film mitspielte, und was immer das Publikum auch von mir halten mochte, ich wußte, wer ich wirklich war. Ich habe also schon vor sehr, sehr langer Zeit entschieden, daß meine Verantwortung dem Publikum gegenüber vor der Kamera beginnt und da auch endet.

Auf der Leinwand jagte ich auf der Suche nach Lassie in der Heide herum, oder ich saß auf einem Pferd und ritt Wettrennen. In Wirklichkeit konnte ich nie herumtoben wie andere Kinder, es gab zu viele Einschränkungen. Mein Leben war extrem reglementiert und extrem diszipliniert. Wenn ich an einem Film arbeitete, mußte ich ständig vor Ort und drehbereit sein. Wenn ich nicht vor der Kamera stand, erhielt ich Schulunterricht auf dem Filmgelände. Jeden Morgen nach dem Aufstehen ritt ich in Riviera, bevor ich mich im Studio meldete. Nach der Gymnastik ging ich mit meiner Mutter in ein Restaurant namens »Tipps« und aß ein Bauernfrühstück, das aus zwei Spiegeleiern, Hamburgern, Bratkartoffeln und einem Stapel Silberdollar-Pfannkuchen mit Ahornsirup bestand. Ich habe nie auch nur ein Gramm zugenommen. Das war einfach kein Problem für mich, als ich jung war. Ich habe immer noch einen guten Appetit. Und ich glaube, ich könnte immer noch ein großes Tipps-Frühstück verdrücken – aber ich würde es nicht mehr wagen. Wenn ich zurückblicke, wird mir klar, daß es eigentlich unmöglich war, ein Kind so aufwachsen zu lassen wie mich – einerseits die Anforderungen des Studios und andererseits die strenge Disziplin meiner Eltern. Aber mich hat es stark gemacht. Ich bin immer noch davon überzeugt, daß ich die Rolle in *National Velvet* nur meinem eisernen Willen zu verdanken habe. Ich hatte das Buch von Enid Bagnold gelesen und wollte um alles in der Welt die Velvet Brown spielen. MGM besaß die Filmrechte, und meine Mutter und ich gingen zu dem Produzenten Pandro S. Berman und baten ihn, mir die Rolle zu geben. Ich hatte mich total mit der Titelheldin identifiziert, einem jungen Mädchen, das als Junge verkleidet im Grand National mitreitet. Aber ich war mit elf einfach zu zierlich, um diese Maskerade glaubhaft zu spielen. Bis auf meine Größe stimmte alles. Da ich in England geboren und aufgewachsen war, sprach ich mit dem richtigen Akzent, und ich war eine gute Reiterin. In meiner Phantasie war ich Velvet Brown. Aber Mr. Berman musterte mich und sagte mir ohne Umschweife, daß ich zu klein sei.

Ich gab nicht auf. So, wie es damals in den Filmillustrierten stand, stürzte ich mich in ein dreimonatiges Programm, um an Größe und Gewicht zuzunehmen. Wie durch ein Wunder wuchs ich sieben Zentimeter und nahm fast neun Pfund zu. Gut, es kann auch einfach Mutter Natur gewesen sein, aber ich habe immer geglaubt, daß ich einfach durch meine Willenskraft in diese Rolle hineingewachsen bin. Ist das nicht erstaunlich?

Aber ich habe schon immer für alles, was ich mir vornahm, eine gewaltige Entschlußkraft an den Tag gelegt. Diese Zielstrebigkeit, oder, wenn man will, Sturheit, gehört genauso zu mir wie die Farbe meiner Augen. Das einzige, was ich mir damals nicht klargemacht hatte, war, daß ich jetzt einen Vertrag bei MGM unterschreiben mußte. Ich hatte keine Ahnung, auf was ich mich da einließ, nämlich Sklaverei; ich hätte vielleicht nicht meine Seele dem Teufel verkauft, aber sonst hätte ich doch wohl so ziemlich alles getan, um die Velvet Brown zu spielen.

Als die Dreharbeiten anfingen, hatte ich schon wieder einen Kampf auszutragen. Clarence Brown, der Regisseur, war überzeugt davon, daß die Szene, in der Velvet sich die Haare abschneidet, um als Jockey aufzutreten, nur dann wirklich gut werden könnte, wenn ich sie mir wirklich abschneiden ließ. Mein Vater war absolut dagegen. Also erklärten meine Mutter und ich, ich würde mir die Haare hochbinden und eine Perücke tragen. Brown meinte, das wäre nicht realistisch genug, und befahl mir, mich mit gestutztem Haar wieder zu melden. Mutter und ich gingen wütend ab und suchten Sidney Guilaroff auf, der für die Frisuren zuständig war. Und von diesem Augenblick an waren wir Freunde. Sidney sagte mir, ich sollte mich nicht aufregen, er »würde das schon alles recht machen«. Er ließ eine Perücke kommen, die wie meine Haare aussah, und schnitt sie dann ganz kurz, wie das Haar eines Jungen. Sehr gekonnt stülpte er mir dann diese Perücke über, und ich ging zum Set zurück, wo Clarence Brown auf mich wartete. Brown warf einen

Blick auf mich, nickte und sagte: »Das sieht jetzt gut aus. Siehst du, Elizabeth, es mußte wirklich weg, damit diese Szene überzeugend wirkt.« Clarence Brown ist uns erst viel später auf die Schliche gekommen; aber damals war er glücklich, ich war glücklich, meine Mutter war glücklich, und Sidney war im siebten Himmel, weil er bewiesen hatte, daß Regisseure manchmal eingefleischte Vorurteile haben, die mit der Wirklichkeit nicht viel zu tun haben.

Wenn ich mich daran erinnere, wie ich als Kind war, wird mir klar, daß ich ziemlich frühreif war. Ich hatte etwas Unkindliches an mir. So unrecht hatte der Mensch von Universal, der meinen Vertrag nicht erneuerte, gar nicht. Ich war ungewöhnlich reif. Aber wenn man bedenkt, wie mein Leben aussah, dann konnte das auch kaum anders sein. Ich wuchs zwischen Erwachsenen auf, und auf mir lasteten Verantwortungen wie auf einem Erwachsenen. Ich hatte zwar meine Mutter, aber ich mußte für mich selbst eintreten und kämpfen, und zwar zunehmend, je älter ich wurde. Ich erinnere mich noch gut an einen gewaltigen Auftritt mit L. B. Mayer, als ich vielleicht dreizehn war. Mutter und ich waren bei ihm in seinem Büro, um über einen neuen Film zu sprechen. L. B. war im Diskutieren nicht besonders gut, seine Stärke war das Befehlen. Er war sehr cholerisch und tyrannisierte seine Umgebung mit ganz schrecklichen Wutausbrüchen. Es gab weltberühmte Filmstars, die nicht wagten, ihm zu widersprechen. Die meisten kuschten, und die, die das nicht taten, wurden rausgeschmissen oder gingen freiwillig. Das war damals allerdings sehr riskant. Wenn man in einem der Studios den Vertrag nicht einhielt, hatte man auch bei den anderen keine Chance mehr.

Als Mutter und ich in Mayers Allerheiligstem waren, beschloß ich, mir nicht, wie die anderen, alles gefallen zu lassen. Als L. B. zu fluchen anfing, sprang ich auf und sagte: »Wie können Sie es wagen, so mit meiner Mutter zu sprechen. Sie können mitsamt Ihrem Studio zur Hölle fahren!« L. B. hatte förmlich Schaum vorm Mund. Ich lief aus dem Zimmer in das Büro von Benny Thau. Ich erzählte Benny, was vorgefallen war, und er sagte, ich müßte zurückgehen und mich entschuldigen. Ich erklärte ihm, ich würde das Büro von Mayer nie mehr betreten. »Es ist mir egal, ob er mich rausschmeißt. Es ist mir egal, ob ich je wieder Arbeit kriege«, schrie ich. Und es war mir ernst damit. Mayer ließ Thau holen und sagte ihm, ich müßte mich entschuldigen. Ich weigerte mich und bestand darauf, daß Mayer sich bei meiner Mutter entschuldigen sollte. Ich war nicht zu erweichen. Ich habe mich auch nicht entschuldigt, und obwohl ich noch jahrelang für sein Studio gearbeitet habe, habe ich sein Büro nie wieder betreten.

Nicht einmal als Kind konnte ich meine Überzeugung meiner Karriere opfern. Sicher, ich wollte unbedingt die Velvet Brown spielen, aber ich war nie von Ehrgeiz zerfressen. Vielleicht fiel es mir deshalb leichter, mich einzusetzen für das, woran ich glaubte. Ich bin davon überzeugt, daß diese innere Stärke, die mir dann viele Jahre später half, meinen selbstzerstörerischen Kurs zu überwinden, damals in diesen frühen Studiojahren geschmiedet wurde – als ich mich entschloß, die Kontrolle über mein Leben nie aus der Hand zu geben, Studio-Dämonen hin oder her.

Obwohl ich meiner Mutter immer wieder zusetzte, mich reifere Rollen spielen zu lassen, sorgte sie dafür, daß ich Kinderrollen spielte, bis ich fünfzehn war. In *Wirbel um*

Judy (A Date with Judy) war ich zum erstenmal geschminkt, wie eine junge Dame angezogen und hatte keinen vierbeinigen Partner. Robert Stack spielte das »Objekt meiner Begierde« und gab mir den ersten »Erwachsenen«-Leinwandkuß. Jimmy Lyon hatte mir zwar schon in *Cynthia* einen keuschen Kuß auf die Lippen gehaucht, aber das war so erotisch wie ein Händedruck. Bob Stack war ungefähr zehn Jahre älter als ich und muß sich sehr über mich amüsiert haben, weil ich mich damals unsterblich in ihn verliebte. Auch wenn er sich gelegentlich etwas herablassend gab, ich wußte, daß ich mit Lippenstift und Augen-Make-up leicht wie achtzehn aussah. Über Nacht entwickelte ich mich vom Kinderstar zum Star. Eben noch hatte ich ein Pferd geküßt, und jetzt küßte ich plötzlich einen Mann, Bob Stack. Ich fand es wunderbar.

Ich wollte immer eine Frau sein. Als Kind habe ich sehnsüchtig auf die Menstruation gewartet, weil das bedeutete, daß ich erwachsen wurde. Ich genoß jede Minute meiner Entwicklung. Ich hatte eine sehr schmale Taille, die ich noch enger zusammenschnürte, damit mein Busen und meine Hüften besser zur Geltung kamen. Ich demonstrierte eine höchst weibliche Figur zu einem Zeitpunkt, an dem die meisten Mädchen noch ziemlich flach sind. Nach Jahren erzählte mir Sidney, daß, als ich einmal in den MGM-Laden kam, ein Produzent zu ihm sagte: »Für die könnt ich in den Knast gehen!« Sidney darauf wütend: »Mensch, hör auf, sie ist doch noch ein Kind!«

Sidney war nicht der einzige, der sich Sorgen darüber machte, wie die Männer mir nachschauten. Meine Eltern und das Studio taten sich zusammen, um mir meine Unschuld zu bewahren. Ich konnte nicht einmal auf die

Toilette gehen, ohne daß meine Mutter oder die Lehrerin mitkam. Sie waren überzeugt, man würde mich überfallen. Sie meinten es gut, aber es war ein solcher Eingriff in mein Eigenleben, daß ich mir vorkam, als würde ich permanent unter einem Mikroskop leben. Sobald ich alt genug war, bestand ich darauf, wenigstens zeitweise allein sein zu können, und später habe ich dann meine Privatsphäre fanatisch verteidigt.

Obwohl ich es kaum erwarten konnte, erwachsen zu sein, kam ich erst mit sechzehn an den Punkt, daß ich mich nicht mehr als Kind fühlte. Der Anlaß war eine Fotoserie mit Philippe Halsman. Er war der erste Mensch, der wollte, daß ich mich als Frau sah. Auf einer rein technischen Ebene machte er mir klar, daß meine beiden Gesichtshälften sich völlig verschieden fotografierten. Eine Seite wirkte jünger, die andere reifer. Er meinte, die jüngere wäre besser, ich war natürlich für die, die mich älter aussehen ließ. Während ich ihm Modell saß, wurde ich mir plötzlich sehr deutlich meines Körpers bewußt. Ganz im Gegensatz zu unserer geteilten Meinung über mein Gesicht hatte er keinerlei Interesse daran, meine Figur kindlich erscheinen zu lassen. »Du hast einen Busen«, schrie er, »streck ihn vor!«

Das war etwas anderes als mit den Kameramännern im Studio, die mich immer noch für ein Baby hielten. Halsman sah, daß ich die Figur einer Frau hatte, und er wollte, daß ich das vor der Kamera auch auswertete. So lernte ich an einem Tag, wie man leidenschaftlich und aufreizend posiert. Kurz gesagt, ich entwickelte Sex-Appeal, obwohl ich wußte, daß irgendwo da drinnen noch ein Kind steckte, das längst noch nicht erwachsen war. Das wichtigste Ergebnis dieser Aufnahmen aber war eine Art Vertrauen in mein fotogenes Aussehen, was mich wiederum in meinem Entschluß bestärkte, mir vom Studio nichts dreinreden zu lassen.

Die Studioleiter hatten von Anfang an versucht, an meinem Aussehen herumzudoktern. Für *National Velvet* wollten sie mir das Haar aufhellen, weil es angeblich zu schwarz herauskam. Als sie damit nicht durchdrangen, wollten sie mir die Augenbrauen zupfen. Ich glaube, die lagen nachts wach, um darüber nachzudenken, wie sie mich »verbessern« könnten. Als ich anfing, Lippenstift zu benutzen, beschlossen sie, mir einen Joan-Crawford-Mund zu verpassen. Aber meine Eltern waren eisern: »So ist sie auf die Welt gekommen, und so gefällt sie uns. Wir lassen es nicht zu, daß ihr sie verändert.« Halsman machte es mir leichter, diese diversen Verbesserungsvorschläge auch für mich selbst abzulehnen. Ich erinnere mich an einen Streit, als man wollte, daß ich mir das Muttermal auf der rechten Backe wegmachen lasse. Ich habe gewonnen. Es ist immer noch da.

In einem hatte ich Glück. *National Velvet* war ein großer Erfolg, und so war ich bald eine Art Star. Von daher war es auch nicht so leicht, mich unter Druck zu setzen. Kürzlich fragte mich ein Freund, ob man mich je auf die Besetzungscouch eingeladen hätte. Das nicht. Als ich alt genug dafür war, hat sich keiner mehr getraut.

Nach dem Fototermin mit Halsman war ich mehr denn je entschlossen, mein Leinwand-Image selbst zu bestimmen. Ich wollte älter aussehen, also bestand ich darauf, mir die Haare abschneiden zu lassen. 1948 wechselte ich das Rollenfach. Ich spielte noch die Amy in *Kleine tapfere Jo (Little Woman)*, wieder eine Kindfrau, und stürzte mich gleich darauf in die Rolle der romantischen Heldin in dem Film *Verschwörer (The Conspirator)*, der in England gedreht wurde. Ich war kaum siebzehn, da wurde ich unter den Augen von ganz Amerika erwachsen. Mein Partner war Robert Taylor, einer der größten Stars von MGM; er war damals achtunddreißig, mehr als doppelt so alt wie ich. Auch heute noch denkt man sich in Hollywood nichts dabei, junge Mädchen mit älteren Männern zu kombinieren, allerdings erlebt man kaum das Gegenteil. Es kam auch niemand auf die Idee, daß vielleicht Barbara Stanwyck, die mit Taylor verheiratet war, mit Roddy McDowell oder einem meiner anderen Altersgenossen einen Film drehen könnte.

Die Dreharbeiten zu *Verschwörer* waren eine ganz merkwürdige Erfahrung. Zwischen den leidenschaftlichen Liebesszenen mit einem Mann, der alt genug war, daß er mein Vater hätte sein können, mußten für mich bis drei Uhr nachmittags drei Stunden Schulunterricht eingebaut sein – sonst hieß es: Produktionsstop für den Rest des Tages. Der ganze Film drehte sich um mein ABC. Es machte mich wahnsinnig. Es kam vor, daß plötzlich meine Lehrerin mitten auf der Szene erschien, mich aus den Armen von Robert Taylor riß und sagte: »Tut mir leid, Elizabeth hat ihre Aufgaben noch nicht gemacht.« Dann schleppte sie mich ab in das kleine Schulzimmer, das man extra für mich eingerichtet hatte, und wir büffelten Sozialkunde oder Geometrie. Es war fürchterlich. Robert Taylor, dieser wunderbare Mann, war unglaublich geduldig. Während ich Unterricht hatte, setzte er sich in seinen Wohnwagen und tippte Briefe an seine Frau. Immer, wenn ich mich vor Wut am liebsten recht unprofessionell auf den Boden geschmissen hätte, hielt er mir seine Frau als das leuchtende Beispiel eines Superprofis vor Augen.

Aber das Ganze war wirklich ziemlich lächerlich. Während ich zwischen Klassenzimmer und Aufnahmehalle hin- und herrannte, kam ich kaum zum Atemholen, und oft trug ich den Lippenstift erst auf, während schon ausgeleuchtet wurde. Irgendwann hielt Bob mir vor, daß Barbara zu den Dreharbeiten immer schon mit perfektem Make-up erscheine. »Ich glaube nicht, daß *sie* eine Lehrerin hat, die es ihr verbietet, sich im Schulzimmer die Lippen anzustreichen«, habe ich ihm geantwortet. Das Ganze war absurd, aber ich habe bei diesem Film viel gelernt, und nicht zuletzt aus Bobs Charakterisierungen einer Frau, der ich erst vor ein paar Jahren dann wirklich begegnet bin. Sie hat sich aber daran erinnert, daß sie mich einmal bei MGM gesehen hatte. Sie erzählte meinem Freund Nolan Miller, sie habe mich eines Morgens mit Lockenwicklern im Haar im Schminkzimmer sitzen sehen. Sie sei auf mich zugegangen und habe gesagt: »Das ist unglaublich. Keine Frau hat das Recht, um fünf Uhr früh mit eingerollten Haaren so schön zu sein.« Ich kann mich nicht an diesen Vorfall erinnern. Ich bin sicher, ich war viel zu überwältigt, die große Barbara Stanwyck zu sehen, als daß ich das Kompliment gehört hätte. Aber es hat mich Jahre später ungeheuer gefreut, als Nolan Miller mir diese Geschichte erzählte. *Verschwörer* war kein sonderlicher Erfolg. Die Kritiken waren eher lau, obwohl man die zwei Taylors ziemlich milde behandelte und sich mehr auf das Drehbuch einschoß. Aber für mich war es ein wichtiger Film. Er war der Meilenstein auf meinem Weg zu den »erwachsenen« Rollen.

Von da an hatte ich das Gefühl, ich würde aus drei verschiedenen Personen bestehen: aus meinem wirklichen Ich, dem medienverklärten Ich und dem vermeintlich allmächtigen Ich, das ich auf der Leinwand zu verkörpern begann. Im Film wurde ich mit allem fertig. Ich kannte wirklich alle Tricks. Aber das war sehr verwirrend. Diese Tricks ließen sich im wirklichen Leben nicht anwenden. Meine Teenagervorstellungen von der Welt waren auch noch dadurch verzerrt, daß ich fast nie gleichaltrige Freundinnen hatte. Von meinen Altersgenossen wurde ich eher wie ein Monster behandelt, und das machte mich ein bißchen paranoid. Ich deutete jede interessierte Annäherung als pure Neugierde. Als ich klein war, wollte ich wahnsinnig gerne Kinder kennenlernen, aber meistens wollten die von mir nichts wissen. Ich hatte eine sehr gute Freundin, die in unserer Nähe wohnte. Sie war größer als ich und schenkte mir ihre abgelegten Kleider. Die gingen mir über alles, und ich zog sie viel lieber an als alles, was mir meine Eltern kaufen konnten oder was das Studio heranschaffte. Diese Kleider gaben mir das Gefühl, daß ich dazugehörte. Teils hielt meine Berühmtheit andere Jugendliche davon ab, sich mit mir zu befreunden, teils war es meine überfürsorgliche Erziehung. Meine Eltern waren gegen all das, was ich auf der Leinwand machte – wie beispielsweise eine Pyjamaparty mitmachen, einfach auf die schnelle mal ausgehen oder nur so zum Spaß spazierenfahren. Mit dem Ergebnis, daß ich eigentlich keine wirklichen Bindungen außerhalb der Familie entwickelte. Inzwischen bin ich mit einigen Frauen in meinem Alter befreundet, zum Teil sogar seit zwanzig oder dreißig Jahren; aber als Kind war ich lieber unter Erwachsenen. Manchmal beim Ausreiten spielte ich mir vor, ich würde auf eine Schule oder eine Unversität gehen, aber ein paar Stunden später war ich dann wieder auf Szene und arbeitete am Bild der »öffentlichen« Elizabeth Taylor.

Während ich also lernte, mein Leinwand-Image zu vervollkommnen, war ich entschlossen, einen Weg zu finden, auf dem ich bequem in die Welt der Erwachsenen hineinwachsen konnte. Da ich ohne die übliche Gruppe von Gleichaltrigen auskommen mußte, die den meisten Teenagern hilft, sich selbst zu finden, war mir klar, daß bei mir das Erwachsenwerden einfach schneller gehen mußte und daß ich mir dazu einen Freiraum schaffen mußte – weg vom Studio und weg von meinen Eltern. Nach ein paar kläglichen Versuchen hatte ich das Gefühl, mein einziger Fluchtweg sei die Ehe. Das schien die einzige Möglichkeit zu sein, wie ich das Leben kennenlernen und, vielleicht das Wichtigste, auch meine Sexualität entdecken konnte. Ganz abgesehen davon, daß ich ununterbrochen abgeschirmt wurde, machte es mir auch meine Erziehung unmöglich, mich auf eine Liebesgeschichte einzulassen. Außerdem war ich damals, und bin es heute noch, eine unheilbare Romantikerin. Leider habe ich damals die Gründe, die mich in meine frühe Ehe trieben, nicht wirklich verstanden. Ich wußte nur, daß ich mich danach sehnte, eine richtige Frau, eine Ehefrau zu werden.

3

Als MGM mich an Paramount auslieh für die George-Stevens-Produktion *Ein Platz an der Sonne (A Place in the Sun)* nach Theodor Dreisers Roman *Eine Amerikanische Tragödie (An American Tragedy)*, war Montgomery Clift, der erst ein paar Jahre zuvor vom Broadway nach Hollywood gekommen war, mein Partner. Ich bin der Meinung, daß er eine völlig neue Dimension in die Filme Hollywoods einbrachte. Meistens werden ja Marlon Brando und Jimmy Dean als Erneuerer gepriesen, aber Monty war wirklich der erste. Während dieses Films begann zwischen uns eine liebevolle und dauerhafte Freundschaft. Obwohl uns die Medien als Liebespaar feierten, fühlte ich von Anfang an, daß Monty hin und her gerissen war zwischen dem, was er war, und dem, was er meinte, sein zu sollen.

Ein Platz an der Sonne war, glaube ich, der beste Film, den ich in meinen jungen Jahren gemacht habe. Auch den Film *Vater der Braut (Father of the Bride)*, in dem Spencer Tracy mein Vater war, habe ich sehr gerne gemacht. Ironischerweise hatte ich diesen Film gerade abgedreht, als ich dann am 6. Mai 1950 wirklich Braut wurde. Auf dem Papier sah es perfekt aus: Der gutaussehende Sohn eines reichen Hotelbesitzers heiratet die Prinzessin von Metro-Goldwyn-Mayer. Was dabei herauskam, war ein Desaster, ein Alptraum, der im Januar 1951 durch Scheidung endete.

Ich bin eigentlich ziemlich stolz auf meine Menschenkenntnis. Gewöhnlich weiß ich sofort, ob jemand ehrlich ist oder nicht, aber damals habe ich einfach wie ein typischer Teenager reagiert. Ich wollte so schrecklich gerne erwachsen sein und auf eigenen Füßen stehen und hörte deshalb nicht auf meine innere Stimme. Es ist aber auch möglich, daß ich einfach zu unerfahren war, um den richtigen Mann vom falschen zu unterscheiden. Bis dahin hatten ja ausschließlich die Drehbuchschreiber die Auswahl für mich getroffen.

Vor meiner Heirat bin ich mit mehreren jungen Männern ausgegangen, von berühmten College-Fußballhelden bis hin zu unauffälligen Geschäftsleuten, aber alle diese Beziehungen wurden streng überwacht. Ich fand die Rolle der verliebten jungen Frau ganz wunderbar, und als ich Nicky Hilton kennenlernte, war ich reif für eine Hochzeit. Ich war geblendet von seinem Charme und seiner offensichtlichen Welterfahrung, getrieben von Gefühlen, denen man außerhalb der Ehe nicht nachgeben durfte, und wild entschlossen, ein Leben unabhängig von meinen Eltern und dem Studio zu führen. Also verschloß ich meine Augen vor allen Problemen und schritt strahlend zum Altar.

Aber noch ehe die Flitterwochen vorbei waren, war mein Blick wieder klar. Wir fuhren auf der *Queen Mary* nach Südfrankreich und setzten dort unsere Ehe auf die Klippen. Am Ende der Reise war es nur allzu deutlich, daß mein Mann große Schwierigkeiten hatte, mit mir und meiner Berühmtheit klarzukommen. Er wurde mürrisch, böse und verletzend, und zwar physisch und psychisch. Es würde zu weit führen, hier näher auf diese sehr persönlichen Dinge einzugehen. Er fing an zu trinken. Er machte mich herunter vor allen Leuten. Dann ging er mir aus dem Weg. Ich war fassungslos und nicht in der Lage, mit dieser explosiven Situation gut umzugehen. Wir besuchten die schönsten Städte Europas und wurden wie gekrönte Häupter empfangen, aber das Lächeln gefror mir auf den Lippen. Ich war am Boden zerstört über unsere völlige Entfremdung. Ich versuchte alles, um unsere Beziehung aufrechtzuerhalten, aber er war nicht zu bewegen. Immer wieder stieß mich der Mann, mit dem ich den Rest meines Lebens verbringen wollte, zurück. Als wir heimkehrten, waren sowohl die Flitterwochen als auch die Beziehung vorbei. Ich brachte es nicht über mich zuzugeben, daß meine Ehe eine Katastrophe war; also ließ ich mir monatelang nichts anmerken. Gegen Weihnachten konnte ich es dann nicht mehr ertragen und zog aus. Wir wurden im Januar 1951 geschieden, ein gutes halbes Jahr nach unserer Hochzeit.

Das Scheitern unserer Ehe versetzte meinem Selbstbewußtsein einen gräßlichen Schlag. Und wie auch sonst so gut wie alles in meinem Leben, wurde dieses ganze Fiasko vor der Öffentlichkeit ausgebreitet. Mein Stolz war gebrochen, ich bekam Magengeschwüre, kam mit Darmkoliken ins Krankenhaus und zog mich ganz in mich selbst zurück, um meine Wunden zu lecken.

Ich brauchte lange, um über meine Depression hinwegzukommen, und ich stürzte mich in meine Arbeit, um mir meinen Selbstwert wieder aufzubauen. Die Arbeit und diese innere Stärke, die mir als Kind schon geholfen hatte, ließen meinen Optimismus und meine romantische Ader wieder aufblühen.

Ich meldete mich im Studio zurück, und die Arbeit half mir tatsächlich über vieles hinweg. Wenn ich schon nicht in der Wirklichkeit die vollkommene Ehefrau sein konnte, konnte ich immerhin auf der Leinwand die perfekte

Illusion schaffen. Der Film *Ein Geschenk des Himmels (Father's Little Dividend)* wurde als Fortsetzung zu *Vater der Braut* gedreht, und mein Leinwand-Ich wurde darin Mutter. Ich machte genau das, was ich eigentlich wollte – nur war es auf einer 35-mm-Leinwand und nicht im wirklichen Leben.

Der erste Mann, den ich wieder ansah, nachdem ich mich vom Schmerz und Schock meiner Scheidung erholt hatte, war Michael Wilding. Dank meines lädierten Innenlebens ernährte ich mich immer noch von Babynahrung. Weil ich allmählich das Gefühl hatte, daß meine Symptome möglicherweise psychosomatisch waren, ging ich mit Michael aus, aß, tanzte und trank Champagner, wie es mir gefiel. Mein Körper wurde gesund, weil auch mein Kopf wieder klar wurde. Und auch wenn die amerikanische Ärztevereinigung die Elizabeth-Taylor-Methode zum Ausheilen von Magengeschwüren kaum übernehmen wird, mir hat sie jedenfalls geholfen.

Ich heiratete Michael Wilding im Februar 1952. Ich war zwanzig Jahre jünger als mein Mann, und so glich sich mein Leben wieder einmal den Filmen an, wo man mir schon so oft einen älteren Mann an die Seite gestellt hatte.

Wir fingen unsere Ehe mit großer gegenseitiger Zuneigung und hochgesteckten Erwartungen an. Sogar die Art, in der wir das Haus fanden, in dem wir die nächsten vier Jahre wohnen sollten, verstärkte unsere optimistische Einstellung der Zukunft gegenüber. George MacLean, ein alter Freund und ein begabter Architekt, wußte, daß mir die fantasievollen Häuser, die er in der Umgebung von Los Angeles gebaut hatte, sehr gefielen. Eine seiner Ex-Frauen erzählte meiner Mutter, daß er gerade ein Haus baute, bei dem er eigentlich mich im Kopf hatte. Er wollte es uns wahnsinnig gerne zeigen, war aber zu schüchtern, uns anzurufen. Als meine Mutter mir diese Geschichte erzählte, beschlossen Michael und ich, es uns anzuschauen.

Das Haus lag in Beverly Hills, ganz in der Nähe von David Selznicks Anwesen. Als wir aus dem Auto stiegen, stellten wir fest, daß es von einer Mauer umgeben und das Tor verschlossen war. Viele Häuser in Beverly Hills und Bel Aire sind auf diese Weise gesichert. Die Tore werden elektronisch vom Haus aus bedient, und normalerweise gibt es Fernsehkameras oder eine Gegensprechanlage, um die Besucher zu kontrollieren.

Trotzdem kommt es vor, daß Touristen warten, bis ein angekündigter Besucher eingelassen wird, und sich dann einschmuggeln, solange das Tor noch offen ist. Bei mir stand einmal eines Morgens ein ganzer Bus voll Touristen in der Einfahrt, und der Fahrer brüllte: »Da oben ist das Schlafzimmer von Liz, und da drüben hinter der Mauer ist der Grabstein von ihrem Lieblingshund.«

An diesem Sonntag mit Michael benahm ich mich wie ein ganz unverschämter Tourist. Michael hob mich hoch, und ich kletterte über die Mauer. Dann öffnete ich das Tor und ließ ihn herein. Wenn uns einer dabei erwischt hätte, die Schlagzeilen muß man sich vorstellen! Aber wir waren so überwältigt von dieser Schönheit, daß uns alles egal war. Architektur und Landschaft ergänzten sich ganz wunderbar. Haus und Garten wirkten wie verzaubert, wie aus einem Märchen. Und wir kamen sogar zu einem kleinen Picknick. Die Arbeiter hatten eine Tüte Kartoffelchips und eine halbe Flasche Wein zurückgelassen. Damit setzten wir uns in den Garten. Vor unseren Augen befand sich eine unglaublich schöne Gruppe von blühenden Bäumen. Das war einer der schönsten Augenblicke meines Lebens. Ich sah Michael an und sagte: »Das ist unser Haus. Das müssen wir haben.« Der liebe Michael widersprach nicht. Ich glaube, ihm ging es nicht anders. Wir kratzten unser Geld zusammen, kauften das Haus und lebten darin, solange wir verheiratet waren.

Unsere Ehe war lange Zeit sehr glücklich, und das Schönste daran war, daß sich mein Traum erfüllte und ich Mutter wurde. Während der Dreharbeiten zu dem Film *The Girl Who Had Everything* stellte ich zu meiner Freude fest, daß ich schwanger war, und es brachte mich fast um, daß ich es geheimhalten mußte. Obwohl ich sehr glücklich über diese Schwangerschaft war, mußte ich versuchen, so lange wie möglich zu arbeiten. Wenn das Studio von meinem Zustand Wind bekäme, würde man mich suspendieren; aber ich brauchte meine Gage. Louis B. Mayer, dieser grandiose Verteidiger des schwachen Geschlechts, der Mann, der Erich von Stroheim geohrfeigt hatte, weil er einen Filmstar eine Hure genannt hatte, hatte sich für seine weiblichen Stars im Falle natürlicher biologischer Vorgänge Strafmaßnahmen ausgedacht. Ich mußte mich still verhalten und den Bauch einziehen. Meine Taille maß damals achtundvierzig Zentimeter – und so mußte sie auch bleiben, bis der Film im Kasten war.

Als der Film abgedreht war, war ich im fünften Monat. Ich teilte unverzüglich der ganzen Welt mit, daß ich schwanger war, kaufte mir eine Ausstattung für werdende Mütter und streckte meinen Bauch raus. Und weil ich auch für zwei aß, nahm ich fünfzig Pfund zu.

Im großen und ganzen war alles in Ordnung, aber ein paar Probleme gab es – vor allem das Geld.

Michael hatte überhaupt keine Arbeit, ich hatte vorübergehend keine, und wir waren so gut wie pleite. Ich brauchte einen Geburtshelfer, und eine Freundin empfahl mir einen jüngeren Arzt. Obwohl ich mein Kind gerne auf natürliche Weise zur Welt gebracht hätte, mußte der Arzt mir sagen, daß ein Kaiserschnitt notwendig sei. Ich erklärte mich einverstanden, sagte ihm aber, ich wollte keine Vollnarkose, sondern zusehen. Er meinte, das käme nicht in Frage, und dann erzählte er mir, daß er noch nie einen Kaiserschnitt gemacht habe. Ich weiß noch, daß ich mir mehr Sorgen wegen seiner Rechnung machte, ganze 250 Dollar, als wegen seiner mangelnden Erfahrung.

Es mag etwas eigenartig klingen, wenn ich sage, daß wir pleite waren, aber ein Außenstehender kann kaum ermessen, wie viele Unkosten ein »Filmstar« haben kann. Ich verdiente ausgezeichnet, aber wir gaben auch sehr viel aus. Und man konnte sicher sein, daß das Studio grundsätzlich versuchte, einen zu schröpfen. Daß man bei einer Schwangerschaft kein Geld mehr bekam, war nur ein Beispiel. Wenn sie einen nicht bezahlen wollten, dann schickten sie einfach schlechte Drehbücher, grauenvolle Machwerke, die ohnehin keiner verfilmen wollte. Wenn man ablehnte, wurde man suspendiert. Unglücklicherweise ging es uns, als dann das Baby auf der Welt war, finanziell so schlecht, daß ich einige Angebote akzeptierte für Filme, die man nie hätte drehen sollen. Es dauerte keine zwei Monate, da hatte ich mein altes Gewicht wieder und kehrte ins Studio zurück. Einer der Gründe, warum mir das alles so leicht von der Hand ging, war der kleine Michael, der ein ganz zauberhaftes Baby war. Und ich war eine überglückliche Mutter. Ich konnte meinen Sohn stundenlang betrachten. Sogar während er schlief, hing ich über seinem Bettchen und bestaunte ihn. Ich hätte ihn so gerne gestillt, aber arbeitende Schauspielerinnen haben einen ziemlich anstrengenden Stundenplan, und deshalb mußte ich diesen Wunsch aufgeben.

Zwei Jahre später wurde ich wieder schwanger, aber ich schrumpfte, trotz einer recht deftigen Gewichtszunahme, dann doch ganz schnell wieder auf meine alte Größe 36. Auch Christopher, mein zweiter Sohn, war ein süßes und unkompliziertes Baby. Das Muttersein war für mich etwas ausgesprochen Positives, und mein einziger Kummer war, daß ich nicht viel mehr zu Hause sein konnte. Leider war ich durch meine beiden unbezahlten Schwangerschaftsurlaube in einer Situation, in der ich auch mittelmäßige Filme akzeptieren mußte. Um so mehr freute ich mich, als man mich 1955 für den Film *Giganten (Giant)* an die Warner Brothers verlieh. Ich war sehr glücklich, wieder mit George Stevens arbeiten zu können, und fand es toll, daß Rock Hudson mein Partner war. Er war wunderbar! Ein weicher, liebenswürdiger und liebevoller Mann, der ein großartiger Schauspieler war.

Rock und ich mochten uns auf Anhieb und benahmen uns oft wie die Kinder. Im August und September mußten wir in Texas drehen. Die Hitze, die Luftfeuchtigkeit und der Staub waren so beklemmend, daß man wirklich jede moralische Unterstützung brauchte, die man nur kriegen konnte. Wir schlugen uns ganze Nächte um die Ohren, waren aber eben jung und widerstandsfähig genug, um am nächsten Morgen wieder mit frischen Gesichtern vor der Kamera zu stehen. Nicht einmal Ringe hatten wir unter den Augen. Bei einem dieser Saufgelage erfanden wir auch den besten Drink, den ich

78

je probiert habe – einen Schokoladenmartini mit Wodka, Schokoladensirup und Kaluha. Wie wir das überlebt haben, weiß ich beim besten Willen nicht.

Zu Hause ging nicht alles so glatt. Michael Wilding war ein wunderbarer Mann, und ich hatte ihn sehr gern. Unsere Freundschaft dauerte bis zu seinem Tod. Aber die fünfziger Jahre brachten einige Zerreißproben für unsere Ehe, die sie dann auch nicht überlebte. Wir waren zu verschieden. Er war ein typischer Engländer. Aber er ging nach Hollywood und konnte dort nie mehr den Star-Status erreichen, den er in England gehabt hatte. Unsere Gefühle füreinander waren zum Schluß eher geschwisterlich, und das ist natürlich nicht gerade das, was ich mir unter einer Ehe vorstelle.

Wir merkten, daß es so nicht mehr weiterging, und redeten von Scheidung, aber wir hatten es nicht eilig damit. Bis dann Mike Todd auftauchte.

Es wäre mir nicht im Traum eingefallen, daß er der nächste Mann in meinem Leben sein würde. Kevin McClory, einer von Mike Todds Assistenten bei dem Film *In 80 Tagen um die Welt (Around the World in 80 Days)*, lud Michael und mich zu einem Segelwochenende auf die *Hyding* ein, eine 35-Meter-Yacht, die Todd gemietet hatte. Wir nahmen begeistert an, beide froh, daß wir von zu Hause wegkamen, wo sich die Situation immer mehr zuspitzte. Jedenfalls würde genug los sein um uns herum. Als wir an Bord kamen, ging Michael gleich in die Bar; ich unterhielt mich den ganzen Nachmittag mit Kevin. Die ganze Zeit über spürte ich, daß Mike Todd mich beobachtete. Ich hatte schreckliche Kopfschmerzen, und da ich mich noch nie geniert habe zu jammern, habe ich wahrscheinlich auch ein bißchen dick aufgetragen. Die Kopfschmerzen kamen vermutlich davon, daß ich versuchte, die Spannungen zwischen mir und Michael zu vertuschen. Aber was auch daran schuld war, es wurde nicht besser.

Gegen Abend saßen wir dann alle an Deck, tranken Champagner und beobachteten den Sonnenuntergang. Als Mike die Gläser füllte, machte ich irgendeine Bemerkung, die mir so durch den Kopf schoß. Ich weiß nicht mehr, was ich sagte, aber ich erinnere mich, daß Mike sich zu mir herdrehte und feststellte: »Schätzchen, du bist ja eine heimliche Intellektuelle.« Das hatte mir noch keiner vorgeworfen! Ich wußte nicht, was ich sagen sollte. Also schüttete ich den Champagner in mich hinein und hielt ihm das leere Glas hin. Mike schenkte mir nach, wirkte aber etwas genervt und sagte: »Trink, soviel du willst. Es ist ja schließlich dein Kopf.«

Bis auf diese beiden Bemerkungen sprach Mike Todd eigentlich kaum mit mir während der Zeit auf dem Boot. Zwei Wochen später waren wir dann bei ihm zum Essen eingeladen, und wieder, obwohl wir eine Zeitlang nebeneinander saßen, sprach er sehr wenig. Mir ging es nicht sonderlich gut. Mir war klar, daß meine zweite Ehe in die Brüche ging. Ich fürchtete mich, fühlte mich elend und kämpfte fast den ganzen Abend mit den Tränen. Wir sahen Mike Todd noch einige Male, und ich glaube, Michael merkte schneller als ich, daß sich zwischen uns etwas anbahnte. Er meinte, wir sollten die Scheidung hinter uns bringen, und flog nach Mexiko. Wir trennten uns mit großem Bedauern. Für mich wird Michael Wilding immer *der* Gentleman in meinem Leben bleiben.

Erst nachdem Michael ausgezogen war, rief Mike Todd an und wollte sich mit mir verabreden. Ich dachte, er wollte über einen Film sprechen, und traf mich mit ihm am nächsten Tag in seinem Büro bei der MGM. Er plazierte mich auf ein Sofa, setzte sich mir gegenüber auf einen Stuhl und machte mir eine Liebeserklärung. Ich bekam den Mund nicht auf. Ich war wie vor den Kopf geschlagen. Und dann sagte er mir, er würde mich heiraten. Nicht, daß er mich *fragte*, er *sagte* es mir. Er war unwiderstehlich. Ich verließ dieses Büro und wußte, ich würde bald Mrs. Todd sein.

Eines Abends, noch ehe bekannt war, daß wir ein Verhältnis hatten, luden ihn Freunde zum Essen ein. Er sagte, er würde eine Freundin mitbringen, nannte aber keinen Namen. Mike stellte mich dann als »Tondelayo Schwarzkopf« vor. Die Gastgeberin sah mich prüfend an und meinte: »Ich muß Ihnen sagen, Sie sehen Elizabeth Taylor sehr ähnlich, aber Sie sind dicker.« Mike brüllte vor Lachen, gab mir eine auf den Hintern und sagte: »Ich sag dir's ja, du wirst zu dick!« Ach, Mike, wenn du mich in Washington gesehen hättest.

Mike Todd und ich heirateten am 2. Februar 1957. Er war 25 Jahre älter als ich und ewig jung. Ich konnte kaum mit ihm Schritt halten. Er war der energischste Mann, den ich je erlebt habe, und er machte aus den achtzehn Monaten, die wir zusammen waren, eine der schönsten und intensivsten Phasen meines Lebens. Es waren nicht einmal zwei Jahre, aber wir füllten sie mit so viel Liebe und so viel Leben. Mike war einfach ein bißchen verrückt, genau wie Richard Burton. (Ich glaube ganz im Ernst, daß ich mich nur mit einem Mann, der etwas aus dem Rahmen fällt, wirklich so richtig wohl fühlen kann.) Richard, der Mike zwar irgendwann einmal getroffen hatte, ihn aber nicht wirklich kannte, sagte mir, daß Mike, wäre er nicht gestorben, immer noch mit mir verheiratet wäre. Das habe ich ihm hoch angerechnet. Auch für Sidney Guilaroff war Mike Todd *der* Mann für mich, vielleicht sogar noch mehr als Richard. Mike war ein Unternehmer, ein Mann aus dem Showbusiness, aber er war kein Schauspieler. Und er nahm an meiner Karriere den allergrößten Anteil, während Richard ja auch an seine eigene Karriere denken mußte.

Es war so schön verrückt, mit Mike verheiratet zu sein. Mit ihm zusammen zu sein war so, als würde man in einem Heldenepos mitspielen. Er übersetzte das unmögliche Leben, das ich in meinen Filmen führte, in die Wirklichkeit. Er konnte die ganz große Show abziehen, und er hatte ein ganz großes Herz. Nach außen hin wirkte er rauh und bärbeißig, aber das war nur gespielt. Er war zärtlich und ehrlich, und er versteckte seine tiefverwurzelte Integrität hinter einem spektakulären Auftreten. Mike wollte unbedingt wieder Stil und Eleganz ins Showgeschäft bringen. Er wollte tolle Filme machen, und er wollte, daß sie so gut wie nur möglich präsentiert würden. Er hatte ein ungeheures Talent für besondere Ereignisse. Er begriff nicht, daß man, während die Schauspieler auf der Leinwand agierten, einfach dasitzen und Puffmais essen konnte. Als *In 80 Tagen um die Welt,* sein erster und einziger Film, lief, gab es in seinen Kinos nichts Eßbares zu kaufen.

Seine Großzügigkeit war legendär und schloß alle ein: seine Freunde, seine Familie und das Publikum. Im Leben jeder Frau müßte es einen Mike Todd geben. Ich habe ihn so sehr geliebt. Mein Selbstbewußtsein, mein Selbstbild, alles schwang sich unter seiner überschwenglichen, liebevollen Fürsorge auf in ungeahnte Höhen. Aber auch wenn mein Geist und meine Gefühle Höhenflüge machten, meine Gesundheitsprobleme waren mir geblieben, und nicht lange nach unserer Hochzeit mußte ich mich einer Wirbelsäulenoperation unterziehen. Ich sollte zwei Monate im Krankenhaus verbringen. Ich muß, einen Tag bevor ich ins Krankenhaus ging, schwanger geworden sein. Vier Wochen nach der Operation wurde die Schwangerschaft bestätigt, und ein Dutzend Ärzte erklärten mir, ich müßte das Kind abtreiben. Man zeigte mir ein Röntgenbild von meinem Rücken, auf dem man meine abgenutzte Wirbelsäule sehen konnte, und die kleinen »Zündhölzchen«, mit denen man sie verstärkt hatte. Wenn ein Embryo diese Stelle belasten würde, könnte dies zu einer nicht wieder behebbaren Wirbelsäulenverkrümmung führen. Ich könnte ein Stützkorsett tragen, aber das würde dem Embryo nicht genug Platz zum Wachsen lassen. Ich hörte mir das alles sehr höflich an, aber ich wußte von Anfang an: Ich *wollte* dieses Baby bekommen! Ich erklärte ihnen, es würde alles gutgehen.

Ich mußte fast die ganze Zeit flach auf dem Rücken liegen. Wegen meiner metallenen Rückenstütze lag das Baby sehr hoch an meinem Brustkorb; dadurch trat ein Zwerchfellhochstand ein, und ich bekam zur Stützung des Herzens Digitalis verordnet. Noch ehe der Geburtstermin erreicht war, entschlossen sich die Ärzte zu einem Kaiserschnitt.

Das Digitalis beeinträchtigte den Herzschlag des Kindes. Ich konnte es aber nicht absetzen, weil sonst das Baby sterben würde. Also mußte die Geburt vorgezogen werden. Ich wollte, daß sie meinem Baby vor der Geburt vierundzwanzig Stunden gönnen sollten, in denen keinerlei Medikamente in seinen Organismus gepumpt werden sollten. Man erklärte mir, daß ich ohne Digitalis ins Koma fallen würde. Ich fand das nicht so schlimm, denn dann wäre ich ja nur bewußtlos, und das ist nicht tödlich. Aber das Kind könnte sterben. Sie machten schließlich das, was

ich wollte, aber trotzdem wirkte das Baby zuerst völlig
leblos und kam sofort in den Inkubator.

Mein Arzt verließ den Kreißsaal, um Mike die traurige
Nachricht zu bringen, daß das Baby eine Totgeburt war.
Er versicherte ihm, daß mein Zustand unbedenklich sei.
Dann ließ er sich von Mike die Erlaubnis für eine
Tubenligation geben, weil er der Meinung war, eine
weitere Schwangerschaft käme bei mir einem Selbst-
mord gleich. Nach vierzehn Minuten tat meine Tochter
Liza ihren ersten selbständigen Atemzug. Eine halbe
Stunde später sagte man Mike, Mutter und Kind seien
wohlauf. Ich bin auch heute noch davon überzeugt, daß
unser Kind nicht die geringsten Überlebenschancen gehabt hätte, wenn ich das Digitalis nicht abgesetzt hätte.
Ich wollte dieses Kind so schrecklich gerne haben – ich
hätte alles getan, um es am Leben zu erhalten. Und wenn
ich mir meine Tochter heute anschaue, mit ihren dreißig
Jahren und inzwischen selbst Mutter, dann kann ich nur
sehr dankbar sein.

Nicht lange nach Lizas Geburt sollte ich in einem Film
mitwirken, einem Projekt, das mich wirklich interessierte; es war die Filmversion von *Die Katze auf dem heißen
Blechdach (Cat on a Hot Tin Roof)*. Mike war begeistert,
und er war bei den Dreharbeiten meistens dabei. Die
Zensoren waren auch dabei. Man kann sich heute kaum
vorstellen, wie streng wir damals kontrolliert wurden,
wenn es auch nur um einen Hauch von Sex dabei ging.
Nicht nur die Homosexualität wurde unterdrückt; auch
heterosexuelles Verhalten war mit allen möglichen Verboten belegt. Während der Dreharbeiten kamen die Sex-
Prüfer und inspizierten alles und jedes. Eines Tages
stand ich für eine Kostümprobe vor der Kamera, als ein
»B. I.« (ein Busen-Inspektor, es ist wirklich kaum zu

glauben) erschien, mich gründlich musterte und eine Staffelei verlangte. Er stieg hinauf, blickte auf mich hinunter und verkündete, mein Kleid müsse einen kleineren Ausschnitt haben, es sei zu viel Busen zu sehen. Richard Brooks gab ihm zu verstehen, daß die Kamera ja schließlich nicht auf einer Leiter montiert sei. Doch der B. I. blieb eisern bei seinem Befund, und da er das Recht hatte, die Produktion zu stoppen, mußte Brooks nachgeben. Helen Rose, die Kostümbildnerin, steckte mir mit einer kleinen Brosche das Dekolleté enger. Kaum war der Zensor weg, nahm ich die Brosche ab, und wir filmten weiter.

Busen-Inspektoren und ähnliches gibt es heute zum Glück nicht mehr. Allerdings finde ich diese Unmenge an Nacktheit im Film von heute auch nicht so toll. Was man früher zuviel zensierte, zensiert man heute vielleicht zuwenig. Vor einigen Jahren, nachdem ich soviel abgenommen hatte, wollte der Herausgeber eines der bekanntesten »Mädchen-Blätter« mit mir eine – angezogene – Fotostory machen. Da es sich um ein Angebot von einer Million Dollar handelte, fand ich, ich sollte den Herausgeber schon aus Höflichkeit empfangen. Er kam, setzte sich und erklärte mir das Layout. Und schon war er dabei, daß ich mich doch »oben ohne« zeigen sollte. Eine Million Dollar ist ja nicht gerade ein Pappenstiel, aber, wie ich dem Herausgeber erklärte, während ich ihn zur Tür brachte, es gibt Grenzen für das, was man dafür zu tun bereit ist.

Während der Dreharbeiten zur *Katze* zeigte Richard Brooks Mike immer die Tagesausbeute, und mein Mann war überzeugt, daß meine Leistung oscarreif war. Nachdem wir zwei Wochen gedreht hatten, bekam ich eine Grippe. Mike mußte nach New York fliegen, weil der

Friar's Club ihm zu Ehren ein Fest gab. In meinem Vertrag war vorgesehen, daß ich diese fünf Tage freibekommen sollte, um ihn zu begleiten. Am Mittwoch kam bei mir dann noch eine Lungenentzündung dazu. Mike verschob seine Abreise und wartete bis Freitag. Ich hatte immer noch vierzig Grad Fieber. Mike mußte fahren. Zu dieser Feier wurden dreitausend Menschen erwartet, und er wollte sie nicht enttäuschen. Ich konnte unmöglich reisen und machte ihm klar, daß er ohne mich fahren mußte. Zum allerersten Mal würden wir nicht zusammen sein. Mike kam *fünfmal* zu mir nach oben, um sich zu verabschieden. Ich konnte nicht mitfahren. Ich wollte doch – und wie ich wollte.

Schließlich flog mein geliebter Mann mit seinem Freund, dem Biographen Art Cohn, in seinem Privatflugzeug *The Liz*. Am 22. März 1958 stürzten Mike, Art und der Pilot in den Tod.

Ich habe fast immer eine Vorahnung, wenn in meinem Leben eine Gefahr oder eine Tragödie droht. Michael Wilding und ich bestiegen einmal ein Flugzeug nach Rom. Während wir auf die Freigabe der Startbahn warteten, wurde ich totenblaß und fing an zu zittern. Ich hielt mich an Michael fest: »Um Himmels willen, wir müssen aus diesem Flugzeug raus.« Michael erkannte, daß ich wirklich in Panik war, und rief die Stewardeß. Sie war sehr bemüht, aber ich bin sicher, sie hielt mich für verrückt. Wir bekamen die Erlaubnis auszusteigen. Michael und ich fuhren in unsere Wohnung zurück. Ich zitterte immer noch. Ich konnte nicht erklären, was ich fühlte, es war einfach ein überwältigendes Angstgefühl. Am nächsten Morgen lasen wir in der Zeitung, daß das Flugzeug abgestürzt war. Von der Titelseite lächelte mir ein Bild der Stewardeß entgegen, die so nett zu mir gewesen war.

Als Richard Burton einen Film über Tito drehte, war ich mit ihm in Jugoslawien. Es wurde viel an Originalkriegsschauplätzen gedreht, ein Großteil davon lag im Gebirge. Die Schauspieler wurden jeden Morgen mit Hubschraubern in die Berge geflogen. Eines Tages begleitete ich Richard zum Hubschrauberlandeplatz und sah zu, wie er, der Maskenbildner Ron Berkeleyr und ein Assistent in den Hubschrauber kletterten. Plötzlich überkam mich etwas. »Jungs«, bat ich, »bitte steigt aus.« Sie schauten mich nur an. »Richard, bitte steig sofort aus, steig einfach aus«, wiederholte ich unbeirrt. Richard widersprach mir nicht. Wenn ich mich so benahm, tat er das nie. Die drei Männer stiegen aus und kletterten in einen anderen Hubschrauber. Ich ging zurück ins Haus. Nach einer Stunde kamen Richard und Ron sichtlich erschüttert zurück. Die Dreharbeiten waren unterbrochen worden, weil der Hubschrauber, mit dem sie fliegen sollten, gegen einen Berg gekracht war und alle Insassen dabei ums Leben gekommen waren.

Auch den Tod von Gary Cooper erfuhr ich durch eine Vorahnung. Coop und ich waren sehr gute Freunde, und ich wußte lange, bevor es allgemein bekannt wurde, daß er Krebs hatte. Eines Nachts träumte ich, daß Coop in einem kleinen weißen Zimmer lag und neben ihm auf einem Stuhl seine Frau Rocky saß. Meine Augen bewegten sich wie eine Kamera durch den Raum. Während ich alles beobachtete, nahm eine Krankenschwester den Platz von Rocky ein. Plötzlich wurde Coops Körper von Krämpfen geschüttelt. Es riß ihm den Kopf zurück, die Sehnen an seinem Hals traten weit hervor, seine schönen Gesichtszüge waren völlig entstellt. Es war grauenvoll. Ich sah den Tod in meinem Traum – den wirklichen Tod – zum ersten Mal in meinem Leben. Die Krankenschwester bedeckte Coops Gesicht mit einem Laken, das sofort schweißdurchnäßt war. Die Uhr auf dem Nachttisch zeigte 12 Uhr 25 an. Ich wachte auf, und ohne nachzudenken schrieb ich auf eine Kleenexschachtel, die an meinem Bett stand: »Coop starb um 12 Uhr 25.« Als ich am nächsten Morgen aufwachte, rief ich Coops Arzt an. Der sagte mir, daß Coop zwar noch atme, daß es aber sehr schlecht um ihn stünde. Ich erzählte ihm meinen Traum. Am Nachmittag rief der Arzt mich an, um mir zu sagen, daß Gary Cooper um 12 Uhr 25 gestorben sei.

Als Mike damals abflog, konnte ich nicht mehr einschlafen. Irgend etwas stimmte nicht, etwas, das ich nicht erklären konnte. Mike hatte versprochen, mich um sechs Uhr morgens anzurufen, beim Auftanken in Albuquerque. Es wurde sechs Uhr, sechs Uhr dreißig – sieben Uhr, sieben Uhr dreißig, und er hatte sich immer noch nicht gemeldet. *Ich wußte es.* Als dann die Tür aufging und mein Sekretär Dick Haney und der Arzt ins Zimmer traten, schrie ich: »Nein, es ist nicht wahr!«, noch ehe sie ein Wort gesagt hatten. Ich verlor vor Schmerz fast den Verstand; aber hier ist nicht der Ort, um über meinen Kummer zu reden, über die Qualen dieser entsetzlichen Zeit. Ich konnte mir damals nicht vorstellen, daß ich es überleben würde, und es war mir auch egal. Ich überlebte, weil ich mußte. Aber noch Jahre nach Mikes Tod war ich von der Erinnerung an ihn abhängig. Ich konnte einfach nicht loslassen. Seinen Ring, den man aus dem Wrack geborgen hatte, ließ ich einschmelzen und in einen Ring für mich umarbeiten. Ich trug ihn jeden Tag, bis mich eines Tages jemand, der mich liebte, bat, ihn abzulegen. Es gab zwei große Lieben in meinem Leben. Mike Todd war die erste.

Als man bei MGM erfuhr, daß Mike Todd umgekommen war, schickte das Studio eine Delegation zu einem Kondolenzbesuch. Nach ein paar Minuten wurde mir klar, daß das Motiv für diesen Besuch nicht so sehr das Mitleid, sondern viel eher die Panik war. Sie steckten mitten in einer Filmproduktion und wußten nicht, wann einer der beteiligten Stars wieder arbeitsfähig sein würde. Sie hatten die Stirn, mich zu fragen, wann ich mich wieder zu den Dreharbeiten einfinden würde. Ich konnte es nicht fassen, daß sie mit mir über einen *Film* sprachen. Mein Mann war tot, und das einzige, was ihnen naheging, war ihre gottverdammte Kinokasse. Das war Hollywood – wo man Stars wie eine Ware behandelte, nicht wie Menschen. Daß man Zeit dazu brauchte, um eine gute Ehefrau oder Mutter zu sein oder um einen geliebten Menschen zu trauern – solche Dinge hatten keinen Platz in den Köpfen der meisten Studiobosse.

Dieser Besuch der Obermacker von MGM brachte mich wirklich an den Rand. Ich schrie und schrie und schmiß diese Dreckskerle hinaus. Ich war vor Kummer fast von Sinnen. Mein Sekretär war so um mich besorgt, daß er Richard Brooks anrief, der auch sofort kam. Armer Richard. Ich fing an zu schreien, ehe er auch nur ein Wort herausbringen konnte. »Bist du auch da? Willst du auch wissen, wann ich wieder arbeite?« Richard ließ mich zunächst einmal toben und gab mir dann den vorsichtigen Rat, mir meine Energien für das Begräbnis aufzusparen. Ich mußte nach Chicago fliegen, und Richard war überzeugt davon, daß die Fans brutal sein würden. »Die sind imstande und reißen dir die Ringe von den Fingern, weil sie denken, er hat sie dir geschenkt. Und«, fuhr er fort, »was den Film betrifft – es ist nur ein Film.

Wir machen ohne dich weiter, solange es geht, und wenn du nicht wieder einsteigen willst, holen wir uns jemand anderen. Mach dir keine Sorgen.« Später fand ich heraus, daß sie mit einem Double arbeiteten. Richard ließ sie im Unterrock an der Kamera vorbeihuschen oder machte Aufnahmen über ihren Kopf hinweg. Er hat mich nie danach gefragt, ob ich zurückkäme. Selbst als das Produktionsbüro mit der Einstellung der Dreharbeiten drohte, ließ er mich in Ruhe. Es war das Beste, was er tun konnte.

Als ich von der Beerdigung zurückkam – eine der erschütterndsten Erfahrungen meines Lebens –, war ich so verwirrt, daß ich weder denken noch schlafen noch essen konnte. Innerhalb einer Woche verlor ich zwölf Pfund. Meine Familie und meine Freunde halfen mir, so gut sie konnten, aber man konnte mir nicht wirklich helfen. Sidney Guilaroff schlief sogar auf der Couch in meinem Schlafzimmer. Er hatte Angst davor, mich allein zu lassen. Es war bei weitem schlimmer als das Trauma meiner ersten Scheidung. Und wieder war es die Arbeit, die mich wieder ins Lot brachte.

Nach einer Weile fing Sidney an, davon zu sprechen, wie sehr Mike sich gewünscht hatte, daß ich diesen Film mache, und wie stolz er auf meine Leistung war. Ganz behutsam und lieb deutete er an, daß ich, wenn ich zurück ins Studio gehen und den Film fertig machen würde, Mikes Stolz auf mich rechtfertigen und seine Erwartungen erfüllen könnte. Sidney hatte recht. Ich war sicher, Mike wollte, daß ich weitermache. Eines Morgens zog ich mich an und fuhr einfach ins Studio. Irgend jemand gab Richard Brooks Bescheid, und er kam zu mir ans Auto. »Ich werde verrückt«, sagte ich. »Ich weiß nicht, was ich den ganzen Tag lang tun soll.

Mike meinte, der Film würde ziemlich gut werden. Fändest du es gut, wenn ich wiederkäme?« Richard fragte, wann ich anfangen wollte, und ich antwortete: »Auf der Stelle.« Und ich ging in die Garderobe, ließ mich frisieren, schminkte mich und meldete mich beim Set zurück.

Wenn ich mich über die Herzlosigkeit von Hollywood auslasse, dann spreche ich von den Leuten, die ausschließlich am Dollar interessiert sind. Die Arbeiter, die Schauspieler, die Techniker, das sind großartige, rührende Leute, die sich auch um ihre Mitmenschen Gedanken machen. Richard Brooks und das ganze Team der *Katze auf dem heißen Blechdach* halfen mir, mich wieder zu normalisieren und mich wieder in meine Rolle hineinzufinden. Und weil sie mir alle halfen, konnte ich so sehr in dieser Rolle aufgehen.

Ich hatte so viel abgenommen, daß es schon kritisch wurde. Ich schien richtig zu schrumpfen. Das weiße Kleid, das ich in mehreren Szenen trug, mußte wiederholt enger gemacht werden. Ich war noch einigermaßen jung, also wirkte ich nicht hager; aber viel fehlte nicht mehr dazu, als Richard Brooks einen Plan ausheckte, um mich wieder zum Essen zu bringen. Wir mußten eine Szene drehen, in der Big Daddy aus dem Krankenhaus nach Hause kommt und mit einem Festmahl empfangen wird. Seine Enkel, »die halslosen Monster«, wie Tennessee Williams sie nannte, rannten schreiend herum, während der Rest der Truppe um einen riesigen Tisch saß, der sich unter der Last der Speisen bog: Schinken aus Virginia, frische Biskuits, Maiskolben und viele andere Dinge, die ich gerne aß, die ich jetzt aber nicht einmal mehr anschauen konnte. Ich hatte nur wenig Dialog in dieser Szene und sollte laut

Drehbuch wirklich nur so herumstehen. Es ging los, und Richard schrie: »Iß, Elizabeth, iß, was auf dem Tisch steht!« Ich tat, was der Regisseur von mir verlangte, ging zum Tisch, nahm ein Stück Huhn und zwang mich förmlich dazu, es hinunterzuschlucken, Meine Kehle schnürte sich zusammen und wurde ganz trocken. so daß ich wirklich Mühe hatte, es hinunterzuwürgen. Richard filmte diese Szene wer weiß wie oft und aus allen möglichen Perspektiven, und jedesmal rief er: »Iß, Elizabeth, iß.« Wir brauchten für diese Szene einen ganzen Tag, und als alles zu Ende war, hatte ich langsam wieder Appetit. Ich aß sogar weiter, als keiner mehr mich dazu aufforderte. Als wir für diesen Tag mit dem Drehen aufhörten, fingen alle an zu klatschen. Erst da wurde mir klar, daß das Ganze eine Verschwörung war. Richard Brooks hatte das so inszeniert, damit ich wieder zu essen anfing, und alle waren eingeweiht gewesen.

Die *Katze* wurde ein großer Erfolg. Ich bin stolz auf meine Leistung, und ich weiß, daß mir das half, mich nach Mikes Tod wieder zurechtzufinden und nicht an meinem Kummer zu ersticken. Der Film wurde für sechs Oscars nominiert, bekam aber keinen. Typisch Hollywood, daß ich zwei Jahre später dann einen Oscar als beste Schauspielerin bekam für einen Film, den ich haßte.

Es ist interessant, daß ich, als mein Gewicht zum ersten Mal in den Brennpunkt des Interesses geriet, zu dünn war. Nach den Dreharbeiten zur *Katze* aß ich wieder mit meinem üblichen guten Appetit. Ich machte mir keinerlei Sorgen um meine Figur, und während ich auf den nächsten Film wartete, nahm ich auch ein paar unnötige Pfunde zu. Damals hatten nur ganz wenige Frauen ein regelmäßiges Fitneßprogramm, und deshalb hatte auch ich nichts, was mich in Form gehalten hätte. Ich ritt sehr gerne, und ich bin immer gerne geschwommen und spazierengegangen, aber der Gedanke, einen Trainingsanzug anzuziehen und herumzuhüpfen, ist mir auch heute noch nicht ganz geheuer. Das hängt sicher auch damit zusammen, daß ich ein paar rein physische Probleme habe, die es mir fast unmöglich machen, ein klassisches Aerobic-Programm auszuüben. Aber – und das ist fast ein Witz – hätte ich, als ich jung war, einen ausgewogenen, ernsthaften Übungsplan gehabt, hätte ich mich, als ich älter wurde, wahrscheinlich mit sehr viel weniger Problemen herumschlagen müssen.

Wie dem auch sei, als dann die Arbeit an meinem nächsten Film begann – er hieß *Plötzlich im letzten Sommer (Suddenly Last Summer)* und basierte auch wieder auf einem Stück von Tennessee Williams –, saßen meine Kleider ziemlich eng. Als ich im Studio ankam, sagte Joe Mankiewicz, der Regisseur: »Elizabeth, du mußt abnehmen. Und tu um Gottes willen was für deine Muskeln. Du siehst aus, als hättest du ganze Säcke voller toter Mäuse unterm Arm.« Vielleicht stellte sich bei Mr. Mankiewicz dieses Bild ein, weil er schon den grausigen kannibalistischen Film im Kopf hatte, den er bald darauf machte. Ich bin jedenfalls seit dieser Äußerung immer etwas befangen, wenn ich an meine Oberarme denke. Ich nahm zwar seine Aufforderung, meine Muskeln zu trainieren, nicht gerade wörtlich, nahm aber einige Pfunde ab, und die Sache wurde nicht wieder erwähnt. Wir fingen an zu drehen, und wieder ging ich völlig in meiner Arbcit auf.

Ich war inzwischen mit Eddie Fisher verheiratet. Wie ich schon sagte, konnte ich mich durch die Arbeit tagsüber einigermaßen aufrecht halten. Aber die Nächte waren schlimm. Ich war so unglücklich, so verletzt. Ich konnte die innere Einsamkeit, das Leben ohne den Mann, den ich wirklich liebte, kaum ertragen. Ich konnte nicht schlafen. Die Zeit verging, und meine Schlafstörungen wurden immer schlimmer. Ich fing an, Schlaftabletten zu schlucken. Ich wußte nicht, wie ich es sonst hätte schaffen sollen, um fünf Uhr früh aufzustehen und nicht den ganzen Tag wie ein Zombie herumzulaufen. Es war ja durchaus möglich, daß ich schon um sieben Uhr morgens eine hochdramatische Szene liefern mußte, und ganz abgesehen davon, daß ich meinen Schlaf brauchte, kam auch noch die Anstrengung hinzu, einen großen Gefühlsausbruch schon vor Sonnenaufgang zu mimen. Nur eine Schauspielerin kann ermessen, was es heißt, angetan mit einer großen Abendrobe, zu weinen oder hysterisch zu lachen, wenn der Rest der Menschheit noch selig schläft. Und auch wenn man noch so gut weiß, daß alles nur gespielt ist, reagiert der Körper doch so, als seien die Gefühle echt erschüttert. Ich weiß inzwischen sehr wohl, daß alle Barbiturate süchtig machen, aber damals hielt ich sie nur für eine Art Krücke, die mir über Mikes Tod weghelfen sollte.

Und in genau dieser Phase, in der ich so verwundbar war, hatte meine Beziehung zu Eddie Fisher angefangen. Er und Mike waren gute Freunde gewesen, und so war es nur natürlich, daß wir versuchten, uns gegenseitig über unseren Verlust hinwegzutrösten. Wir saßen stundenlang zusammen, tranken und sprachen über Mike. Meine ungeheure Einsamkeit und die Nähe von einem Mann, der meinem Geliebten so nahe gewesen war, machten mich empfänglich. Im nachhinein weiß ich, daß ich einfach nicht klar genug dachte. Damals glaubte ich, er würde mich und ich würde ihn brauchen.

Die Presse überschlug sich, weil Eddie seine Frau, Debbie Reynolds, verließ; diese Ehe war jedoch schon sehr gefährdet, längst ehe ich auf der Bildfläche erschien. Es war dann allerdings doch sehr deprimierend, jeden Tag die Zeitungen aufzuschlagen und die Texte unter meinen Fotos zu lesen, die mich als Familienzerstörerin brandmarkten. Wie ich schon sagte, die Medien lieben Skandale. Ich habe damals nicht versucht, meine Handlungsweise zu verteidigen, und ich habe nicht vor, jetzt damit anzufangen.

1959 nahm ich den jüdischen Glauben an. Mike, mit dem ich verheiratet war, und Eddie Fisher, den ich heiraten wollte, waren beide Juden. Dennoch hing mein Übertritt damit in keiner Weise zusammen. Es war etwas, das ich schon seit langem gewollt hatte. Ich wurde von dem Rabbiner Max Nussbaum konvertiert und erhielt den hebräischen Namen Elisheba Rachel. Wegen der gespannten Beziehungen zwischen Israel und der arabischen Welt wurden meine Filme in den arabischen Staaten verboten. Der Bannstrahl traf vier Jahre später dann auch *Cleopatra,* so daß dieser Film in Ägypten nicht gezeigt wurde.

Eddie und ich heirateten am 12. Mai 1959, und kurz darauf standen wir beide dann gemeinsam vor der Kamera für einen der Filme, die ich nicht sonderlich schätze. Als Mike Todd noch am Leben war, hatte er mit MGM per Handschlag vereinbart, daß ich den Film *Telefon Butterfield 8 (Butterfield 8)* nicht zu machen bräuchte. Ich fand das Drehbuch schlecht, und ich hatte nicht eben das Bedürfnis, ein New Yorker Callgirl zu spielen. Weil Mike tot war, fühlte sich das Studio an dieses Versprechen nicht mehr gebunden und zwang mich, diesen Film zu machen. Und obwohl auch Eddie mit-

95

spielte, war mir die Arbeit an diesem Film in jedem Augenblick verhaßt. Gloria Wandrous, die Hauptfigur, war eine Schlampe. Sie hatte nichts an sich, das mir auch nur irgendwie sympathisch gewesen wäre. Ich erinnere mich an die Vorführung der Rohfassung einer Szene, in der ich mit einem Lippenstift etwas auf einen Spiegel schreibe. Ich marschierte auf die Leinwand zu, holte meinen Lippenstift aus der Tasche und schrieb ein obszönes Wort darauf. Und obwohl ich für *Telefon Butterfield 8* einen Oscar bekam, mag ich diesen Film bis heute nicht. Überhaupt dieser Oscar! Fast alle sind sich einig, daß ich die Auszeichnung »Beste Schauspielerin des Jahres« für *Die Katze auf dem heißen Blechdach* oder vielleicht auch für *Plötzlich im letzten Sommer* verdient hätte. In beiden Filmen war ich wirklich gut, und beide waren wichtige Filme. Für *Telefon Butterfield 8* habe ich mich überhaupt nicht angestrengt. Es war einer dieser Fälle, in denen die Akademie eine verspätete Reaktion zeigt und den Oscar für einen späteren und schlechteren Film verleiht. Das war auch der Fall bei Joan Fontaine, die den Oscar für *Verdacht (Suspicion)* und nicht für *Rebecca* erhielt. Und es war ebenso der Fall bei Bette Davis, als man sie für den Film *Dangerous* auszeichnete anstatt für ihre glänzende Leistung in *Of Human Bondage*. Ich war sehr krank gewesen; deshalb bin ich der Meinung, die Akademie wollte einfach sichergehen, daß man mich ehrt, bevor noch etwas Schlimmeres passieren könnte.

Telefon Butterfield 8 war dann der letzte Film, den ich unter meinem langjährigen Vertrag noch für MGM drehte. Ich ging weg in der Hoffnung, bei Twentieth Century Fox neu anfangen zu können. Eines der ersten Drehbücher, die ich dann dort zu Gesicht bekam, war

Cleopatra. Die Studioleitung hatte schon mehrere Schauspielerinnen von Format – darunter Audrey Hepburn und Marilyn Monroe – dafür in Betracht gezogen; mir erschien das Drehbuch allerdings ziemlich mittelmäßig. Aber die Idee, die ägyptische Königin zu spielen, fand ich trotzdem irgendwie reizvoll. Halb im Spaß erklärte ich dem Produzenten Walter Wagner, ich würde die Cleopatra spielen, wenn ich dafür eine Million Dollar und zehn Prozent der Einnahmen bekäme. Zu meiner Überraschung war das Studio damit einverstanden – vermutlich weil sie fanden, mein Gesicht und meine vielen Eheschließungen würden einen Kassenerfolg garantieren.

Jedenfalls saß ich bald darauf in einem Flugzeug nach Rom, um mit einem hervorragenden Shakespeare-Schauspieler namens Richard Burton zu filmen.

Ich habe immer schon, schon als kleines Mädchen, geglaubt, daß ich ein Kind der Vorsehung bin. Und wenn das so ist, dann war Richard Burton ganz sicherlich mein Schicksal. Und für eine lange, lange Zeit war er auch mein Leben.

Obwohl die Presse den Beginn unserer Liebesgeschichte mit schlimmen Kommentaren begleitete, habe ich nie auch nur eine Sekunde davon bereut. Ich glaube daran, daß man das Leben in beide Hände nehmen muß und jeden Tropfen aus ihm herauspressen sollte. In meinen 56 Jahren habe ich großes Glück und auch großes Unglück kennengelernt, aber nie habe ich versucht, vor irgend etwas wegzulaufen. Ich habe nie bestritten, daß ich mich von meinen Leidenschaften leiten lasse, und ich kann nicht so tun, als hätte ich nicht gewußt, was ich tat, als ich mich auf Richard einließ. Ich habe sogar sehr viel darüber nachgedacht, und es war etwas Neues.

Ich hatte Richard schon Jahre zuvor kennengelernt; ich war damals neunzehn und erwartete mein erstes Kind. Richard drehte gerade *Das Gewand (The Robe)*, und weil er und Michael Wilding sich aus London kannten, luden wir ihn zu einem Nachmittag am Swimmingpool ein. Richard gab sich sehr charmant, was ihm nicht schwerfiel, weil er ein großer Geschichtenerzähler war. Ich lag auf einer Luftmatratze und las. Das machte ihn wahnsinnig. Er interessierte mich nicht. Ich war schließlich eine verheiratete Frau und noch dazu schwanger.

Als ich ihn dann bei den Dreharbeiten zu *Cleopatra* traf, war alles anders. Er interessierte mich nicht nur, sondern ich verliebte mich in ihn, und ich habe ihn seit dieser Zeit geliebt, im Grunde mein ganzes Leben lang als erwachsener Mensch. Auch als wir nicht mehr miteinander leben konnten, liebten wir uns noch. Bis heute sind meine Gefühle für ihn so heftig, daß ich nicht ohne innere Bewegung von ihm sprechen kann. Als ich vor ein paar Monaten den Fernseher einschaltete, lief *Wer hat Angst vor Virginia Woolf?*. In den zwei Jahren, die bis dahin seit Richards Tod vergangen waren, hatte ich es bewußt vermieden, mir Filme mit ihm anzuschauen, weil das so weh tat. An diesem Abend fand ich, ich könnte mich nicht auf ewig drücken, und ließ mich darauf ein. Während der Film lief, überkam mich ein Gefühl von Freude und Stolz: Es gibt etwas, das wir sehr gut gemacht haben, etwas, das uns immer bleiben wird; und ich kann mich glücklich schätzen, daß ich daran teilhaben durfte. Es war dumm von mir gewesen, diese Erinnerungen auszublenden, und ich war so froh darüber, daß ich mich dazu gezwungen hatte, mir diesen Film anzusehen. Mein Gott, wir waren so gut zusammen.

Was kann ich schon über mein Leben mit Richard Burton anderes sagen, als daß es voller fast übernatürlicher Freude war. Er erweiterte meinen Horizont auf jede nur erdenkliche Weise. Er öffnete mir die Augen für Poesie und Literatur und brachte mir diesen fröhlich lärmenden Lebensstil bei, der viel hedonistischer wirkte, als er eigentlich war. Er war ungeheuer großzügig. Ich liebe schöne Dinge, und Richard reagierte darauf, indem er mich mit glitzernden Liebesbeweisen geradezu überschüttete. Der Krupp-Diamant, der von all seinen Geschenken die größte Berühmtheit erlangt hat, war nur eine von vielen Herrlichkeiten. Juwelen trage ich leidenschaftlich gerne, aber nicht, weil sie mir gehören. Soviel strahlende Schönheit kann man nicht besitzen, man kann sie nur bewundern. Eigentlich finde ich, daß ich für diese außerordentlichen Dinge, die in meinen Besitz gelangt sind, nur eine Art Verwalter bin. Bei einer Hochzeit in London saß ich einmal neben Prinzessin Margaret. Die Prinzessin schaute auf meinen Ring und sagte: »Ist das der berühmte Diamant?« – »Ja«, erwiderte ich und hob die Hand, damit sie ihn besser sehen konnte. Sie musterte ihn noch einmal und sagte: »Er ist so groß! Richtig ordinär.« »Ja«, antwortete ich. »Ist er nicht toll!« – »Darf ich ihn probieren?« fuhr die Prinzessin fort. »Aber ja«, sagte ich und gab ihr den Ring.

Richard und ich lebten unser Leben bis zum Anschlag. Aber wir bezahlten auch dafür. Mit *Cleopatra* fing es an, und keinem von uns fiel der Gedanke leicht, daß wir dadurch so vielen Menschen, die uns etwas bedeuteten, Schmerzen zufügten. Aber unsere Gefühle füreinander waren so stark, daß jeder Versuch, unser Verhältnis zu beenden, sinnlos war. Wir waren beide noch verheiratet, und ich machte mir Sorgen um Maria, das deutsche Baby, das ich kurz zuvor adoptiert hatte. Ich wollte so gerne noch ein Kind, und weil ich selbst keines mehr bekommen konnte, adoptierte ich ein süßes kleines Mädchen, das einen schweren Hüftschaden hatte. (Sie mußte einige Operationen über sich ergehen lassen; jetzt ist sie groß und schön und hinkt nicht mehr ein bißchen.) Maria war zwar noch ein Baby, aber ich hatte einfach Angst, daß dieser Skandal ihr irgendwie schaden könnte. Und beinahe wäre es auch so gekommen, als nämlich der Vatikan mich zur unfähigen Mutter erklärte und fand, man müsse mir das Kind wegnehmen. Gott sei Dank konnte ich es behalten.

Später hat dann Richard Maria adoptiert, aber während unseres ersten gemeinsamen Jahres waren wir beide von Gewissensbissen geplagt, weil andere unseretwegen litten. Eddie und ich hatten uns zwar sehr auseinandergelebt, aber Richard fühlte sich seiner Familie eng verbunden; es war qualvoll für ihn, seine Frau zu verlassen. Wir zogen zusammen, und auch wenn wir nicht die ersten waren, die mit der Tradition brachen, gehörten wir sicher zu denen, die damit das meiste Aufsehen erregten. Als wir dann beide geschieden waren, heirateten wir. Das war am 15. März 1964.

Nach *Cleopatra* drehten Richard und ich *Hotel International (The V. I. P.s),* eine Geschichte, die für uns geschrieben worden war. Danach begannen wir eine Art »geregeltes Leben«; Richards Karriere stand dabei im Mittelpunkt. Er drehte *Beckett oder die Ehre Gottes (Beckett)* und *Die Nacht des Leguans (Night of the Iguana),* und dann bot man uns ... *die alles begehren (The Sandpiper)* an. Auch das war eines dieser nicht eben brillanten Drehbücher, und als der Film dann in den Kinos lief, stellte ich fest, daß ich keine großen Rollenangebote mehr bekam.

In Hollywood gibt es ein altes Sprichwort: »Du bist nur so gut wie dein letzter Film.« Es spielt keine Rolle, ob man jahrelang einen Kassenerfolg nach dem anderen gehabt hat. Die Wände daheim können mit Ehrenurkunden und hymnischen Kritiken förmlich übersät sein, und im Regal können die Oscars in Reih und Glied stehen: Wenn der letzte Film ein Reinfall war, ist man, im Hollywoodjargon, »ein toter Hund«.

Man sollte glauben, daß große Stars gegen diesen Fluch gefeit sind, aber das kann grundsätzlich jedem passieren. Vor vierzig Jahren, nach dem sensationellen Erfolg ihrer früheren Filme, bezeichnete man Katherine Hepburn als Gift für die Kinokassen. Sie zog sich an den Broadway zurück und kämpfte sich dann wieder an die Spitze von Hollywood dadurch, daß sie die Rechte für die *Philadelphia Story* erwarb und darin auch die Hauptrolle spielte.

Mit Katherines Beispiel vor Augen, war ich entschlossen, mir meine Position als ernstzunehmende Schauspielerin zurückzuerobern. Ich wollte endlich eine Rolle spielen, die nicht von meinem Gesicht lebte oder Kapital aus meinem medienträchtigen Lebensstil schlug. Und ich wollte zusammen mit Richard einen guten Film machen. Nach einigem Herumsuchen hatten wir das Glück, auf *Wer hat Angst vor Virginia Woolf?* · (*Who's Afraid of Virginia Woolf?*) zu stoßen. Dieses Stück gab mir die Möglichkeit, mit meinen 32 Jahren einen Drachen um die fünfzig zu spielen. Wenn ich in meinen früheren Filmen altern mußte, staubten mir die Make-up-Leute einfach nur ein bißchen Grau ins Haar. In *Giganten,* als Rock Hudson und ich am Ende des Films dann Großeltern waren, hatten wir so gut wie keine Falten im

Gesicht. Dieses Mal war ich wild entschlossen, nicht nur alt zu spielen, sondern auch alt auszusehen.

Interessanterweise dachte Mike Nichols, ich würde älter aussehen, wenn ich abnähme; aber ich erklärte ihm, daß es für mich nur eine einzige Methode gab, wie ich reifer wirken könnte: ein paar gute Pfunde zuzunehmen. Und ich hatte recht. Jahre später, als ich nach meinen Washingtoner Jahren abgenommen hatte, sagten mir Freunde, ich würde um zwanzig Jahre jünger aussehen. Also aß ich wochenlang wie ein kleines Schwein alles, was mir schmeckte: Brathühnchen, Kartoffelbrei mit Soße, Eiscremesodas und Malzmilch. In dem Film ... *die alles begehren* bezeichneten mich einige Kritiker als wohlgenährt, und ich freute mich sehr darüber, daß eine Kritikerin ihnen antwortete: »Elizabeth Taylor, eine Frau, wie sie Männern gefällt, hat auch die Figur einer Frau, mit allen Kurven und Polstern. Was will man denn eigentlich? Eine Schauspielerin, die wie ein 14jähriger Knabe gebaut ist?«

Über meine Figur in *Virginia Woolf* sollte es keine Diskussion geben. Sie sollte schwer und matronenhaft wirken. Meine Taille maß zwar immer noch sechzig Zentimeter, aber an Hüften und Busen hatte ich inzwischen allerlei drauf. Als mich dann die Make-up-Leute unter den Augen und am Kinn auch noch mit Gummiteilen polsterten und meine Taille ausstopften, sah ich wirklich aus wie die Figur, die ich verkörperte.

Nach *Virginia Woolf* kam *Der Widerspenstigen Zähmung (The Taming of the Shrew)*, und dafür mußte ich eine richtige Hungerkur machen. Ich war damals überzeugt davon, daß ich nach einigen Wochen wieder gut aussehen würde; aber wenn man einmal über dreißig ist, läßt sich die Figur nicht mehr so leicht überlisten. Wenn ich mir jetzt die Standaufnahmen meiner Filme aus den späten sechziger und frühen siebziger Jahren anschaue, muß ich sagen, daß meine Kurven tatsächlich ein bißchen zu üppig waren. Einen kleinen Busen hatte ich zwar noch nie gehabt, aber in Filmen wie *Die Frau aus dem Nichts (Secret Ceremony)* und *Das einzige Spiel in der Stadt (The Only Game in Town)* war ich doch recht rundlich. Ich glaube wirklich, das kam alles von dem wunderbaren Leben, das ich mit Richard führte, der, nebenbei gesagt, kein bißchen zunahm, obwohl er es sich, genau wie ich, an nichts fehlen ließ.

Wir hatten soviel Spaß, aber wir achteten immer darauf, daß der Spaß nicht unsere Arbeit beeinträchtigte. Unser Wahlspruch hätte lauten können: Laßt uns essen und trinken und fröhlich sein, denn morgen müssen wir arbeiten. Wenn es auch manchmal hart auf hart ging, ich möchte nicht eine Minute meines Lebens mit Richard Burton missen. Nicht einen einzigen Moment dieser ekstatischen Berg-und-Tal-Bahn-Jahre unserer ersten Ehe, aber auch genausowenig von dem unter einem schlechten Stern stehenden zweiten Versuch. Wir waren wie zwei Magneten, die einander unweigerlich anzogen und die sich, gegenseitig, ebenso gnadenlos abstießen. Mit ihm ein Leben aufzubauen war weit interessanter, als das Leben von irgend jemandem auf der Leinwand darzustellen; denn im Grunde habe ich immer viel zu sehr aus dem vollen gelebt, als daß ich mich mit der bloßen Interpretation von Träumen begnügen könnte. Mit Richard Burton habe ich mein eigenes fantastisches und leidenschaftliches Märchen gelebt. Doch allmählich wurde es einfach zu schwierig, das aufrechtzuerhalten, und wir gingen auseinander. Aber diese Jahre bleiben unvergeßlich.

Als ich dann Jahre später in Washington den Entschluß faßte, etwas für mein Leben und für mein Aussehen zu tun, halfen mir die Erinnerungen an jene Tage in Rom und in der Schweiz, die Kraft dafür zu finden, mir einen neuen Traum zu schaffen.

4

Mein Entschluß abzunehmen stand unwiderruflich fest von dem Augenblick an, als ich mich in dem dreiteiligen Spiegel in Georgetown erblickt hatte. Der Weg führte nicht immer nur geradeaus, und es gab auch einige Rückfälle unterwegs, aber ich verlor nie den Glauben daran, daß ich irgendwann einmal sowohl mein Leben als auch meine Figur wieder in den Griff bekommen würde. Manchmal rief ich mir eine Geschichte ins Gedächtnis, die Richard über Edith Evans, eine englische Schauspielerin, erzählt hatte. Dame Edith war eine großartige Künstlerin, aber keine große Schönheit. Auf der Bühne jedoch konnte sie hinreißend wirken. Und ihr Geheimnis? Vor jedem Auftritt hämmerte sie sich ein: »Ich bin schön. Ich bin schön. Ich bin schön.« Und dann war sie es auch.

Und von dem Augenblick an, als es in Washington »klick« machte, nahm ich mir vor, wieder dünn und glücklich zu werden. Und ich wurde es schließlich auch. Zunächst einmal sah es ja ziemlich hoffnungslos aus. Erst als ich mir darüber klar wurde, wie schwer es für meine Familie und meine Freunde gewesen sein mußte, mir bei meiner Selbstzerstörung zuzusehen, konnte ich mein Selbstmitleid ablegen und anfangen abzunehmen. Jetzt erst sah ich deutlich, was aus mir geworden war, und ich wollte das auf jeden Fall verändern.

Und von der Sekunde an, in der ich mich entschloß, etwas gegen meinen Zustand zu unternehmen, ging es mir besser. Es war nicht überwältigend, und es war auch nicht von Dauer, aber es war genug, um mich in Fahrt zu bringen. Ganz klar, daß ein Entschluß allein noch längst nicht alles wieder gleich in Ordnung bringt. Das wäre nur eine andere Variante des Selbstbetrugs. Ich bin zwar nicht gerade ein Muster an Disziplin, aber wenn ich mich einmal zu etwas entschlossen habe, ist mein Wille eisern.

Ich war nun eigentlich reif, kannte mich aber selbst gut genug, um zu wissen, daß ich, um auf die richtige Schiene zu kommen und auch darauf zu bleiben, einen Katalysator brauchte. Das heißt, ich mußte mir eine mich körperlich und geistig absolut fordernde Aufgabe stellen und sie auch bewältigen. Natürlich bot sich dafür sofort meine Arbeit an, und natürlich ist für jeden Filmschauspieler und jede Filmschauspielerin die größte Herausforderung immer noch die Bühne. Diese beiden Disziplinen, Bühne und Film, verlangen nach unterschiedlichen Methoden, und Bühnenschauspieler brauchen manchmal Jahre, um ihr Handwerk zu lernen. Ich dagegen habe strenggenommen überhaupt keine Technik. Ich habe nie Schauspielunterricht gehabt. Während der Proben deute ich nur an, und erst wenn die Kamera läuft, bin ich voll da. Für Leute, die mit mir arbeiten, ist das nicht immer einfach. Einen Vorfall, der während der Dreharbeiten zu *Die Katze auf dem heißen Blechdach* passiert ist, werde ich nie vergessen. Nach einer Szenenprobe mit viel Dialog ging Paul Newman zum Regisseur und fragte: »Machen wir das auch so, wenn die Kamera läuft?« Richard Brooks erwiderte: »Ich glaube nicht. Ich glaube, das wird schon.«

Und dann legte ich natürlich los. Als Brooks »Schnitt« rief, wunderte sich Paul: »Was ist denn hier los?« Der

Regisseur klärte ihn auf: »Das mußt du verstehen. Elizabeth probt anders als du. Sie geht die Sache durch und markiert, aber was sie wirklich kann, kann sie erst zeigen, wenn die Kamera läuft.«

Als Richard und ich dann Jahre später gemeinsam filmten, mußte er seine klassische Bühnentechnik etwas zurückschrauben, weil das auf der Leinwand einfach zu übertrieben herauskam. Wenn ich mich also jetzt zu einem Versuch auf der Bühne entschloß, war klar, daß jetzt ich mich anpassen mußte. Das Stück, das ich mir dafür aussuchte, *Die kleinen Füchse (The Little Foxes)* von Lillian Hellman, war, wie ich fand, eine sehr gute Wahl. Regina Giddons, eine habgierige Frau aus den Südstaaten, mit eiserner Zielstrebigkeit und außerordentlichem Charme gesegnet, war auf der Bühne von Tallulah Bankhead und im Film von Bette Davis gespielt worden. Es war eine wunderbare, nicht einfache Rolle, eine tatkräftige Südstaatenlady, die unter der Armut und der bürgerlichen Spießigkeit der Vorkriegsphase leidet. Ich hoffte, ich würde nicht nur ihre Sinnlichkeit, sondern auch ihre entsetzliche Habgier gut zum Ausdruck bringen; und mit dem Südstaatenakzent war ich ja seit den Filmen *Die Katze auf dem heißen Blechdach, Im Land des Regenbaumes* und *Plötzlich im letzten Sommer* ohnehin vertraut.

Natürlich verlangte die Rolle, daß ich abnahm, aber das war ja von Anfang an mein Ansporn gewesen. Um das Ganze zu beschleunigen, begab ich mich in ein Kurbad. Dort verlor ich ein paar Pfund und gewann etwas Selbstvertrauen. Ich wiederholte diese Exkursionen einige Male und nahm auch jedesmal ab; aber wenn ich dann wieder zu Hause war, verlor ich den Mut, weil ich nicht weiter abnahm. Eines Tages waren John und ich beim

Einkaufen. Ich hatte damals zehn Pfund abgenommen und jammerte darüber, daß ich die nächsten zehn wohl nicht schaffen würde. John sagte eine Minute lang gar nichts und ging dann in die Fleischabteilung.

»Nimm doch mal diesen Truthahn da, Elizabeth«, sagte er.

»Mensch, der ist aber schwer«, sagte ich, als ich ihn aus der Kühltruhe hob.

»Schau mal nach, wieviel er wiegt«, sagte John.

Ich schaute auf das Etikett. »Fast elf Pfund.«

»Okay, dann kannst du ihn zurücklegen«, meinte John.

»Wollen wir ihn denn nicht kaufen?«

»Nein, mein Schatz, ich wollte dir nur was zeigen. Ist dir nicht klar, daß du schon fast so viele Pfunde abgenommen hast, wie dieser Vogel hier wiegt, der dir so schwer vorgekommen ist?«

Damit hatte John ins Schwarze getroffen. Zehn Pfund war eigentlich ziemlich viel. Ich war schon einen »Truthahn« los und sollte lieber stolz auf mich sein, anstatt ungeduldig, weil es noch ein Weilchen dauern würde, bis ich mein nächstes Ziel erreichte. Anstatt zu denken, daß ich von meinem angestrebten Gewicht noch zehn Pfund entfernt war, sollte ich mir sagen, daß ich den halben Weg schon geschafft hatte.

Alle Leute, die abnehmen wollen, brauchen immer wieder einen Ansporn – und der von John kam genau zur rechten Zeit.

Die Aufenthalte im Kurort Palm Aire verhalfen mir auch zu einer positiven Einstellung. Nach Jahren war ich zum erstenmal wieder gezwungen, ein festes Diätprogramm in Verbindung mit leichten gymnastischen Übungen einzuhalten. Ich fand bald heraus, daß es nicht sonderlich schwer ist, eine Fastenkur zu machen, wenn das

Essen gut zubereitet und auch appetitlich angerichtet ist. Aber einen Kurort können sich nur wenige leisten, abgesehen davon, daß das natürlich auch keine Dauerlösung ist. Der eigentliche Trick dabei ist, daß man diese Vorschriften dann auch zu Hause befolgt, und erst als ich das konnte, nahm ich auch weiter ab. Trotz allem spielte Palm Aire eine wichtige Rolle bei meiner Vorbereitung auf *Die kleinen Füchse*. Alles in allem kam ich von 160 Pfund herunter auf 125 – das ist eine Menge Truthahn.

An eine Geschichte kann ich mich noch gut erinnern. Ich wollte ein bißchen alleine sein und lag während der Mittagszeit am Schwimmbecken in der Sonne, weil zu dieser Zeit die meisten Gäste im Speisesaal waren. Ich war schon fast eingeschlafen, als ich im Wasser jemanden »eins und zwei« rufen hörte, genau so, wie wir es während unserer Übungen machten. Ich öffnete die Augen und sah eine junge Frau, die trainierte. Offensichtlich wollte auch sie, genau wie ich, die Mittagszeit nutzen, um alleine zu sein. Sie war höchstens 21 und ungeheuer dick. Das arme Mädchen plagte sich redlich, aber ich konnte richtig dabei zusehen, wie sie den Mut verlor. Die Angst und der Zorn in ihrem Gesicht rührten mich. Ich ging zum Beckenrand.

»Sie sollten sich nicht überanstrengen«, sagte ich. »Sie werden es schon schaffen. Ich weiß genau, wie Ihnen zumute ist. Für mich war es auch sehr schwer, als ich damit anfing. Ärgern Sie sich nicht, lassen Sie bloß keinen Frust aufkommen. Und überhaupt, wir können das doch auch zusammen üben.« Später erzählte mir einer der Gymnastiklehrer, das Mädchen sei so deprimiert gewesen, daß es schon aufgeben und nach Hause fahren wollte. Meine Ermunterung gab ihm die Kraft weiterzumachen. Das ist natürlich einer der Vorteile so einer Institution; man muß sich nicht allein abstrampeln. Man kann aber dieselbe Unterstützung auch zu Hause finden, wenn man sich einer Gymnastikgruppe oder einer Diätgruppe anschließt. Auch die Hilfe der Familie und der Freunde ist sehr wichtig, aber, wie ich aus eigener Erfahrung weiß, man muß auch bereit sein, sie anzunehmen.

Inzwischen war ich gute dreißig Pfund leichter und bereit, mit den Proben anzufangen. Ich ahnte nicht, daß das Stück eigentlich nur der erste Schritt auf dem Weg war, der mein Leben veränderte. Aber jeden Tag zu arbeiten, Leute um mich zu haben, die mich brauchten und mich respektierten, das half mir sehr dabei, meine Selbstachtung wiederzufinden, die ich während der einsamen Tage daheim, an denen ich nur meinem Appetit frönte, verloren hatte. Dazu kam, daß ich als Frau eines Senators der Meinung war, ich könnte aussehen, wie ich wollte, auch in der Öffentlichkeit. Als Schauspielerin dagegen wußte ich, daß ich für mein Image verantwortlich war, und zwar gegenüber denen, die dafür bezahlten, daß sie mich sehen konnten.

Ich stürzte mich geradezu auf das Stück. Mir war klar: Sobald der Vorhang aufgeht, hat man – anders als im Film – keine Chance mehr, durch eine Wiederholung etwas besser zu machen. Wenn das Stück erst einmal angefangen hat, kann keiner mehr eingreifen. Das, was am Premierenabend geschieht, ist der bleibende Eindruck, den das Publikum mit nach Hause nimmt. Es ist faszinierend.

Mein alter Freund Mike Nichols, der in *Wer hat Angst vor Virginia Woolf?* Regie geführt hatte, kam öfter vorbei. Seine größte Sorge war, daß meine Stimme nicht bis zu den hinteren Reihen des Zuschauerraums reichen würde. Na ja, wenn ich ehrlich bin, meine Stimme ist nicht gerade überwältigend. Meine Filmdialoge wurden durch den Soundtrack immer ein bißchen geschönt, und obwohl meine Stimme mit zunehmendem Alter dunkler geworden ist, kann sie bei starken Gefühlsausbrüchen hoch und unsicher werden. Mike hatte schon bei *Virginia Woolf* gefunden, ich sollte Stimmunterricht nehmen. Ich hatte damals erklärt, ich könnte mir meine Stimme ganz alleine dunkler »denken«; und zwei Wochen später hatte ich das auch geschafft.

Jetzt befürchtete Mike, daß die Ansprüche, die die Bühne an mich stellte, zu hoch sein könnten.

»Baby«, sagte er zu mir, »du hast überhaupt keine Ausbildung. Deine Stimme wird nicht weit genug tragen.«

»Mike, du weißt doch noch, daß ich wegen deines Films Stimmunterricht nehmen sollte und nicht wollte«, gab ich zurück. »Damals habe ich auch meine Stimmlage ohne jede Hilfe verändert. Genausogut kann ich mir selbst beibringen, daß meine Stimme trägt. Wenn ich jetzt Unterricht nehme, geht mir mein ganzer Schwung verloren, und mein Selbstbewußtsein dazu. Ich muß es erst einmal auf meine Art versuchen. Wenn das nicht klappt, kann ich deinen Rat immer noch annehmen.«

Die *einzige* Beschwerde, die weder vom Publikum noch von der Kritik kam, war die, daß man mich nicht hören konnte.

Die kleinen Füchse hatten in New York am 7. Mai 1981 Premiere. Das Publikum jubelte, und die Kritiken waren ziemlich gut. Es machte mir großen Spaß, vor einem richtigen Publikum zu spielen. Das war nicht nur ein Zusammenspiel unter Kollegen, es war, als wären Schauspieler und Zuschauer Teil einer gemeinsamen Energie. Weil ich mich dabei in einer echten Situation befand und nicht in einer Szene, die gefilmt wurde, um später vorgeführt zu werden, schoß mir das Adrenalin nur so durch den Körper. Wenn ich die Zuschauer rühren konnte, spürte ich es. Und weil im Theater alles hier und jetzt passiert, langweilte ich mich nie. Jedesmal, wenn ich auf der Bühne stand, fühlte ich mich von den Wellen der Sympathie, die mir entgegenschlugen, fast überwältigt, und noch lange, nachdem der Vorhang gefallen war, zehrte ich davon.

Nach der Vorpremiere in Florida spielten wir in New York vertragsgemäß sechs Monate lang – und immer vor einem vollen Haus; dann ging es nach New Orleans, Los Angeles und London. Dieser Bühnenerfolg hat mir sehr gut getan; schön war für mich auch vor allem, daß ich all diesen ungläubigen Thomassen den Beweis geliefert hatte, daß ich das konnte. Als ich damals nämlich angekündigt hatte, ich wollte die *Kleinen Füchse* machen, gab es unter meinen Freunden nicht mehr viele, die nicht an meinem Verstand zweifelten. Es war dieselbe Situation wie vor Johns Wahlkampf, als mir jeder sagte, ich würde das nicht durchhalten. Aber ich habe den Wahlkampf durchgestanden, und ich habe es auch am Broadway geschafft – was beweist, wie wenig sogar meine besten Freunde mich kennen.

Wie erfolgreich *Die kleinen Füchse* auch waren und wie sehr ich in dieser Arbeit auch aufging, auf den Fotos, die gegen Ende der Tournee gemacht wurden, sieht man deutlich, daß ich zugenommen hatte. Als es losging, konnte ich meinen Appetit noch zügeln, aber als die *Kleinen Füchse* sich dem Ende zuneigten, war ich wieder dick. Einer der Gründe dafür war, daß ich wieder zu

»schnappen« angefangen hatte. Meine Garderobe wurde zum Eßzimmer. Ich kaute hieran und daran, naschte dieses und jenes und schnappte nach allem, was eßbar war.

Auf der Bühne zu stehen ist ein wunderbares Hochgefühl, aber es kostet auch Nerven. Ich war der Meinung, während der Vorstellung würden alle Kalorien, die ich in den Pausen in mich hineinstopfte, wieder abgebaut. Der Schweiß lief in Strömen, und mit ihm, ich war mir da ganz sicher, liefen auch die Pfunde. Die Wahrheit war, daß auch der größte Energieverbrauch die Pfunde, die ich in mich hineinpackte, nicht hätte aufzehren können – dafür gibt es genügend belastendes Anschauungsmaterial. Und nach achtzehn Monaten wurde es dann auch langweilig.

Vor einiger Zeit fiel mir ein Bild in die Hand, das an meinem fünfzigsten Geburtstag, als wir mit dem Stück in London gastierten, gemacht wurde. Ich reagierte mit einer Gänsehaut. Ich ganz in Weiß, die Augen hinter Fettpolstern verschwunden. Ich bin noch im Bühnen-Make-up und sehe aus wie ein Transvestit. Ich habe wirklich alles versucht, um der Wahrheit auszuweichen, aber mein Selbstwert war schwer angeschlagen, und ich wußte, daß es an der Zeit war, wieder etwas zu unternehmen.

Es überraschte keinen, daß meine Ehe die *Kleinen Füchse* nicht überlebte. Schon bevor ich mich für das Stück entschied, waren John und ich uns über unsere Probleme im klaren, und als ich nach New York ging, hatten wir wohl beide das Gefühl, daß wir uns möglicherweise trennen würden. Er brachte dann das Faß zum Überlaufen, als er mir eröffnete, daß er das Haus verkauft und eine Eigentumswohnung in Watergate erworben hatte.

Ich sollte zusehen, wie ich meine Haustiere los würde. »Klick!« Das war der Gnadenstoß. Das hatte ich wirklich nicht verdient. Es war ja nun bei Gott nicht so, daß nicht ich auch mein Scherflein zu unserem Lebensunterhalt beigetragen hätte. Sogar den Brillantring, den Mike Todd mir zur Verlobung geschenkt hatte, und den Taylor-Burton-Diamanten hatte ich verkauft, damit wir unseren Verpflichtungen nachkommen konnten. Und jetzt durfte ich nicht einmal meine Tiere behalten.

Ich zog die Konsequenzen, und als ich nach dem Gastspiel aus London zurückkehrte, beschloß ich, nach Los Angeles zu ziehen. Ich bin sehr gerne in London und in New York, aber Hollywood ist eben doch meine Heimat. Ich mag das Klima. Ich mag die ländlichen Gebiete, die so nahe an der Stadt liegen. Und heute gibt es da auch keine so steife Gesellschaftsordnung mehr. Früher war das wirklich einmal eine ziemlich geschlossene Gesellschaft. Jetzt ist es eine Großstadt. Und – das wichtigste für mich – weil es da so viele Filmstars gibt, ist das auch der Ort, der mir die größtmögliche persönliche Freiheit läßt. Fremde halten meistens Distanz und gestatten mir dasselbe. Ich muß mir nicht, wie in anderen Städten, Sorgen um irgendwelche wildgewordenen Menschenmassen machen. Sogar in New York hat man mich fast in Stücke gerissen. Und, kaum zu glauben, am schlimmsten sind die Frauen in meinem Alter oder älter. Einmal ging ich in ein Kaufhaus, um mir einen Lippenstift zu besorgen, und es verbreitete sich wie ein Lauffeuer, daß ich im Laden war. Bevor ich wußte, wie mir geschah, war ich umzingelt. Man mußte die Polizei rufen, um mich herauszuholen. Die Leute in Los Angeles sind wunderbar. Sie rufen mir zu: »Hallo, Liz« und lassen mich dann in Ruhe.

Nachdem ich also 1982 diesen Entschluß gefaßt hatte, war es eine Rückkehr in die Heimat. Ich sah nicht gerade so aus und fühlte mich auch nicht so, wie ich gehofft hatte, aber es ging mir ein ganzes Ende besser als die Jahre zuvor. Ich hatte einen weiten Weg zurückgelegt von Washington bis hierher, und ich hatte auch schon einiges geschafft von dem, was ich mir vorgenommen hatte. Obwohl ich wieder Übergewicht hatte, war ich fest entschlossen, etwas zu unternehmen und meine Zukunft selbst in die Hand zu nehmen.

Weil sich gezeigt hatte, daß ich das ganz gut konnte, stieg ich wieder in ein Bühnenprojekt ein, ein Projekt, das mich auf der beruflichen Ebene wieder mit einem der wichtigsten Menschen meines Lebens zusammen-brachte: mit Richard Burton. Das Stück begann mit großen Hoffnungen und endete in großer Traurigkeit. Aber aus dieser Traurigkeit erwuchs Selbsterkenntnis, und daraus entstand Triumph.

Sobald ich verlauten ließ, daß ich ein neues Stück machen wollte, wurde ich mit Angeboten überschüttet. Darunter war eines, das mich sehr reizte: *Süßer Vogel Jugend (Sweet Bird of Youth)* von Tennessee Williams. Ich fand, die Rolle der verblühenden Südstaatenschönheit war mir auf den Leib geschrieben. Geraldine Page hatte sie mit dem jungen Paul Newman als Partner auf der Bühne und im Film dargestellt. Aber die Sache hatte einen Haken. In diesem Stück gab es keine Rolle für Richard. Für mich wäre es kein Problem gewesen, eine reife Frau zu spielen, aber Richard war zu alt für Chance, den jungen Tunichtgut. Im nachhinein weiß ich natürlich, daß es besser gewesen wäre, wir hätten unseren Plan, miteinander zu spielen, aufgegeben, aber damals wollte ich das nicht wahrhaben. Jemand schlug vor, wir sollten *Wer hat Angst vor Virginia Woolf?* noch einmal machen. Aber das war schon Geschichte, und wir wollten etwas Neues, ein Stück für zwei reife Menschen, die zwar weit weggekommen sind von ihrer früheren verzehrenden Leidenschaft, die aber immer noch ein tiefes Gefühl füreinander hegen. So kamen wir auf *Private Lives,* ein Stück von Noel Coward.

Es war ein Fiasko von Anfang an. Ich war nicht gut in Form, und auch Richard war nicht in bester Verfassung. Viel schlimmer aber war, daß wir beide einfach eine Fehlbesetzung waren. Wir hätten eine Tragödie spielen sollen, nicht ein englisches Boulevardstück. Diese Er-

fahrung war niederschmetternd; für mich auf jeden Fall
und, ich bin sicher, auch für Richard. Daß Richard sich,
während das Stück noch auf dem Spielplan stand, wieder
verheiratete, machte die Sache auch nicht eben leichter.
Meine Nerven ließen mich im Stich. Meine ganzen
schlimmen Gewohnheiten kamen wieder ans Licht. Ich
fing an, zu viel zu essen, zu trinken und Pillen zu
schlucken. Natürlich rührte ich vor der Aufführung
keinen Tropfen an, schließlich bin ich Profi; aber sobald
der Vorhang fiel, wartete hinter den Kulissen auch schon
mein Tröster, Jack Daniels, der Bourbon. Nach der
Vorstellung gingen Richard und ich aus, aber nicht
gemeinsam – er mit seiner Frau und Freunden, und ich
mit meiner Bande, meistens Leute aus dem Team. Wo
immer wir auch spielten, ob in Boston, Philadelphia
oder Washington, wir fanden immer irgendwo ein
Nachtlokal und ließen uns dort nieder, manchmal bis
vier Uhr früh. Allmählich wurde das Ganze zu einem 24-
Stunden-Alptraum. Die Verrisse, die wir bekamen, waren kein Problem, die Vorstellungen waren immer aus-
verkauft. Es kam ohnehin keiner, um das englische
Boulevardstück zu sehen. Man kaufte sich die Karten,
um »Liz und Dick« in Hochform zu erleben. Und sie
bekamen von uns, was sie wollten. Ich wollte aufhören
und der Quälerei ein Ende machen, aber der Vertrag
mußte eingehalten werden.
Private Lives wurde am 6. November 1983 zum letzten
Mal gespielt, und einen Monat später, am 5. Dezember,
wurde ich im Betty-Ford-Center aufgenommen.

Bis zu diesem Zeitpunkt war ich der Überzeugung, ich
hätte meinen absoluten seelischen Tiefpunkt in Wa-

shington ereicht und ich wäre wieder ganz sicher auf dem Weg nach oben. Als ich in Georgetown damals das »Klick« gehört hatte, hatte ich auch die Kraft dazu gefunden, mein Leben neu zu gestalten. Aber es war, bei Gott, nicht genug. Ein paar kurze Jahre später war ich wieder soweit. Ich war einsam, und ich hatte Angst, aber dieses Mal *wußte* ich, daß ich mich nicht mehr selbst betrügen konnte. Ich war zwar nicht ganz so dick, wie ich schon einmal gewesen war, und ich sah auch besser aus, aber ich war von Selbstzweifeln zerrissen. Und damit alles noch ein bißchen schlimmer wurde, kamen auch meine Krankheiten wieder zum Ausbruch. Mein Rücken machte mir solche Schwierigkeiten, daß ich nur noch flach liegen und nicht aufstehen konnte. Ich ging unter in einer Woge von Selbstmitleid und Selbsthaß. Wie eine Schnecke zog ich mich zurück und machte die Türe hinter mir zu. Aber Gott sei Dank ließen meine Familie und meine Freunde mir das dieses Mal nicht durchgehen.

Während eines Krankenhausaufenthaltes von vielen tagte der Familienrat in meinem Krankenzimmer. Meine Kinder, mein Bruder und ein paar enge Freunde zwangen mich, der Wahrheit ins Gesicht zu sehen. Sie versicherten mich ihrer Liebe und machten mir gleichzeitig begreiflich, wie sehr mein Verhalten ihnen zu schaffen machte und daß sie tatsächlich Angst hätten, ich würde mich damit umbringen. Ich hörte zu, ohne ein Wort zu sagen. Ich kann mich erinnern, daß ich wie betäubt war. Ich konnte nicht begreifen, was aus mir geworden war. Zu guter Letzt sagten sie mir, sie hätten mich im Betty-Ford-Center angemeldet.

Ich hörte mir alles an und bat sie dann, mir ein paar Stunden Zeit zum Überlegen zu lassen. Ich kannte mich selbst gut genug, um zu wissen, daß ich diesen Entschluß mit all seinen Konsequenzen nur dann fassen konnte, wenn es *meine* Entscheidung war.

Als sie weg waren, überdachte ich noch einmal jedes Wort, das gefallen war. Und nach reiflicher Überlegung sagte ich mir: Gut, es ist soweit. Ich rief sie wieder herein und erklärte ihnen, ich sei bereit.

Ein paar Tage später kam ich im Betty-Ford-Center an. Obwohl wir versucht hatten, das Ganze geheimzuhalten, machte meine Einlieferung natürlich Schlagzeilen. Ein paar Tage nach meiner Ankunft rief ich dann sogar Betty an und sagte ihr, ich hätte das Gefühl, daß das Theater bald losgehen würde. Es ist schwer zu erklären, aber wenn es um Medien geht, habe ich einen sechsten Sinn. Ich spürte, daß jemand in der Klinik war, der da nicht hingehörte, und ich hatte recht. Ein Reporter hatte sich eingeschlichen; aber noch ehe er seine Geschichte bringen konnte, verdarben wir ihm den Spaß, und das Betty-Ford-Center gab meine Anwesenheit bekannt.

Und letztlich spielte es keine Rolle, was die Medien verbreiteten. Das einzige, was zählte, war, daß ich dort war und die Hilfe erhielt, die ich brauchte. Das Betty-Ford-Center veränderte mein Leben. Mein Aufenthalt dort ließ in mir den Wunsch entstehen, mein Leben wirklich auszufüllen. Ich war gezwungen, mich am Riemen zu reißen, und zwar gerne und mit Freude. Ich mußte mich dort Dingen stellen, denen ich mich nie gestellt hatte. Ich erkannte, daß ich jahrelang meine wahren Gefühle unterdrückt hatte, aus Angst, sie könnten an die Öffentlichkeit kommen. Die vielen Jahre, in denen ich meine Schmerzen vertuscht und zum Schweigen gebracht hatte, hatten eine Menge Narben hinterlassen.

Im Betty-Ford-Center war es mir möglich, mich von all meinen Schutzschichten zu befreien und zum eigentlichen Kern vorzudringen. Das ist ein sehr gesunder Prozeß. Man lernt, das zu sehen, was man wirklich ist, und damit zu leben. Man bringt Dinge ans Licht, die schmerzlich sind, und indem man sie freigibt, befreit man sich selbst. Durch diesen Prozeß, erst einmal alles einzureißen und dann auf einer soliden Grundlage der Selbsterkenntnis wieder aufzubauen, gelingt es fast jedem, seine Dämonen zu besiegen.

Es war ein Glück für mich, daß Betty Ford sich selbst um mich kümmerte. Ich muß einfach ein paar Worte über diese erstaunliche Frau sagen. Als ich meine Drogen- und Alkoholabhängigkeit zugab, sagten viele: »Na ja, wieder eine von diesen Filmschauspielerinnen, die zu oft verheiratet waren.« Auf Betty Ford traf das allerdings nie zu. Sie war die Frau des Präsidenten, eine Frau, die in der ganzen Welt bewundert wurde. Der Mut und die Bescheidenheit, mit der sie die dunkelste Seite ihres Lebens offenbarte, gab Menschen wie mir die Kraft, dasselbe zu tun.

Während der ganzen Zeit in der Klinik ging es aufwärts mit mir, und als ich entlassen wurde, war ich voller Energie, mein Diätprogramm fortzusetzen als Teil meiner kompletten Restaurierung, die mir meine Selbstachtung und mein Selbstbewußtsein wiedergeben sollte. Vom Kopf her war ich in Hochform. Andererseits war ich aber immer noch eine Frau, die ihrem Körper über eine lange Zeit hinweg ziemlich viel zugemutet hatte. Glücklicherweise hat mich der liebe Gott unglaublich widerstandsfähig gemacht, und ich komme wie ein Stehaufmännchen immer wieder auf die Füße. Als mich kürzlich jemand fragte, was ich selbst als meine größte Leistung betrachte, sagte ich ganz ehrlich: »Daß ich am Leben bin.«

Einmal rief Richard mich an, weil er ein Foto von mir nach meiner Entlassung aus dem Center gesehen hatte. Er sagte mir, wie sehr es ihm imponierte, was ich geschafft hatte. Ich sagte ihm, ich wollte, wir hätten zusammen dorthin gehen können, als wir noch verheiratet waren.

Während der Zeit im Center waren wir angehalten, keine Fastenkur zu machen, weil wir uns nicht zuviel auf einmal zumuten sollten. Aber ich nahm dort elf Pfund einfach dadurch ab, daß ich das Trinken einstellte. Als ich wieder zu Hause war, hatte ich ein ungeheures Verlangen nach Zucker. Ich stillte es zwar nicht mit Alkohol, wurde aber zu einem echten Schokoholiker und nahm fünfzehn Pfund reines, pures Fett zu. Da hatte ich dann genug Zucker zum Verbrennen. Glücklicherweise konnte ich mich aus diesem Schlamassel selbst befreien. Ich war zwar dick, aber dank meines Aufenthaltes im Betty-Ford-Center war ich geistig und vom Gefühl her gut drauf. Ich mußte mich nicht betrinken, und das fand ich so schön, daß ich mir überlegte, warum ich nicht meine äußere Erscheinung meinen guten Gefühlen angleichen sollte. Warum sollte ich mich nicht an allem, was Gott mir mitgegeben hatte, erfreuen, einschließlich meiner körperlichen Vorzüge. Bei Gott, ich konnte mich auch beim Essen beherrschen, jawohl! Und genau das tat ich dann auch.

Und auf einmal stimmte alles. Zum erstenmal, seit ich mich mit meinem Gewichtsproblem herumschlug, gewöhnte ich mir eine vernünftige Einstellung zum Essen an.

Keine Hungerkuren und keine Freßorgien mehr. Endlich lernte ich, vernünftig und gesund zu essen, Tag für Tag, Monat für Monat. Gut, gelegentlich verwöhne ich mich mit einem Brathähnchen oder mit Schokoladencreme, aber das sind kontrollierte Schlemmereien. Ich lasse mich ja auch nur ein bißchen gehen und habe dabei keine Schuldgefühle. Mein Gewicht schwankt auch nie um mehr als um fünf Pfund.

Während ich abspeckte, befreite ich mich auch von anderen Dingen, die vielleicht ein bißchen albern wirken, für mich aber sehr wichtig waren. Ich beschloß, zu erblonden. In *Private Lives* hatte ich eine blonde Perükke tragen müssen. Jetzt wollte ich mir die Haare färben. Ich gebe ja zu, daß das keine welterschütternde Entscheidung war, aber mir machte es großen Spaß, weil es genau zu den Sachen gehörte, die ich nie hatte tun können. Als ich jung war, durfte ich ohne die Erlaubnis des Studios an meiner Erscheinung nicht das geringste verändern. Einmal mußte ich mir die Haare bleichen lassen, als ich in *Tapfere kleine Jane (Little Woman)* die Amy March spielte. Diesmal tat ich es, um mir selbst zu gefallen. Hinterher wurde mir klar, daß das wohl nicht das Wahre war. Ich bin schließlich brünett auf die Welt gekommen. Aber allein schon das Gefühl, mit meinem Aussehen experimentieren zu können, etwas, das mir während meiner ganzen Jugend verweigert worden war, half mir zu begreifen, daß ich zum ersten Mal in meinem Leben keinem Menschen außer mir selbst verantwortlich war. Als junges Mädchen hatte ich die Verantwortungen einer Frau getragen. Jetzt, ohne einen langfristigen Studio-Vertrag und mit erwachsenen Kindern, mußte ich mir lediglich überlegen, was für mich das Beste war. Man kann sich nicht vorstellen, wie aufregend es für mich war, wirklich mein eigener Herr zu sein, auch wenn es dabei nur um so etwas Albernes ging, wie mir die Haare zu färben. Und das, glaube ich, ist es auch, warum ich es so genieße, ein Single zu sein. Ich muß mich nach keinem richten. Wenn ich um acht essen will, esse ich um acht. Wenn ich um sechs essen will, esse ich um sechs. Ich muß meinen Zeitplan nicht nach dem Rhythmus eines anderen einrichten.

Manchmal denke ich, daß mir das Abnehmen auch deshalb nicht so schrecklich schwerfiel, weil ich während der strengsten Phase meiner Fastenkur und meiner Übungen alleine lebte. Aber ich weiß auch, daß nicht einmal ein Ehemann, den es dreimal täglich nach Atzung verlangt hätte, und ein Haus voller heißhungriger Kinder, mich davon abgehalten hätten.

Aber auch die wunderbare Ruhe, die das Haus ausstrahlt, das ich kaufte, als ich wieder nach Los Angeles zurückkehrte, half mir dabei, meine Gefühle im Zaum zu halten, und bestärkte mich in meinem Vorhaben.

Daß ich dieses Haus entdeckte, war ein Glückstreffer. Ich mochte Bel Aire immer schon sehr gerne, weil es ein bißchen ländlich ist; aber die Maklerin, die mich herumführte, versuchte pausenlos, mir einzureden, was mir alles gefallen würde. Ich versuchte wegzuhören, weil ich nur dann feststellen kann, ob ein Haus richtig ist, wenn ich seine Atmosphäre auf mich wirken lasse. Als wir zum zweiten Haus, das sie mir zeigen wollte, kamen, bat ich sie, draußen auf mich zu warten, und besichtigte es alleine. Es war perfekt. Zur Überraschung der Maklerin kam ich fünf Minuten später wieder heraus und sagte: »Das nehme ich.«

Diese Entscheidung habe ich nie bereut. Es ist bequem, friedlich und sehr für sich. Ich habe, seit ich hier wohne, viel Freude daran gehabt. Von meinem Schlafzimmer aus kann ich den wunderschönen Garten sehen; es gibt da einen Baum, der mich immer wieder aufrichtet, wenn ich niedergeschlagen bin. Er strahlt eine Art Zauber aus wie die Bäume im *Zauberer von Oz (Wizard of Oz)*, die zum Leben erwachen. Er ist offensichtlich das Produkt einer Baumschule. Seine drei Wurzeln wurden miteinander verflochten und dann zum Boden herabgebogen. Ich glaube, Baumchirurgen nennen das »Tortur«. Und immer, wenn ich dieses verstümmelte Stück Natur anschaue, bin ich tief davon beeindruckt, wie es überlebt und sich jeden Frühling in einer unerhörten Blüten- und Blätterpracht erneuert. Jedesmal, wenn ich den dunklen Seiten in mir nachgeben möchte – vom Überfressen bis zum Selbstmitleid –, schaue ich mir den Baum an, und das macht mir Mut.

Aber im ganzen hat es das Leben in den letzten Jahren gut mit mir gemeint. Ich arbeite, wenn ich arbeiten will, ich nehme mir viel Zeit für soziale Tätigkeiten, und ich gehe gern aus. Das letztere ist nicht immer einfach, wenn man bedenkt, daß ich zeit meines Lebens im Rampenlicht gestanden bin. Es gibt wohl kaum einen Mann, der nicht über meine leidenschaftlichen Ehen mit Mike Todd und Richard Burton Bescheid wüßte. Das sind starke Namen, gegen die keiner so leicht ankann. Ich weiß das. Auch ich hatte meine Schwierigkeiten.

Aber ganz abgesehen von der Vergangenheit, mit einer Berühmtheit auszugehen kann ziemlich traumatisch sein. Ein Mann muß schon sehr selbstsicher sein, um mit dem ganzen Drumherum fertig zu werden.

Vor kurzem hatte ich eine Verabredung in einem eleganten Restaurant am Sunset Boulevard. Mein Freund und ich waren mit dem Essen fertig und wollten gehen, als der Oberkellner an unseren Tisch kam, sich entschuldigte und vorschlug, wir sollten das Lokal durch die Hintertür verlassen.

»Glauben Sie mir, Miss Taylor, ich habe kein Wort gesagt. Aber Sie wissen ja, wie das ist. Jemand sah Sie hereinkommen, und jetzt ist der ganze Gehsteig voller Fotografen.«

Ich seufzte. Mein Begleiter, ein wirklich netter Mann, war nicht im Filmgeschäft und nicht an die Hollywood-Paparazzi gewöhnt. »Gehen wir doch einfach durch die Hintertür«, schlug ich vor. Aber anstatt zuzustimmen, überraschte er mich: »Warum sollst du dich wie ein Verbrecher zur Hintertür hinausschleichen? Wir gehen da hinaus, wo wir hereingekommen sind.« Ich dachte bei mir: Gut gebrüllt, Löwe!

Ein anderes Mal ging ich mit einem Mann zum Essen, den ich zwar schon jahrelang kannte, mit dem ich aber noch nie ausgegangen war. Wir fuhren zum Restaurant, er parkte den Wagen und ging auf die Eingangstür zu. Er war schon fast im Restaurant, als er merkte, daß ich immer noch im Auto saß. Der Ausdruck in seinem Gesicht war unbezahlbar. Ich lachte, aber ich stieg erst aus, als er mir die Tür aufmachte.

Das waren gute Erfahrungen. Ich hatte aber auch andere. Es gibt viele Männer, die mit mir nur ausgehen wollen, um mit einer Berühmtheit gesehen zu werden. An mir als Person sind sie gar nicht wirklich interessiert. Glücklicherweise erkenne ich solche Typen mittlerweile ziemlich schnell.

Trotzdem finde ich es immer noch nicht völlig selbstverständlich, in meinem Alter noch Rendezvous zu haben. Als ich klein war, waren Frauen um die fünfzig Großmütter, die brav bei ihrem Mann zu Hause blieben und

sich von ihren Kindern und Enkelkindern besuchen
ließen. Sie zogen jedenfalls nicht mit diversen Männern
um die Häuser. Na ja, ich mußte da auch erst meine
Einstellung ändern, und ich bin damit, weiß Gott, nicht
die einzige. Es gibt Millionen von nicht mehr jungen,
alleinstehenden Frauen, die ein völlig anderes Leben
führen als ihre Eltern. In dieser Lage werden viele
Frauen unsicher, weil die altvertrauten Grundpfeiler –
das Heim, der Ehemann, die Familie – nicht mehr
vorhanden sind. Ich verstehe diese Gefühle, kann aber
aus Erfahrung sagen, daß man auch diese Unsicherheit
nur dann unter Kontrolle bringt, wenn man sich ihr
stellt.
Genau das habe ich in verschiedenen Bereichen meines
Lebens gemacht, und, wie man sieht, es hat funktioniert.
Ich bin inzwischen sehr weit weg von dieser dicken Frau
mit den traurigen Augen, die sich damals vor acht Jahren
endlich mit ihrem verletzten Selbstbild und ihrem
Selbstwert auseinandersetzte. Eine Episode vom letzten
Jahr kann vielleicht besonders deutlich machen, wofür
mein neues Leben steht.
Im Februar 1987 veranstalteten Carole Bayer Sager und
Burt Bacharach zu meinem fünfundfünfzigsten Ge-
burtstag ein Fest für 150 Leute. Es war eines der un-
glaublichsten Ereignisse, die ich je miterlebt habe.
Am Eingang zum Haus der Bacharachs stand eine le-
bensgroße Pappfigur, die ein Parkschild hielt: ich im
Alter von zwölf Jahren. Drinnen war ein großer Kreis von
Freunden versammelt, von denen mich viele schon
kannten, seit ich ein kleines Mädchen war, und die mir
alle durch dick und dünn die Treue gehalten hatten.
Ich dachte an ihre unglaubliche Loyalität, als ich das
wunderbare weiße Seidenkleid anzog, das Nolan Miller

für mich entworfen hatte. Als ich mir den Reißverschluß an meiner 56-cm-Taille hochzog, fragte ich mich, wie viele dieser Freunde sich noch vor ein paar Jahren hätten vorstellen können, daß ich je wieder in so ein Kleid passen würde. »He, du«, lächelte ich meinem Spiegelbild zu. »Das ist doch nicht schlecht für eine fünfundfünfzigjährige Frau.«

Fünfundfünfzig Jahre! Das war ein weiter Weg seit *Lassie,* auch wenn die Einladung uns beide so zeigte, wie wir 1946 ausgesehen hatten. Als ich das Haus betrat, mußte ich lächeln, weil ich mehrere Leute sah, die ich seit dem Tag kannte, an dem ich das MGM-Gelände zum erstenmal betrat. Die MGM, die wir kannten, gibt es nicht mehr, aber es war viel zu spüren vom wahren Geist von Hollywood, wie ihn z. B. Bette Davis und Sidney Guilaroff bis hin zu Jennifer Jones und Michael Jackson verkörpern.

Viele meiner alten Verehrer waren auch da, wie Arthur Loew, mit dem ich in den fünfziger Jahren viel unterwegs war. Mein Begleiter an diesem Abend war George Hamilton, ein Mensch, der mir sehr wichtig ist. Meine Mutter, die aus Palm Springs gekommen war, fand alles wunderbar, von dem lebensgroßen Parkschild bis hin zur Schlußserenade. Sie ist inzwischen 91 und immer noch sehr schön. Ich habe wirklich Glück gehabt.

Das Motto der Party waren Brillanten. Sogar Lassies Bild auf der Einladung war damit geschmückt. Ich trug Brillanten (gut, es war Straß) um den Hals, und ein riesiger Stein schmückte meinen Ringfinger. Auf jeder Platzkarte prunkte in der Mitte ein riesiger, glitzernder falscher Brillant, und Lichter glitzerten wie Brillanten an der Decke des durchsichtigen Zeltes, das im Hof aufgebaut war.

Am Ende des Festes bekam jede Frau einen Ring geschenkt, eine Imitation des Taylor-Burton-Brillanten, mit der Gravur »E. T. 27. 2. 87«. Man muß sich vorstellen, wie wir alle unsere Riesen-»Brillanten« blitzen ließen. Schickimicki, meinetwegen, aber ich fand es wunderbar.

Mein fünfundfünfzigster Geburtstag ist gar kein so schlechter Punkt, mit dem Geschichtenerzählen aufzuhören und mich dem Diät- und Übungsplan dieses Buches zuzuwenden. Ich muß zugeben, daß heute die »neue« Elizabeth Taylor meine größte Rolle ist. Mit fünfundfünfzig bin ich, es ist nicht zu fassen, wieder zu einem Sexsymbol geworden. Ich hoffe aber, daß mein wiedererstandenes Image für mehr steht als nur dafür. Ich glaube, daß mein Comeback ein Sieg ist für alle, die das Gefühl kennen, ungeliebt und unerwünscht zu sein und zum alten Eisen zu gehören.
Heute genieße ich meine neugewonnene Unabhängigkeit. Mein Bild strahlt ein neues Selbstbewußtsein aus. Meine körperliche und geistige Genesung kommt aus einem Gefühl der Stärke, nicht aus einer wilden Gier nach Selbstverbesserung.
Langsam, aber sicher habe ich es geschafft, die Mauern des Schweigens abzutragen, die ich um mich herum aufgebaut hatte, um mir meinen persönlichen Freiraum zu erhalten. Wie weit ich seit jenem traurigen Tag in Washington, an dem ich Inventur gemacht habe, gekommen bin, zeigt sich darin, daß ich es riskieren kann, die Erfahrungen, die ich mit dem Abnehmen und der Selbstachtung gemacht habe, mit anderen zu teilen und ihnen dadurch vielleicht zu helfen.

Das bin ich – kaum drei Jahre alt,
aber schon ganz die Diva!

Ich, im Alter von neunzehn Monaten, mit meiner Mutter und meinem Bruder Howard.

Geborgen im Arm
meines Vaters.

Laufen kann ich noch nicht sonderlich,
aber posieren.

rechts: Auf den Fotos von Roddy MacDowall wir-
ke ich eigentlich immer am wenigsten gekünstelt.
(Foto: Roddy McDowall)

Mit Roddy McDowall hoch zu Roß in *The White Cliffs of Dover*.

Ein Pappkonterfei von mir gehörte zu den Überraschungen auf dem Fest, das Carole und Burt Bacharach an meinem fünfundfünfzigsten Geburtstag für mich veranstalteten. Es steht inzwischen bei Michael Jackson in der Einfahrt. *(1987 Michael Jacobs/MJP)*

oben links: Mit Larry Parks in *Love is Better Than Ever.*

oben rechts: Mein Bruder Howard bringt mir während eines Ferienaufenthaltes in Wisconsin das Schießen bei.

unten links: Ich habe *Nibbles and Me,* mein erstes Buch, geschrieben und sitze hier über einem Hausaufsatz.

unten rechts: Mutter und ich bei meiner Schulabschlußfeier.

Symphonie des Herzens mit Vittorio Gassmann und Barbara Bates.

Laßt „Augen" sprechen! Christopher, Liza und Michael.

Maria und ihr Vater bei einem Spaziergang. *(Ron Galella/ Ron Galella, Ltd.)*

Roddy McDowall experimentiert mit seiner Kamera. *(Foto: Roddy MacDowall)*

„Richards große Leidenschaft war es, durch Worte zu leben." Mit Richard bei der Publicist-Guild-Preisverleihung im Plaza-Hotel. *(Ron Galella/Ron Galella, Ltd.)*

vorhergehende Seite: Während der Dreharbeiten zu . . . *die alles begehren.*

Mit Richard während der Proben zu dem Broadway-Stück *Private Lives*.
(© 1985 Martha Swope)

Bei einem Phototermin mit Richard Avedon. *(Foto: Roddy McDowall)*

Zweiter Teil

Gang einlegen zum Durchstarten
Tricks, die mir geholfen haben

1

Jetzt kennen Sie also meine Geschichte, und es ist Ihnen sicher klargeworden, daß jeder abnehmen kann, wenn er wirklich dazu entschlossen ist. Sie haben miterlebt, wie ich mich gehenließ, mich vollstopfte, bis ich 160 Pfund wog, und wie ich lernte, mir den Weg zurück zu erkämpfen. Wenn *ich* in dem Kampf, Gewicht zu verlieren und Selbstachtung zu gewinnen, siegen konnte, dann können *Sie* das auch. Das Ganze läuft nämlich letztlich doch nur auf echte Entschiedenheit und eine Menge harte Arbeit hinaus. Es gab auch Zeiten, in denen ich den Mut verlor und aufgeben wollte; aber ich habe mich jedesmal wieder aufgerafft und mir gesagt: »Nein, ich gebe nicht auf.« Und jedesmal wurde es ein bißchen leichter.

Ehe ich nun aber meine Diät und meine Übungen beschreibe, möchte ich über die verschiedenen Tips und Tricks reden, die mir wieder zu meiner 56-cm-Taille verholfen haben. Ich werde Ihnen ganz sicher nicht weismachen, daß so eine Fastenkur Spaß macht. Aus schmerzlicher Erfahrung weiß ich nur zu genau, wie schwer es sein kann, unerwünschte Pfunde loszuwerden. Deshalb sollte Ihnen grundsätzlich zu meinen Vorschlägen alles recht sein, was Ihre Willenskraft stärken und Ihnen den Weg leichter machen kann. Ob Sie zum Psychiater gehen oder Ihr Mantra aufsagen, ob Sie das Horoskop befragen, Runen werfen oder Ihren Talisman drücken, solange es Sie motiviert und weder Ihnen noch anderen schadet, tun Sie es!

Obwohl man sich im Grunde nur selbst motivieren kann abzunehmen – sollte jemand, der Ihnen nahesteht, Sie bestechen wollen, gehen Sie drauf ein! Sobald Sie sich zu einer Diät entschlossen haben, können Belohnungen von der Familie und von Freunden – wenn sie wirklich gut gemeint sind – Ihnen nur dabei helfen.

Ich will Ihnen von einer jungen Frau erzählen, die ich vor ein paar Jahren kennengelernt habe. Sie war eines der anziehendsten Mädchen, das mir je über den Weg gelaufen ist, blauäugig, blond, gutaussehend. Sie war sehr lebendig und intelligent. Und sie war dick. Sie erzählte mir, daß sie in sechs Monaten heiraten wollte und abnehmen wollte. Obwohl ich mich normalerweise nicht in das Leben anderer Leute einmische, gibt es, wie Sie inzwischen wissen, manchmal Fälle, wo ich einfach nicht anders kann. Ganz spontan gab ich diesem Mädchen eine Kopie meiner Diät und sagte: »Halt dich da dran. Und wenn du fünfzig Pfund abnimmst, kaufe ich dir das Brautkleid.« Sie hätten ihr Gesicht sehen sollen. Sie nahm die Diätvorschrift mit nach Hause und traute sich ein paar Wochen lang nicht, damit anzufangen. Seit ihrer Kindheit hatte sie versucht, dünner zu werden. Ihre Eltern hatten sie zu Ernährungsspezialisten, in Kliniken und Sonderferienlager geschleppt, bis sie nicht einmal mehr das Wort »Diät« hören konnte. Sie hätte wohl auch nie mit meiner Diät angefangen, wenn nicht ihr Verlobter gewesen wäre. Er fand, sie sollte es wenigstens versuchen. Und sie tat es. Später erzählte sie mir, daß sie zum erstenmal in ihrem Leben während einer Abmagerungskur wirklich Spaß am Essen hatte.

Der Hochzeitstermin rückte heran, und sie hatte 45

Pfund abgenommen. Ich habe ihr das Kleid trotzdem gekauft. Ich werde mich doch nicht anstellen wegen der paar Pfund, die noch fehlten, wenn so viele schon bewältigt wurden.

Ich will damit nicht sagen, das versprochene Kleid habe das alles ganz alleine bewirkt. Aber Belohnungen helfen wirklich. Für mich war es ein magischer Punkt, wieder in eine Jeans, Größe 36, hineinzupassen, die aus jener Zeit stammte, als ich etwa 114 Pfund wog. Ich trage leidenschaftlich gerne Jeans, aber leider sind das Hosen, die alles deutlich machen. Jede Woche legte ich mich auf mein Bett und versuchte, sie hochzuziehen. Nach einem Monat konnte ich damit aufstehen. Das einzige Problem war, daß der Reißverschluß nicht zuging. Aber die Tatsache, daß ich meinem Ziel näher kam, motivierte mich.

Kürzlich las ich im Wissenschaftsteil der Zeitung einen Artikel, der meine Belohnungstherapie bestätigte. Zwei Mäuse wurden in einem Labyrinth gehalten. Die eine Maus bekam eine leichte Aufgabe gestellt und Belohnungen, wenn sie ihre Route beendet hatte; sie gewöhnte sich bald an diese angenehme Routine. Die andere Maus mußte eine sehr schwierige Route bewältigen, bei der alle Ausgänge blockiert waren; und sie erhielt auch lediglich ein paar Stückchen Käse als Belohnung. Nach ein paar Wochen wurden beide Mäuse in ein Faß Wasser geworfen. Und welche Maus, glauben Sie, hat überlebt? Nicht die schlanke, durchtrainierte. Die gab auf und ertrank. Es war das faule Mäuschen, das sich abstrampelte, um sein schönes Leben weiterführen zu können.

Sie sollten sich also viele schöne und gesunde Belohnungen zukommen lassen, dafür, daß Sie die Diät anfangen, und dafür, daß Sie dabei bleiben.

Ich glaube fest an die Kraft »aufmunternder Worte«, vor allem dann, wenn man gerade in einer Krise ist. Wenn sonst gar nichts mehr zu helfen scheint, kann ein umsichtiger Denkanstoß von einem besorgten Freund einen von der Versuchung erlösen, während ein Tadel oder eine dumme Bemerkung genau das Gegenteil bewirken würde. Eine sehr beliebte Unterhaltungskünstlerin um die vierzig hatte seit Jahren ein kleines Gewichtsproblem. Sie war einer jener Menschen, die essen, ohne zu denken. Ob sie hungrig war oder nicht, wenn etwas zu essen da war, landete es sofort in ihrem Mund. Natürlich setzte sich das dann irgendwann einmal an ihren Hüften ab. Sie hatte relativ spät geheiratet, einen Mann, der sie sehr liebte. Nachdem sie etwa zwei Jahre verheiratet war, hatte sie einen sehr hohen Blutdruck und sollte abnehmen. Ihrem Mann war ihre Kleidergröße egal, aber er machte sich Sorgen um ihre Gesundheit. Er fing an, alles, was sie aß, zu bereden – nicht böse, aber ständig. Natürlich ging ihr das auf den Geist, und sie sagte ihm, er solle sich um seinen eigenen Kram kümmern. Am Ende seiner Weisheit angelangt, sagte er zu ihr: »Liebling, ich weiß, ich kann nicht ewig an deinen Eßgewohnheiten herumnörgeln. Deshalb hörst du jetzt auch meinen letzten Satz zu diesem Thema: An dem Tag, an dem dein Gewicht höher ist als dein IQ, verlasse ich dich.« Sie wußte, daß er es nicht so meinte; aber die Tatsache, daß er sich um ihre Gesundheit Sorgen machte und daß er seine Besorgnis auf eine Weise ausdrückte, mit der er sie zum Lachen brachte, hat sie oft daran gehindert, sich noch ein Bonbon aus der Schale zu nehmen.
Hier ist noch so ein Fall, in dem eine simple Bemerkung

die Eßgewohnheiten einer Freundin änderte. Sie war unterwegs mit einer Frau, die offensichtlich entsetzt darüber war, wie meine Freundin alles Eßbare in Sichtweite hinunterschlang. Als meine Freundin sich später darüber beklagte, daß sie zunahm, meinte ihre Begleiterin, sie würde ja auch sehr viel essen. »Ich kann mir nicht helfen«, erwiderte meine Freundin. »Ich muß einfach essen.« – »Nein, das mußt du nicht«, sagte die andere ganz einfach. »Du kannst essen, aber du *mußt* nicht. Offen gesagt, es ist unter deiner Würde, so viel zu essen.« Aus irgendeinem Grund blieb diese Bemerkung meiner Freundin im Gedächtnis haften. Sie erzählte mir später, das sei für sie der Anstoß gewesen. Jedesmal, wenn die unstillbare Lust zum Essen sie überkam, sagte sie sich: »Es ist unter meiner Würde, so viel zu essen.« Und das verlieh ihr die Selbstbeherrschung, die sie brauchte.

ALLER ANFANG IST SCHWER

Wer nicht mit einer Diät anfängt, kann auch nicht abnehmen. Man darf nicht, wie Scarlett O'Hara aus *Vom Winde verweht,* das Nachdenken auf den nächsten Tag verschieben. Warten Sie nicht auf die richtige Mondphase oder den ersten Frühlingstag. Denken Sie daran: Aufschieben tötet jede Inspiration. Wenn Sie abnehmen wollen, fangen Sie jetzt damit an, und entschließen Sie sich dazu, dieser Kur eine Chance zu geben.
Sie sollten nicht herumsitzen und sich Entschuldigungen ausdenken. Ob Sie nun gerade fastenkuren oder sonst etwas machen – »herumsitzen« ist die größte Flucht von allen. Es gibt Frauen, die den größten Teil des Tages auf ihrem Hintern sitzen, den Telefonhörer

am Ohr, und mit ihren Freundinnen besprechen, was sie machen werden und wie sie es machen werden. Irgendwie kommen sie aber nie dazu, überhaupt etwas zu machen. Es gibt auch Frauen, deren hauptsächlicher Zeitvertreib darin besteht, sich mit jemandem zum Mittagessen zu treffen. Und während sie die größten Chef-Salate der Welt als Kalorienbomben in sich hineinschlingen, reden sie *ganz im Ernst* davon, daß sie jetzt anfangen wollen, Diät zu halten. Durch Diskussionen ist noch keiner dünner geworden. Und wenn es ums Abnehmen geht, ist Reden noch immer das Billigste. Wenn man sein Vorhaben verwirklichen will, muß man jeden Augenblick aktiv ausnützen. Mit bloßen Lippenbekenntnissen stellt man sich ein Armutszeugnis aus.

Und wenn Sie nicht zu den wirklich seltenen Leuten gehören, die eine echte Hormon-Defizienz haben, sollten Sie bitte nicht Ihre Schilddrüse als Ausrede benützen. Es stellt Ihrer Intelligenz ein schlechtes Zeugnis aus und beleidigt obendrein noch die Unglücklichen, die tatsächlich eine zusätzliche Hürde überwinden müssen. Manchmal bin ich mir absolut sicher, daß ich wirklich schon jede Ausrede, warum man eine Diätkur verschieben muß, gehört habe. Oder auch selbst schon benützt habe. Mit dem Spiel, daß man demnächst ohnehin seinen Kalorienverbrauch einschränken werde, lassen sich auch noch die schlimmsten Exzesse rechtfertigen. Es ist so einfach, sich selbst auszutricksen, sich glauben zu machen, man würde alles tun, um abzunehmen, während man sich vollstopft. Kommen Ihnen diese Töne bekannt vor? »Ich fange demnächst eine Fastenkur an, aber am Samstag haben wir ein großes Abendessen im Club, und wir mußten schon im voraus bezahlen.« – »Nächste Woche ist diese Hochzeit, eine jüdische Hochzeit, und du

136

weißt ja, wie wunderbar das Essen da ist; deswegen fange ich gleich hinterher mit meiner Diät an.« – »Nächsten Monat fahre ich zur Kur und muß da auch Diät halten. Ich esse jetzt, weil ich dann hungern muß.« – »Ich mache mir solche Sorgen, ob ich einen Job bekomme. Sobald ich Arbeit habe, höre ich mit dem Essen auf.« Wann werden diese Leute lernen, daß eine Ausrede keine Entschuldigung ist?

Ich kenne eine Frau, die seit Jahren einer Diätgruppe angehört. Sie geht jede Woche zu den Treffen, macht die Gruppentherapie mit, nimmt das ganze Informationsmaterial mit nach Hause, stopft ihren Kühlschrank mit dem vorgeschriebenen Grünzeug – dem Schlüssel zum Erfolg – voll, und geht dann zum Essen. Die Nahrungsmittel verfaulen im Kühlschrank, während sie von der Pizza-Bäckerei zur Hamburger-Filiale trabt. Ihre Abwehrmechanismen sind nicht zu brechen. Man kann nicht mit ihr reden. Weil sie zahlendes Mitglied einer Gewichtskontrollgruppe ist, ist sie davon überzeugt, auf »Diät« zu sein. Ihr Verhalten ist absolut widersprüchlich. Sie kommt mich besuchen, und kaum hat sie guten Tag gesagt, verkündet sie: »Ich habe Hunger, was hast du zu essen?« Als nächstes rennt sie in Richtung Küche, um den Kühlschrank zu inspizieren und in die Küchenschränke zu gucken. Sie beschimpft mich sogar, weil ich weder Süßigkeiten noch Kuchen im Haus habe. Es ist schlimm, aber man kann einfach nichts machen. Sie selbst muß die Veränderung wollen. Ich weiß nicht, wie lange sie sich noch hinter ihrer Mitgliedskarte verstecken kann. Ich kann nur hoffen, um ihretwillen, daß sie bald aufwacht. Eine andere meiner Freundinnen fängt seit Jahren jeden Montag mit religiöser Inbrunst eine Fastenkur an. Sie trifft für diesen Tag keine Verabredungen. Eigentlich geht sie bis Mittwoch keine gesellschaftlichen Verpflichtungen ein. Montags und dienstags paßt sie wie ein Luchs auf alles auf, was sie ißt, und am Mittwoch ruft sie triumphierend an, um die wunderbare Neuigkeit zu verkunden, daß sie vier Pfund abgenommen hat. Selbstverständlich will sie diesen Erfolg mit einem guten Essen feiern. Und das macht sie dann auch für den Rest der Woche. Wenn der Sonntag herankommt, hat sie die vier Pfund (mindestens) wieder zugenommen. Das aber übergeht sie mit einem Lächeln und verkündet in aller Unschuld: »Ich verstehe nicht, warum ich nicht mehr in meine Kleider passe. Ich muß unbedingt gleich morgen mit einer Fastenkur anfangen.«

Und die Moral von der Geschichte: Es hat keinen Sinn, sich auf eine Diät einzustellen, wenn man nicht vorhat, sie auch durchzuhalten.

VERNÜNFTIGE ZIELE

Jetzt, nachdem Sie sich entschlossen haben abzunehmen, müssen Sie sich vernünftige Ziele setzen. Die Tagträume von ihrem Idealgewicht lassen Sie am besten in der Versenkung verschwinden. Die Tatsache, daß Sie mit 18 Jahren 105 Pfund gewogen haben, heißt noch lange nicht, daß Sie mit 35 dasselbe wiegen sollen. Suchen Sie sich ein vernünftiges Gewicht aus, gemessen an Ihrem Alter und Ihrem Knochenbau. Sie werden sehen, daß Sie viel entspannter sind und sich viel leichter dabei tun, das erreichte Gewicht zu halten. Denken Sie daran: Bei einer Diät sind Sie selbst Ihr eigener Richter. Sie müssen nur sich selbst Rede und Antwort stehen – also Schluß mit der Anklage und auf zur Verteidigung!

Selbsthaß ist kein guter Beweggrund. Sie können nur dann Ihre Möglichkeiten ausschöpfen und erreichen, was Sie vom Leben erwarten, wenn Sie sich Ihre Schwächen verzeihen und sich so nehmen, wie Sie nun einmal sind. Als ich Mitte Vierzig war, war ich reich, berühmt und, nach Meinung der Medien, schön. Aber ich selbst konnte mich nicht akzeptieren und schlug einen selbstzerstörerischen Kurs ein. Es gab damals nicht viel Freude und Gemütlichkeit in meinem Leben. Und ehe ich mich aus diesem unglückseligen, schwerfälligen Gefängnis befreien konnte, mußte ich lernen, mich wieder selbst zu lieben.

Und noch etwas ist sehr wichtig. Es ist viel wichtiger, wie Sie aussehen, als wie viele Pfunde Sie wiegen. Man muß beim Aussehen genauso ehrlich sein, genauso die Scheuklappen abnehmen wie beim Dicksein. Ihr Ziel ist es, gesund und attraktiv zu wirken. Und da Sie vermutlich ohnehin nicht als Twiggy-Ersatz herumlaufen wollen, warum sollten Sie sich dann durch unrealistische Vorstellungen unter Druck setzen?

Angenommen, Ihr Idealgewicht ist 115 Pfund. Sie sind bis auf 120 heruntergekommen und sehen echt gut aus. Jetzt sollten Sie aufhören. Es kann nämlich sehr gut sein, daß die Pfunde, die Sie noch weiter abnehmen wollen, sich wieder ansammeln, egal, wie sorgfältig Sie Ihre Kalorien auch zählen.

Ich weiß nicht, woran es liegt, aber Männer tun sich mit ihren Körpern einfach leichter als Frauen. An uns nagt eigentlich immer der Zweifel. Selbst die schönsten Fotomodelle sind meist der Meinung, sie seien nicht dünn genug, und ich kenne kaum eine Frau, die nicht lieber ein paar Pfunde weniger hätte.

Eine Freundin von mir war mit einem Mann aus, den sie

noch nicht sehr lange kannte. Recht ungestüm lud er sie ein, mit ihm übers Wochenende nach Catalina zu fahren. Sie sagte sofort nein. Aber nicht, weil sie nicht mit ihm fahren wollte. Von dem Augenblick an, als er Catalina erwähnte, hatte sie nur noch eines im Kopf: wie schrecklich sie in einem Badeanzug aussehen würde, wie dick ihre Schenkel waren und wie weit ihr Bauch vorstand.

Nachdem sie sich etwa eine Viertelstunde lang innerlich selbst niedergemacht hatte, sah sie sich den Mann an, der sicherlich seine 20 Pfund Übergewicht hatte. Es war klar, daß er sich über sein Aussehen keinerlei Gedanken machte. Und vermutlich war er ja wohl auch mit ihrem Aussehen ganz zufrieden. Sonst hätte er sie nicht aufgefordert, mit ihm wegzufahren. Sie fuhr dann auch mit ihm weg, und sie hat es nie bereut.

Versuchen Sie, während der Zeit, in der Sie abnehmen, sich zu freuen über die Pfunde, die Sie schon verloren haben. Wenn Sie mit sich selbst im reinen sind, werden Sie Ihr Ziel leichter und mit mehr Freude erreichen.

2

Sie sind also jetzt in der richtigen Stimmung, und es ist fast schon an der Zeit, daß wir zur Diät selbst kommen. Sie haben sich entschlossen, damit anzufangen. Sie wollen sich auch keine neuen Ausreden mehr einfallen lassen. Sie haben sich vernünftige Ziele gesteckt, und Ihr Motiv ist der Selbstwert, nicht der Selbsthaß.
Und während Sie sich auf den harten Weg zum guten Aussehen machen, möchte ich Ihnen noch ein paar Tips geben, die Ihnen die Diät erleichtern und Sie vor Rückfällen und Freßtouren bewahren sollen.

SPIEGLEIN, SPIEGLEIN AN DER WAND

Weil Ehrlichkeit uns selbst gegenüber für eine erfolgreiche Fastenkur absolut entscheidend ist, müssen Sie einen großen Spiegel an eine Stelle hängen, wo Sie sich nackt betrachten können. Wie viele Frauen stehen vor dem Waschbecken im Badezimmer und begutachten ihre Figur im Spiegel des Medizinschränkchens? Sie erinnern sich, ich bin die Frau, die sich eingebildet hat, sie könnte in ihrem Schminkspiegel sehen, wie sie aussieht. Beim Abnehmen darf man keine Spielchen machen. Wenn Sie sich belügen wollen, gehen Sie auf ein Volksfest und kaufen sich eine Eintrittskarte fürs Spiegelkabinett. Da kann man auch drei Meter hoch und dünn wie ein Besenstiel aussehen.

Manche Leute machen das ganz gewissenhaft, und es hilft ihnen auch: Wenn man alles schriftlich festhält, gibt es keine Ausreden. Ich selbst brauche kein Notizbuch, um zu wissen, was ich gegessen habe; aber schließlich gehört ein gutes Gedächtnis zu meinem Beruf. Ich verwende dabei dieselbe Technik wie beim Rollenstudium. Aber man sollte sich über solche Aufzeichnungen auf keinen Fall mokieren, sie können wirklich eine Hilfe sein. Und – nicht schwindeln. Wenn Sie eine Straße entlanggehen und dabei eine Banane essen, essen Sie eine Banane und gehen eben nicht nur die Straße entlang.

Wenn Sie alles, was Sie essen, aufschreiben, können Sie Ihre Eßgewohnheiten für sich arbeiten lassen. Wenn Sie immer wieder Eintragungen um 16 Uhr sehen, sollten Sie in Ihrem Diätplan für diese Zeit einen kleinen Imbiß vorsehen. Oder wenn Sie merken, daß Sie vor dem Schlafengehen oft noch Lust auf Obst haben, sollten Sie sich einen Apfel oder eine Melone aufheben, die eigentlich zum Abendessen gehören. Das genaue Aufzeichnen Ihrer täglichen Nahrungsaufnahme kann Ihnen auch dabei helfen, Ihre speziellen Bedürfnisse zu erkennen. Es kann aber auch ein solcher Schock sein, wenn Sie alles, was Sie essen, schwarz auf weiß sehen, daß Sie etwas dagegen unternehmen wollen.

Auch wenn die Prozedur nützlich ist, sollte man in seiner Begeisterung nicht zu weit gehen. Man sollte das unauffällig machen; es kann nämlich sehr störend wirken.

Ich war einmal zu einem offiziellen Abendessen eingeladen und bemerkte, daß die Frau, die mir gegenübersaß, nach jedem Gang ein kleines Notizbuch herausholte und eifrig hineinkritzelte. Ich kannte sie nicht und hielt sie für eine Reporterin oder eine Klatschkolumnistin. Reporter haben immer ihr Notizbuch dabei, und man erkennt sie sofort daran, daß sie ständig Namen und Informationen notieren. Bei öffentlichen Auftritten ist das verständlich, und ich bin auch daran gewöhnt, aber das hier war eine rein private Geschichte, und ich war wütend.

Als der Abend zu Ende ging und ich mich von meiner Gastgeberin verabschiedete, fragte ich sie in meinem eisigsten Ton, warum sie mir nicht gesagt hatte, daß sie eine Journalistin eingeladen hatte.

»Journalistin?« antwortete sie. »Was für eine Journalistin?«

»Du weißt schon, wen ich meine. Die Frau in dem blauen Kleid, die sich über alles, was ich gesagt habe, Notizen gemacht hat.«

»Ach, Elizabeth«, lachte meine Freundin. »Barbara ist doch keine Reporterin. Sie ist auf Diät, und sie muß alles, was sie ißt, aufschreiben.«

Seien Sie diskret, wenn Sie auf Diät sind. Sie müssen nicht allen Ihren Bekannten Bericht erstatten, als wären sie die Kommandeure in Ihrem großen Anti-Speck-Krieg. Die Gefahr, daß Sie damit auch Ihre liebevollsten Freunde langweilen, ist groß. Woran merkt man, daß man zuviel über sein Gewicht redet? Zum Beispiel daran, daß alle sich abwenden, wenn man einen Raum betritt. Dann sollte man sich wirklich ein anderes Gesprächsthema ausdenken.

Allerdings darf das Nicht-darüber-Reden keine Ausrede dafür werden, mit den Kalorien wieder sorglos umzugehen. Und wenn Sie nicht gerne mit kleinen Notizbüchern herumlaufen, gibt es auch noch andere Möglichkeiten der Buchführung.

Ich habe einen Freund, der dazu ein kleines Tonband benützt. Es ist so klein, daß es in seine Tasche paßt und er es einschalten kann, ohne es herauszunehmen. Das ist auch ganz in Ordnung, aber manchmal vergißt er, es abzuschalten, und seine Freunde scheuen sich inzwischen ein bißchen davor, ihm ihre Geheimnisse anzuvertrauen. Es ist fast so, als würde man mit dem KGB sprechen. Leute, die über seine Diät nicht Bescheid wissen, hat er schon ziemlich verunsichert. Es hat ja auch etwas Gespenstisches, wenn jemand in die Leere hinein verkündet: »Fruchtsalat... frische Orange, Grapefruitscheiben, Melonenbällchen... Kalbskotelett, mager... Bohnen, grün« usw.

Eine meiner Freundinnen hat sich nur für ihre Diät einen kleinen Computer angeschafft. Ihr zehnjähriger Neffe zeigte ihr, wie sie damit umgehen muß, und sie behauptet, sie hätte schon 10 Pfund verloren, bis sie überhaupt mit dem Programm zurechtkam. Inzwischen beherrscht sie alles, was sie braucht, und findet es wunderbar, sich auf dem kleinen Bildschirm ihre Kalorien und Kohlehydrate auszurechnen.

Es gibt aber auch spezielle Taschenkalorienrechner, die man leicht einstecken kann. Sie speichern nicht nur alle Kalorien, die man sich an einem Tag leisten darf, sondern klingeln auch los, wenn man den erlaubten Bedarf überschritten hat. So etwas wäre doch eine Überlegung wert.

Welche Methode Sie auch wählen, es ist wichtig, daß Sie, solange die Diät Ihnen nicht zur zweiten Natur geworden ist, ganz genau aufzeichnen, was Sie essen.

Jedermann braucht einen Ansporn, um eine Diät zu machen. Man stürzt sich nicht mit einem Freudenschrei in die Abnehmerei. Es ist und bleibt ein unangenehmes Vorhaben. Die Belohnung wartet am Ende, wenn Sie Ihr ersehntes Gewicht erreicht haben. Und deshalb ist es wichtig, daß man in Stimmung bleibt und nicht den Mut verliert. Das kann man auf allerlei Weisen. Eine davon ist es, unabhängig von der Kleidergröße, so attraktiv wie möglich auszusehen.

Erinnern Sie sich an das Märchen vom häßlichen jungen Entlein, aus dem ein wunderschöner Schwan wurde? Die meisten von uns empfinden das Schlankwerden als etwas Ähnliches. Zuerst sind wir häßlich, und wenn die Pfunde verschwunden sind, entpuppen wir uns als schön. Wir *wollen* als Kröten anfangen und uns in Prinzessinnen verwandeln. Wir sind dick. Wir sehen schrecklich aus. Wir machen Diät. Wir sehen toll aus. Also kann man nur fragen: warum nicht gleich?

Ganz egal, mit welcher Kleidergröße Sie starten, machen Sie vom ersten Tag an das Beste aus sich. Wenn Sie kein Interesse an Ihrem Aussehen haben, warum, um Himmels willen, wollen Sie dann die Mühe des Abnehmens überhaupt auf sich nehmen? Zeigen Sie von Anfang an, daß ein Schwan in Ihnen steckt. Es wird Ihnen helfen durchzuhalten, wenn Sie in den Spiegel schauen und darin jemanden erblicken, für den sich diese ganze Anstrengung lohnt. Es ist verständlich, daß man jegliches Interesse an seiner Erscheinung verliert, wenn man dick ist. Aber Sie sollten sich gut fühlen, während Sie abnehmen. Gut, Sie sind dick. Das heißt aber nicht, daß Sie wie eine Schlampe herumlaufen müssen.

Ich kenne viele korpulente Frauen, die einfach großartig aussehen. Sie tragen vielleicht Größe 44 oder 46, aber sie sind immer sehr gepflegt, gut frisiert und haben eine wunderbare Ausstrahlung. Doch viele Abspecker ziehen einfach an, was ihnen unter die Finger kommt, Hauptsache, gedeckte Farben. Was Sie damit meinen, heißt: Ich bin dick, also ist es doch egal, wie ich aussehe. Unsinn. Es ist nie egal, wie Sie aussehen.

Ich habe mich auch in meiner korpulenten Phase gerne gut angezogen. Erst als ich verzweifelt und wirklich schwer übergewichtig war, wurde mir mein Aussehen egal.

Kürzlich hörte ich einen Witz: Was ist der Unterschied zwischen einer dicken Frau und einem Elefanten? Die Antwort: Ungefähr 100 Pfund und ein schwarzes Kleid. Vor Jahren hat man uns geraten, daß dicke Leute nie helle Farben tragen sollten. Viele Dicke glauben das immer noch. Und als ob es nicht schon deprimierend genug gewesen wäre, daß für die Dicken alle Rot-, Gelb- und Rosatöne tabu waren – Hosen kamen überhaupt nicht in Frage. Was für ein Unsinn. Ich bin der Meinung, man sollte sich mit Freude und Geschmack anziehen, auch wenn man erst nächste Woche mit der Diät anfangen will. Man muß seiner ganzen Erscheinung Aufmerksamkeit schenken, nicht lediglich der Taillenweite.

Mit den Vorzügen, die Sie mit auf den Weg bekommen haben, sollten Sie umgehen wie der schlimmste Geizhals. Dem lieben Gott und meiner irischen Großmutter habe ich eine schöne Haut zu verdanken, und auch wenn ich nichts für meine Gene kann, habe ich mir für das Bewahren meiner natürlichen Vorzüge doch gute Noten verdient. Ich nehme nicht einmal sonderlich teure Präparate. Ich wasche mein Gesicht mit Seife und trage dann einfach eine Feuchtigkeitscreme auf.

Wenn ich nicht gerade exotische Charaktere wie Cleopatra oder ältere Frauen wie Martha in *Wer hat Angst vor Virginia Woolf?* spielen muß, verwende ich auch beim Filmen nur wenig Make-up und schminke mich immer selbst. Ich spiele zwar ganz gerne mit Farben herum, aber ich halte mein Gesicht nicht für eine Leinwand, auf die ich die Farben schichtweise auftrage. Privat trifft das noch mehr zu. Ich verwende meistens nicht einmal eine Grundierung. Mit zunehmendem Alter erkannte ich, daß glitzerndes Augen-Make-up und helles Rouge meine Jahre nur betonen. Der Puder hängt sich in jedes Fältchen, besonders um die Augenpartie. Je mehr man also pudert, desto stärker hebt man hervor, was man eigentlich verschleiern will. Je älter man wird, desto sparsamer und raffinierter sollte man mit Make-up umgehen. Man muß sich selbst so annehmen, wie man ist. Und wenn das ein paar graue Haare und ein paar Falten bedeutet, na und! Denken Sie daran: Sich selbst zu akzeptieren ist grundsätzlich wichtig, auch für ein erfolgreiches Abnehmen.

LACHEN IST GESUND

Nehmen Sie sich nicht zu ernst. Wir alle kennen die lustige, dicke Frau, die innerlich weint. Aber ein disziplinierter Abspecker, der über sich selber herzlich lachen kann, wird merken, daß genau das etwas ist, was einen bei der Stange hält.

Über einen guten Witz konnte ich immer schon lachen, und eigentlich ist meine ganze Einstellung zum Leben recht optimistisch. Vor ungefähr zwei Jahren machte ich mit meinem alten Freund Robert Wagner den Fernsehfilm *There Must be a Pony*. Der Titel stammt aus einer Geschichte, die Bob in diesem Film erzählt.

Kennen Sie den alten Witz von dem Mann mit den Zwillingen? Der eine war ein unverbesserlicher Optimist, der andere ein unverbesserlicher Pessimist. Der Vater war mit seinem Latein am Ende und unternahm deshalb am Weihnachtsabend ein Experiment. Er steckte den Pessimisten in ein Zimmer, in dem alles war, was ein Kind sich nur wünschen kann. Das Zimmer des Optimisten dagegen füllte er mit Pferdeäpfeln. Nach einer Weile wollte er sehen, was die beiden wohl machten. Der Pessimist saß inmitten seiner Schätze – der Spielsachen, der schönen Kleider, der Sportgeräte –, saß da und beäugte alles voller Argwohn, um herauszufinden, wo da wohl der Haken sei. Dann schaute der Vater in das Zimmer des Optimisten. Der Junge stand bis zum Bauch im Pferdemist, schaufelte ihn sich über die Schulter und lachte. »He, du«, sagte der Vater. »Warum freust du dich denn so?« Der Junge drehte sich um und sagte: »Weißt du, Vater, bei diesem ganzen Mist hier – da muß doch irgendwo ein Pony sein!«

Im Optimismus liegt im Grunde auch schon die Belohnung; und so etwas ist ungeheuer hilfreich, wenn man mit den Härten einer Diät fertig werden muß.

Die Arbeit an diesem Film mit Robert Wagner im Jahr 1986 war in jedem Sinne lohnend. Es war unser erster gemeinsamer Film, und es war das erste Mal, daß Robert mich sah, seit ich meine Pfunde losgeworden war.

Als ich ins Studio kam, blieb ihm vor Staunen der Mund offen. »Meine Güte, Elizabeth«, sagte er, »du siehst ja wunderbar aus!« Es ist ein märchenhaftes Gefühl, mit so einem Lob bedacht zu werden – und das Tolle dabei ist, daß *jeder,* der eine Diät durchhält, sich auf ebenso enthusiastische Kommentare gefaßt machen darf.

Als Robert sich wieder gefangen hatte, fragte ich ihn, wie er es denn schaffe, so gut auszusehen und so schlank zu bleiben.

»Die Angst«, sagte er wie aus der Pistole geschossen. »Wenn ich nicht in Form bleibe, engagiert mich keiner mehr.«

Ich versuche, auch bei der Arbeit ein wenig Spaß und Leben in die Bude zu bringen. Was mir bei Filmvorbereitungen am schlimmsten auf den Geist geht, sind die Kostümproben. Das ist so langweilig, daß ich mir immer ein paar kleine Bosheiten ausdenke, um mich zu amüsieren.

Vor nicht allzu langer Zeit, nach einer Reihe von ziemlich langwierigen und komplizierten Anproben, schickte man mir eine von Nolan Millers jungen Assistentinnen ins Haus; sie sollte noch einige unerwartete Änderungen ausführen. Es war ein fürchterlicher Streß für alle Beteiligten, und während das Mädchen arbeitete, erzählte sie mir, daß Nolan und seine Leute befürchtet hatten, ich könnte mich wegen dieser Änderungen in letzter Minute maßlos aufregen. Ich sagte ihr, ich sei nicht böse deshalb, aber es würde allen recht geschehen, wenn wir diesem berühmten Modeschöpfer einen Streich spielen würden.

Als das Mädchen mit der Arbeit fertig war, nahm ich einen blauroten Lippenstift und malte ihr ein perfektes blaues Auge. Westmore wäre stolz auf mich gewesen. Es sah wirklich so aus, als hätte ihr jemand eine gescheuert. Sie ging zurück zum Atelier und rannte schluchzend zur Tür hinein: »Nie wieder gehe ich zu dieser Frau!« Die ganze Mannschaft scharte sich um sie. Als sie den Kopf hob und man ihr blaues Auge sah, erzählte sie ihnen, ich sei mit der Faust auf sie losgegangen. Sie waren alle empört, und auch Nolan glaubte es zunächst. Als das Mädchen dann den Trick preisgab, mußten alle lachen, und der Streß war weitgehend abgebaut.

Später sagte Nolan dann zu mir: »Weißt du, Elizabeth, ich glaube, ich bin dir auf die Schliche gekommen. Es ist dein Humor. Du kannst wirklich über dich selber lachen.«

Ich glaube, daß an Nolans Einschätzung viel Wahres ist. Es war immer eine meiner Stärken, daß ich mich, oder auch mein Image, nicht allzu ernst nahm.

Ohne meinen Humor wäre ich sicher nicht auf einen meiner wirksamsten Diättricks gekommen. Jemand hatte mir erzählt, daß Debbie Reynolds ein Foto von mir aus meiner fettesten Periode an ihre Kühlschranktür geklebt hatte zur Warnung, was auch ihr passieren könnte, wenn sie sich gehenließ. Als ich meine Diät anfing, dachte ich mir dann: Wenn das bei Debbie wirkt, wirkt das vielleicht auch bei mir. Ich klebte eines meiner schlimmsten Bilder an den Kühlschrank, und jedesmal, wenn ich in die Küche ging, warnte mich mein umfangreiches Ich davor, was passieren würde, wenn ich meine Diät nicht einhielt. Dieser Anblick war ein höchst wirksames Abschreckungsmittel. Wenn Sie meinen, ein Bild von mir als Miß Speckschwarte könnte Sie motivieren – nur zu, kleben Sie es an Ihren Kühlschrank; ich habe nichts dagegen. Es gibt da genügend Fotos zur Auswahl. Ich habe in jener Zeit ja nicht gerade das Heimchen am Herd gespielt, und auch wenn ich versucht hätte, der Presse zu entgehen – die hätten mich gefunden.

Ob ich mich darüber schäme, wie ich aussah, als meine

Rundungen am rundesten waren? Gut, ich bin sicherlich nicht stolz darauf. Aber, um ehrlich zu sein, ich bin eher traurig als beschämt, wenn ich diese Bilder ansehe. Vor kurzem fand ich ein Foto, das damals in Washington gemacht wurde; und was mich daran am meisten störte, war nicht die Kleidergröße, sondern das war mein Haar, das mir in schlaffen Strähnen ins Gesicht fiel. Mir ist jetzt klar, daß ich damals, als ich mir erlaubte, so in der Öffentlichkeit aufzutreten, völlig aufgehört hatte, mich um mein Aussehen zu kümmern. Mir ist auch völlig unverständlich, wie ich damals glauben konnte, diese Halston-Kreationen würden mich schlank erscheinen lassen. So raffiniert konnten diese Kleidungsstücke gar nicht geschnitten sein, um die Fülle zu kaschieren, die ich mit mir herumschleppte. Das Bild aus meiner schlimmsten Zeit hat sicher dazu beigetragen, daß die Kühlschranktür zublieb. Es war ein geschicktes Manöver, und vielleicht sollten Sie nicht unbedingt ein Bild von mir anbringen, sondern lieber eines von sich selbst.

Führe mich nicht in Versuchung

»Ich kann allem widerstehen, nur nicht der Versuchung«, das ist ein nur allzu bekannter Spruch. Und was einem alles zugemutet wird, wenn man abnehmen will, ist einfach niederschmetternd. Das Fernsehen, Illustrierte, Plakate – ständig wird Reklame gemacht für die köstlichsten Leckerbissen. Nicht einen Augenblick lang läßt man uns das Essen vergessen. Einer der gefährlichsten Züge der Werbung ist der, daß man uns suggeriert, Freizeitaktivitäten seien nicht vollkommen, wenn es dabei nicht etwas zu essen gibt: heiße Würstchen beim

Baseballspiel, Knabbern beim Fernsehen, Bier und Cola beim Tennis.

Und was ist, wenn wir in die Stadt gehen? Auf dem Weg durch die Fußgängerzone müßte man schon aus Stahl sein, ohne Lust auf ein Häppchen zu bekommen, wenn einem aus jedem zweiten Laden Eis, Würstchen, Pizzas, Kuchen oder Nüsse entgegenlachen. Am besten ist es, man geht gleich nach dem Frühstück oder dem Mittagessen, wenn der Magen noch voll ist, oder man plant von vornherein einen Imbiß in einem Naturkostladen ein.

Nehmen wir uns doch einmal das ehrwürdige Ritual eines Kinobesuches vor. Man kann doch nicht schlicht und einfach eine Eintrittskarte kaufen. Wir sind doch alle darauf programmiert, uns mit Süßigkeiten vollzustopfen. In Los Angeles zeigt sich ein gefährlicher Trend: das Essen in der Lobby. Es gibt inzwischen alle möglichen Spezialitäten zu kaufen, wie Nachos, Tacos, Burritos, Plätzchen, Kuchen und Eisbecher. Der Kinobesucher muß sich durch die angebotenen Köstlichkeiten fast durchkämpfen, ehe er zu seinem Platz kommt. Natürlich wäre es am besten, auf diese automatische Kauerei einfach zu verzichten. Aber wenn man schon befürchtet, daß man ohne Bewegung der Kaumuskeln den Film vielleicht nicht überlebt, dann sollte man wenigstens das richtige Essen mit ins Kino nehmen. Ich kenne eine Frau, die sich eine Plastiktüte voll Salatblätter mitnimmt und dann ganz zufrieden ihre grünen Blätter anstatt irgendwelcher Kerne kaut.

Als ich damals zur Kur war, nahmen einige andere Frauen und ich immer unsere Diäthappen mit ins Kino. Wir rasten am Kiosk vorbei, schimpften auf den Buttergeruch von Puffmais und hielten unsere Kauwerkzeuge mit Sellerie und Karottenschnipseln beschäftigt. Ich hätte es nie für möglich gehalten, daß ich je an einem Puffmais-Automaten vorbeigehen könnte. Aber ich kann es, und Sie können es auch. Aber das hat wieder etwas mit Stolz zu tun. Gütiger Himmel, keiner von uns ist so schwach, daß er sich von einem Körnchen Puffmais besiegen läßt. Puffmais kann sogar eine sehr gute Zwischenmahlzeit sein, allerdings nicht in Butter schwimmend und völlig versalzen, wie man ihn gewöhnlich im Kino bekommt.

Am Anfang jeder Diät ist es wirklich ratsam, sich nicht in Situationen zu begeben, in denen die Gefahr besteht, daß man zu viel ißt. Freunde, bei denen Sie eingeladen sind, haben meistens Verständnis. Aber es gibt auch Ausnahmen, und davor müssen Sie auf der Hut sein.

Auch heute noch gibt es Dinge, denen ich lieber aus dem Weg gehe, wie z. B. Brot mit Butter. Man hat so schnell eines oder zwei davon verdrückt, noch bevor das Essen aufgetragen ist. Wenn ich schon sündige, dann doch lieber mit etwas, das ich wahnsinnig gerne mag, anstatt einfach gedankenlos vor mich hin zu kauen. Und was die kleinen Tricks angeht, wie, sich nur ein kleines Stückchen Brot abzubrechen oder nur ein Löffelchen von der Nachspeise zu nehmen – ich kann das nicht machen, wenn ich auf Diät bin, und ich kann Ihnen nur raten, es auch nicht zu tun. Man tut sich keinen Gefallen damit. Sowenig wie ein Alkoholiker in Gesellschaft einfach nur ein bißchen am Glas nippen kann, darf auch einer, der gerne ißt, sich in Gefahr begeben. Ein Schluck, ein Bissen, beides kann für den Süchtigen gefährlich sein. Fettsucht ist genauso zu behandeln wie jede andere Sucht. Alles, was dick macht, muß absolut gestrichen werden, weil es gesundheitsschädlich ist; und alles, was den Appetit anregt, muß gemieden werden.

Eine meiner Freundinnen, eine Schauspielerin, hat einen sehr originellen Weg gefunden, die Versuchung zu überlisten. Sie teilt Nahrungsmittel in zwei Kategorien ein – in »Feinde« und in »Freunde«. Das eine sind kalorienreiche Köstlichkeiten, das andere sind vernünftige, nahrhafte Dinge. Wenn sie sich zum Essen hinsetzt, ist es ihr Ziel, sich mit Freunden zu umgeben. Jedesmal, wenn sie in eine Situation gerät, in der Dickmacher anwesend sind, stößt sie einen Kriegsschrei aus. Sie hat das sogar schon in einer Fernsehsendung gemacht. Der Talkmaster hatte eine Schachtel Pralinen auf seinem Tisch stehen und bot ihr welche an. Sie schlug die Hände über dem Kopf zusammen und rief: »Weg damit! Das sind meine Feinde.« Es macht Spaß, ihr bei der Abwehr der Invasion zuzuschauen. »Wenn eine Kriegserklärung gegen diese Dickmacher mich davor bewahrt, sie zu essen, dann kämpfe ich gerne«, sagte sie zu mir. Einmal bemerkte ich, daß sie ein paar Pfund zugenommen hatte. Ich verlor kein Wort darüber. Sie aber meinte sehr verlegen: »Ich wurde gefangengenommen und vom Feind einer Gehirnwäsche unterzogen, aber ich breche bald aus.« Als ich sie das nächste Mal sah, war ihr die Flucht gelungen. Ihre Methode ist vielleicht ein bißchen abwegig, aber bei ihr funktioniert sie. Auch mit Kindern macht man ja oft Spielchen, um sie zum Essen zu bewegen. »Da kommt der Zug in den Tunnel. Hier fliegt das Flugzeug in den Hangar. Da fährt das Auto in die Garage.« Diese Redewendungen hört man an Kinderstühlchen auf der ganzen Welt. Man kann sie doch auch einfach umdrehen. Gut, es ist ein bißchen doof; aber wenn es wirkt, warum nicht?
Aber auch Abwarten ist eine gute Methode, mit der Versuchung fertig zu werden. Auch hier kann man wie-

der auf die Prinzipien der Anonymen Alkoholiker zurückgreifen. Wenn einen Alkoholiker auf dem Weg der Besserung das Verlangen nach einem Drink überfällt, wartet er erst einmal ab und denkt darüber nach. »Gut«, sagt er zu sich selbst. »Ich werde mich eine Minute lang beherrschen.« Wenn die Minute vorbei ist, sagt er sich: »Gut, diese Minute habe ich durchgestanden, ich versuche es noch mal fünf Minuten.« Menschen, die abnehmen wollen, können dieselbe Technik anwenden; und wenn dann die fünf Minuten vorbei sind und das große Zittern immer noch nicht ausgebrochen ist, kann man sich sagen: »Jetzt muß ich das nicht haben. Vielleicht heute abend?« Wenn am Abend dann der Essenswunsch sehr groß ist, kann man den ganzen Prozeß wieder von vorne anfangen. Die Prinzipien der Anonymen Alkoholiker beziehen sich auf jeweils einen Tag. Wenn man dasselbe auf die Freßgier anwendet, müßten die Resultate genauso erfolgreich sein. Für mich sind sie es.

Wenn ich auf etwas großen Appetit habe, dann meistens auf etwas wie Tofutti; das ist zwar gesünder als Eis und hat viel weniger Kalorien, aber wenn mir das an einem Diättag passiert, muß ich eben widerstehen. Ich sage mir dann einfach: »Warte ein bißchen.« Nur kleine Kinder wollen alles auf der Stelle haben. Ich bin inzwischen soweit, daß ich, wenn ich »warte« sage, auch wirklich warte und mein Bedürfnis auch vierundzwanzig Stunden aufschieben kann.

Auch ein anderer Ratschlag der Anonymen Alkoholiker kann sehr hilfreich sein, wenn einen die Vorstellung von Mandelschokolade, Pizza oder sonst etwas Verbotenem quält: »Bewege einen Muskel, verändere einen Gedanken.« Das heißt, statt herumzusitzen und sich um Bananeneisbecher zu grämen, sollte man lieber ein Buch lesen, in den Zoo, ins Museum oder zum Tanzen gehen. Machen Sie alles, was Ihre Gedanken auf etwas anderes bringt als auf Kalorien. Manchmal ist es die beste Ablenkung, jemandem, den man gerne hat, etwas Liebes zu tun, vor allem dann, wenn man selbst dieser jemand ist.

Man sollte grundsätzlich sehr bewußt essen, besonders wenn man Versuchungen ausgesetzt ist, ob man will oder nicht. Sie sollten einmal beobachten, wie andere mit einer kalorienreichen Mahlzeit umgehen. Viele essen einfach, ohne auch nur einen Gedanken darauf zu verschwenden. Ein Gericht wird ihnen vorgesetzt, sie nehmen das Besteck in die Hand, und schon geht es los und ohne Unterbrechung weiter, bis der Teller leer ist. Wahrscheinlich haben sie keine Ahnung, wieviel sie gegessen haben. Selbst in meinen schlimmsten Zeiten habe ich das Essen nie automatisch in mich hineingeschlungen. Ich nehme kleine Bissen und freue mich am Geschmack. Das ist eine gute Angewohnheit, die ich schon als Kind gelernt habe. Ich wundere mich immer wieder über die vielen Menschen, die sich das Essen buchstäblich in den Mund schaufeln, ohne zu schmekken, was sie essen. Selbst damals, als ich mich wie Miss Piggy aufführte, habe ich jeden Bissen genossen.

Auch den Fehler, heimlich zu essen, habe ich nie gemacht. Ich habe viel gegessen, aber niemals heimlich. Viele Dicke essen in der Öffentlichkeit wie die Spatzen. Ich hatte eine Freundin, die nie Brot und Butter nahm, vernünftige Vorspeisen bestellte und als Nachspeise höchstens ein Stück Obst aß. Und allmählich wog sie über 200 Pfund. Ich habe ihr lange Zeit abgenommen, daß ihr Stoffwechsel verrückt spielt und sie, wie sie es auch anstellt, einfach nicht abnehmen kann. Ist ja möglich, aber nach einem Abendessen bei ihr zu Hause sah ich – was sie wirklich aß.

Sie hatte das Geschirr in die Küche getragen, und ich wollte nachsehen, ob ich helfen könnte. Sie stand am Spülbecken und machte die Teller sauber. Aber bevor sie die Abfälle wegschmiß, steckte sie sich die besseren Stücke davon in den Mund. Sie tat mir sehr leid. Die ganze Zeit über gab sie ihrem Stoffwechsel die Schuld und mußte mit dieser Riesenbegierde leben. Ich stahl mich davon, ehe sie mich sehen konnte, aber ich habe nie diesen Anblick vergessen, wie sie sich die Abfälle in den Mund schob. Ich war zwar eine Art menschlicher Müllschlucker, aber ich schluckte niemals heimlich und nie die Abfälle anderer Leute.

Sehr gut ist es auch, wenn man sich seinen Teller, ehe man zu essen beginnt, genau ansieht. Dabei hat man nämlich nicht nur das Vergnügen, zu betrachten, was darauf ist, sondern auch die Gelegenheit, die Menge abzuschätzen und zu entscheiden, wieviel davon man wirklich essen möchte.

Kämpfen Sie gegen das Gefühl, nichts auf Ihrem Teller liegenlassen zu können. Es kann ja sein, daß Ihnen jemand ein halbes Huhn auf den Teller legt. Sie müssen es nicht aufessen. Das zu lernen war für mich sehr schwierig. Auch mein Bruder und ich bekamen, wie fast unsere ganze Generation, ständig zu hören: »Alles aufessen. In China verhungern die Kinder.« (Lauren Bacall hat erzählt, daß ihr Sohn Stephen, als man ihm das vorhielt, einfach sagte: »Nenn mir zwei beim Namen.«) Wenn Sie Menschen helfen wollen, denen es schlechtgeht, sollten Sie Geld sammeln und Nahrungsmittel schicken. Über das, was schon gekocht und serviert ist, sollten Sie sich keine Gedanken machen.

Die Tatsache, daß Sie begrenzte Portionen auf Ihren Teller geben, muß nicht heißen, daß so ein Teller nicht auch voll und attraktiv aussehen kann. Wenn Sie schon Ihren Appetit zügeln müssen, können Sie doch Ihre anderen Sinne verwöhnen. Wenn also beispielsweise Ihr Abendessen nur aus einem Lammkotelett besteht, dann sollten Sie es sich auf möglichst elegante Art servieren. Nehmen Sie Ihr bestes Geschirr, oder behalten Sie sich ein Stück Porzellan, das Ihnen ganz besonders gefällt, ausschließlich für Ihren eigenen Gebrauch vor. Jeder Kurort hat mittlerweile das Anbieten der Speisen zur Kunst erhoben. Der Gast wird mit zarten Platzdeckchen aus Spitze, echten Damastservietten, Wassergläsern aus feinstem Kristall, herrlichem Silberbesteck, Tafelsilber und echtem Porzellan verwöhnt. Frische Blumen zieren jeden Tisch. Auch wenn Sie sich so einen Aufwand nicht leisten können, sollten Sie Ihre Augen mit hübschem Geschirr erfreuen und vielleicht einem einzelnen Gänseblümchen oder einer Petunie in einem Marmeladenglas. Hauptsache, es geschieht für *Sie* und zu *Ihrem* Spaß. Wenn Sie einen Mann und Kinder zu versorgen haben, wissen Sie, was für ein Luxus es ist, etwas nur für sich selbst zu machen. Aber denken Sie daran: Wenn Sie erfolgreich abspecken wollen, ist es wichtig, daß Sie Ihre Eigenliebe auf eine konstruktive und fürsorgliche Weise ausdrücken können.

Es gibt keinen Grund, warum Sie etwas essen sollten, das uninteressant ist und nach nichts schmeckt. Gut, die Portionen müssen verkleinert werden, aber sie müssen doch nicht Ihre Geschmacksnerven beleidigen. Eine Diät kann langweilen, aber sie muß nicht fade sein. Es gibt so viele erlaubte Zutaten, die den Geschmack verbessern. Diese Dinge findet man fast überall; aber es gibt auch Läden, die sich darauf spezialisiert haben, ein bißchen zusätzlichen Reiz in das gesunde, kalorienarme Essen einzubringen. Sie sollten sich vielleicht einmal ein bißchen Zeit für die Naturkostläden nehmen. Sie finden dort nicht nur Nahrungsmittel, die für gesundes Essen hergestellt werden, sondern auch neue Wege, wie sich der Geschmack von Diätmahlzeiten variieren läßt.

Wenn bei zwei Produkten, von denen Sie eines mögen und eines nicht, der Unterschied nur zwei Kalorien beträgt, überlegen Sie nicht lange; nehmen Sie das, was Ihnen besser schmeckt. Verwöhnen Sie sich. Aber nicht zuviel. Wenn Sie Ihr Gewicht nur noch halten müssen, können Sie unter zahlreichen Produkten wählen, die ein wahrer Segen sind. Bei mir gibt es jetzt eine 14-Kalorien-Konfitüre zum Frühstückstoast. Es gibt inzwischen auch diätische Mayonnaisen, die nur 40 Kalorien pro Eßlöffel haben. (An sich mache ich lieber meine eigenen Salatsoßen, aber für Notfälle habe ich immer eine dieser Mayonnaisen im Kühlschrank.)

Es lohnt sich auch, die verschiedenen Salzersatzprodukte und die geschmacklich hervorragenden Gewürzmischungen aus getrockneten Gemüsen auszuprobieren. Und denken Sie daran: Die üblichen Kräuter und Gewürze haben praktisch keine Kalorien, und Meersalz, sparsam verwendet, ist bekömmlicher. Heutzutage sind Menschen, die abnehmen wollen, gut dran, weil man Zutaten aus der ganzen Welt kaufen kann. Je exotischer das Kräutlein, desto aufregender die Mahlzeit – das gilt allerdings nicht immer, weil nicht alle Gewürze jedermanns Geschmack treffen. Ich finde, daß Koriander oder Zitronengras eine wunderbare Würze geben, aber ich habe eine Freundin, die behauptet, das würde wie Seife schmecken. Einige der exotischen Kochstile, die inzwischen fast überall verbreitet sind, kommen Leuten, die abnehmen wollen, sehr entgegen. Das gilt vor allem für die chinesische, die japanische und seit kurzem auch für die thailändische Küche. Wenn Sie diese Speisen im Restaurant essen, sollten Sie auf die Zutaten und die Zubereitung achten. Süßsaure Gerichte sind nicht nur gebraten, sondern auch paniert und enthalten viel Zukker. Meistens sind jedoch orientalische Gerichte nur mit wenig Öl zubereitet, und das Kochen im Wok kann ein Segen sein für Menschen mit Gewichtsproblemen, ob im Restaurant oder zu Hause. Und denken Sie auch an das Dämpfen. Dampfeinsätze gibt es überall, und es ist äußerst einfach, Gemüse damit zuzubereiten. Weil beim Dämpfen die Feuchtigkeit und die Frische bewahrt bleiben, muß man weder Butter noch Öl verwenden. Eine Prise Kräuter oder Gewürze darüber, und man hat ein wohlschmeckendes, nahrhaftes Gericht.

Ich experimentiere gern in der Küche, und meine Fantasie ist vor allem dann gefordert, wenn ich abnehmen möchte. In den letzten Jahren sind mir ein paar erstaunlich gute »Anstatt«-Gerichte eingefallen, vor allem Desserts, bei denen man mit ein bißchen Süßstoff wirklich weit kommt. Der Mann, der Tofutti erfunden hat, hat Jahre gebraucht, bis ihm endlich dieser fantastische

Roddy konnte auch meine nachdenklichen Stimmungen einfangen.
(Foto: Roddy McDowall)

Vor meiner „Kaftan-Periode" hatte ich keine Hemmungen, Weiß zu tragen. *(Ron Galella, RonGalella, Ltd.)*

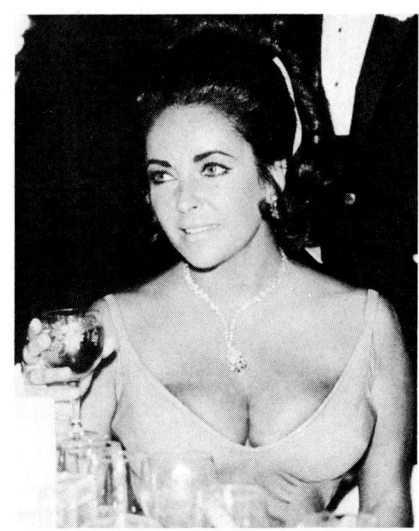

oben links: Erster Probentag für die Broadway-Produktion *Die kleinen Füchse.* *(© Martha Swope)*

oben rechts: Bei einer Oscarverleihung. *(Ron Galella/Ron Galella, Ltd.)*

unten links: An meinem vierzigsten Geburtstag.*(© 1972 Norman Parkinson)*

unten rechts: „Ein kleiner Diamant sollte im Leben keiner Frau fehlen." *(© 1977 Norman Parkinson)*

... Trinken

... Essen *(Rudolf Meidl)*

. . . Zunehmen! *(Ron Galella/Ron Galella, Ltd.)*

und so weiter . . .
*(Ron Galella/
Ron Galella, Ltd.)*

und so weiter . . .

So rund, so fest, so stramm verpackt, kröne ich die Apfelblüten-
königin von Shenandoah. *(Winchester Star)*

Ein Beispiel dafür, was aus meiner Selbstachtung geworden war. Meine Frisur, mein Make-up und mein Gewicht – mir war alles egal. (*Jean-Paul Dousset/Agence Angeli*)

Dieses Bild klebt an meiner Kühlschranktür.

So sieht man aus, wenn man zuviel trinkt, zuviel ißt, zu viele Pillen schluckt und kein „Klick" hört. *(Jimmy Lowe)*

Eine Szene mit Geraldine Chaplin aus *Mord im Spiegel*. In meinen
Augen, meinem Gesicht, in meinem ganzen Wesen spiegelt sich
mein Elend. *(Weintraub Entertainment)*

Mit Anthony Zerbe in *Die kleinen Füchse*. Auf der Bühne war Tee im „Weinglas". Sobald der Vorhang fiel, wurde er durch das Echte ersetzt. *(© 1985 Martha Swope)*

nächste Seite: Mit Richard, Rudolph Nureyev und Tessa Kennedy an meinem fünfzigsten Geburtstag in London. *(Doug McKenzie (PPP))*

Mit Richard und Joan Kennedy bei der Vorpremiere von *Private Lives* in Boston. *(David McGough/DMI)*

Die göttliche Martha Graham, die fantastische Liza Minelli und ich.
(David McGough/DMI)

Mit Victor Luna beim Premierenfest zu *Private Lives* – reif zum
Pflücken. *(David McDough/DMI)*

Ersatz für Speiseeis gelang. Ich wünsche mir zwar sehr, daß jemand eine kalorienarme Version meiner geliebten Creme Caramel erfindet, kann mich aber in der Zwischenzeit mit Tofutti und gefrorenem Joghurt sehr gut trösten.

Hüten Sie sich vor dem Gefühl, etwas zu entbehren, dann haben Sie auch keinen Grund, deprimiert zu sein. Mir macht es nichts aus, viel Zeit darauf zu verwenden, mir selber etwas Gutes zu tun. Wenn Sie glauben, daß Sie diese Mühe nicht wert sind, haben Sie Probleme mit Ihrem Selbstwert.

Überraschen Sie sich! Überraschen Sie Ihre Geschmacksknospen. Halten Sie sich bei Laune, dann hat auch Ihr Magen nicht viel zu knurren.

WIE MAN LERNT, MIT NICHT-ABSPECKERN ZU LEBEN

Auch wenn Sie, wie ich, Restaurants und Essenseinladungen in den ersten Wochen Ihrer Diät lieber aus dem Weg gehen, ist es doch unmöglich und auch nicht sehr klug, länger als unbedingt notwendig in einsamer Größe zu speisen. Wenn Sie außerdem noch mit einer schlanken und heißhungrigen Familie zusammenleben, müssen Sie beim Diäthalten ohnehin von Anfang an mit Versuchungen rechnen. Am schlimmsten aber ist es wahrscheinlich, wenn Sie grünes Zeug vor sich hin kauen und dabei einem von diesen dünnen Typen gegenübersitzen, die nie auch nur ein Gramm zunehmen, sosehr sie sich auch vollstopfen.

Bei mir hat es eine Weile gedauert, bis es mir wieder Spaß machte, zum Essen auszugehen, auch wenn ich dabei mit meinen Kalorien sparsam umgehen mußte.

Ich wußte, ich hatte keine Wahl. So wie ein Alkoholiker lernen muß, in einer Gesellschaft zu leben, in der fast jeder trinkt, muß ein Freßoholiker imstande sein, mit denen zu essen, die ihre Nahrung nicht einschränken müssen.

Ich habe anfangs einige wunderbare Einladungen ausgeschlagen, weil ich Angst davor hatte, mich nicht beherrschen zu können. Als ich dann endlich nachgab und eine Einladung zum Dinner annahm, hat mich die Überlegung, was ich essen sollte, schlimmer beschäftigt als die, was ich anziehen sollte. Ich entschied mich dann für ein Kleid, das so eng war, daß ich nicht einmal ein überflüssiges Salatblatt untergebracht hätte! Es war ziemlich unbequem, aber so habe ich dann den Abend überstanden.

Und allmählich hat es mir dann sogar eine Art perverses Vergnügen bereitet, inmitten der angebotenen Fülle auf etwas zu verzichten. Wenn Sie auf Diät sind und Fortschritte machen – lassen Sie es sich anmerken! Seien Sie übertrieben tugendhaft. Tragen Sie Ihr exaltiertes Benehmen wie einen Schutzschild vor sich her. Reichen Sie die »falschen« Gerichte weiter, als wären es Stufen, die direkt zur Hölle führen, und lassen Sie Ihr »Nein, danke schön« fallen wie sanften Regen.

Womit wir bei einer wichtigen Frage wären. Warum sollte man denn diese Dickmacher überhaupt im Haus haben? Nehmen Sie Ihre Diät zum Anlaß, in Ihrer Familie für gute Eßgewohnheiten zu sorgen – auch bei den Dünnen. Versuchen Sie, Kekse und Kartoffelchips zu verbannen und durch wohlschmeckende, nahrhafte Leckerbissen zu ersetzen.

Ihrer Familie beizubringen, wie man sich richtig ernährt, ist ein sehr sinnvolles Unterfangen. Es muß ja keiner Diät machen; sie sollen sich lediglich den vor Kalorien strotzenden Müll abgewöhnen. Wenn Sie sich beispielsweise Kartoffelschalen braten, können Sie für die anderen ganze, gebackene Kartoffeln machen, und, glauben Sie mir, keiner wird merken, ob Sie das Hühnchen in ein wenig ungesättigtem Öl oder in einem dicken Stück Butter gedünstet haben.

Wie Sie es auch anstellen, Sie müssen die Menschen, mit denen Sie zusammenleben, dazu bringen, Ihnen zu helfen. Setzen Sie sich mit ihnen zusammen, und schenken Sie ihnen reinen Wein ein. Sagen Sie ihnen, daß Sie Probleme mit Ihrem Gewicht haben und beim Essen aufpassen müssen. Es ist unglaublich, wie Menschen, die einen lieben, einem auch helfen können. Wenn man ihnen eine Chance dazu gibt. Ich war nie ein heimlicher Abspecker, sowenig, wie ich je ein heimlicher Fresser war. Als ich endlich aufhörte, über das Abnehmen nur zu reden, sondern wirklich damit anfing, versuchten alle, mir zu helfen. Eine Freundin erzählte mir später, wie erstaunt sie war, als wir einmal miteinander telefonierten und ich sagte: »Ich muß jetzt Schluß machen. Ich muß Mittag essen.« Von da an sei sie sicher gewesen, daß ich es schaffen würde. Früher habe ich geredet und dabei gegessen. Heute würde mir so etwas nicht im Traum einfallen. Ich empfinde es jetzt sogar als störend, wenn ich mich mit jemandem am Telefon unterhalte und ihn dabei kauen höre.

Meine Familie nahm zwar im großen und ganzen Rücksicht auf meine Diät, aber wir alle kennen die ungeschickten Ehemänner oder Freunde, die, bewußt oder unbewußt, das Verbotene anpreisen. So wie man den Alkoholiker auffordert, doch einen »kleinen Schluck« zu probieren, will man auch den Abspecker dazu verführen, einen »einzigen Bissen« zu nehmen. Wir alle kennen solche Leute, und obwohl sie angeblich Freunde sind, halte ich ihr Benehmen für gedankenlos und boshaft. Lernen Sie es, mit denen umzugehen, die da sagen: »Ach, du siehst wunderbar aus. Nimm doch noch ein Stück Kuchen.« Oder: »Mein Gott, du siehst toll aus, aber wie kannst du meine Lasagne ablehnen? Ich habe sie extra für dich gemacht, und sie hat wirklich kaum Kalorien.« Seien Sie auf der Hut vor Bemerkungen wie »Nimm doch noch ein Stück« oder dem klassischen »Nur dieses eine Mal«. Wenn Leute mir auf die Nerven gehen und mir sagen, was ich essen soll, drehe ich manchmal den Spieß um und lasse sie beschreiben, was sie gerade essen. »Sag, wie schmeckt das? Was hat es für eine Konsistenz? Sag mir, wie sich das anfühlt. Rutscht es so einfach die Kehle hinunter? Wie intensiv schmeckt diese Schokolade eigentlich?« Wenn Sie lange genug fragen, wird man Sie in Ruhe lassen. Es ist pervers, aber es hilft.

Heutzutage sind meine Eßgewohnheiten so eingefahren, daß meine Freunde mich gar nicht mehr ausbrechen lassen – nicht einmal, wenn ich es selbst möchte. Letztes Jahr war ich mit einem lieben Freund essen, der mich während meiner Diät häufig begleitet hatte. Wir waren mit einem anderen Paar in einem Restaurant am Santa Monica Boulevard, und als der Kellner erschien, fing mein Freund an, für mich zu bestellen: »Miss Taylor möchte den gedünsteten Fisch, gedämpftes Gemüse, den Kopfsalat und Toma...« Ich unterbrach ihn mitten im Satz: »Nein, das will ich nicht. Ich möchte das Lendensteak, Kartoffelbrei, Erbsen und gemischten Salat mit Mayonnaise.« Mein Freund sah mich entgeistert an und sagte: »Elizabeth, was hast du vor?« Ich lachte und verbrachte den Rest der Mahlzeit damit, ihn zu beruhigen und ihm zu erklären, daß ich hin und wieder ruhig essen durfte, was ich wollte.

Ich weiß, daß ich ohne die Hilfe meiner Freunde nie so viel abgenommen hätte. Wenn Ihre Freunde nicht genauso verständnisvoll und hilfsbereit sind, sind es vielleicht keine Freunde.

Wenn man hängenbleibt

Was für Hilfsmethoden Sie auch verwenden, kaum etwas hilft gegen die Mutlosigkeit, die während einer unvermeidlichen Durststrecke auftritt. Nämlich dann, wenn Sie sich streng an Ihre Diät halten und trotzdem nicht abnehmen. Was kann schlimmer sein, als sich auf die Waage zu stellen – womöglich auch noch mehrere Wochen hintereinander – und zu sehen, daß der Zeiger standhaft an immer derselben Zahl klebt. Ich weiß es, weil es mir auch so erging.

Als ich mit der Diät anfing, hat ein Arzt mir davon abgeraten, mich jeden Tag auf die Waage zu stellen. Er meinte, ich solle mich nur einmal in der Woche wiegen, um soweit wie möglich das negative Feedback zu vermeiden, das ein Hängenbleiben auslöst. Ob ich diesen Rat befolgt habe? Natürlich nicht. Ich wollte den Erfolg jedes einzelnen Tages einstreichen. Das ging so lange gut, bis mich mein erster Hänger kalt erwischte. Jeden Tag stieg ich auf die Waage und wog genau dasselbe wie am Tag zuvor. Nach einer Woche starrte ich ungläubig auf den Zeiger und wartete auf ein Zeichen, daß hier irgend etwas nicht mit rechten Dingen zuginge. Ich versuchte verzweifelt, eine Entschuldigung zu finden –

aber weiter konnte ich mich doch nicht mehr ausziehen; und auch wenn meine Haare vom Duschen noch naß waren, konnte ich mir doch nicht selbst vormachen, die Feuchtigkeit würde so schwer wiegen. Ich trat von der Waage herunter und sprang ganz schnell mit beiden Füßen wieder drauf. Ich hoffte, eine gleichmäßige Gewichtsverteilung würde sich in einer niedrigeren Zahl ausdrücken. Aber auch dieser Sprung war vergeblich. Irgendwie hatte es sogar den Anschein, als wäre der Zeiger um Haaresbreite weiter nach oben gerückt. Keinerlei Verrenkungen meinerseits trieben die Nadel nach unten. Nur wer selbst schon einmal in dieser Lage war, kann ermessen, wie elend sich ein hängengebliebener Abspecker fühlt.

Leiden Sie nicht im stillen vor sich hin. Erzählen Sie Ihren Freunden, daß Sie eine Aufmunterung brauchen. Lassen Sie sich dabei helfen, sich auf eine gute Weise die Zeit zu vertreiben, bis ihr Gewicht sich wieder nach unten bewegt. Noch wichtiger aber ist es, sehr gut mit sich selbst umzugehen. Es wird Sie Ihre ganze Willenskraft kosten, nicht zu sagen: »Ich nehme ja sowieso nicht ab, warum soll ich mir also etwas versagen?« Visionen von versäumten Mahlzeiten werden vor Ihrem geistigen Auge erscheinen, bis Sie entschlossen sind, zu Tisch zu marschieren und die verlorene Zeit einzuholen. Tun Sie das nicht! Bleiben Sie standhaft, und versuchen Sie, das Gefühl der Entbehrung durch Belohnungen abzumildern, die man nicht essen kann. Wie wäre es mit einer neuen Frisur, einer Gesichtsbehandlung oder einem neuen Kleid? Machen Sie, was Ihnen gefällt, aber halten Sie durch, bis Sie über diesen Stillstand hinweg sind. Auch wenn es Wochen dauert – irgendwann sehen Sie das Ergebnis. Also: nicht nachgeben und nicht aufgeben.

DAS GROSSE FRESSEN

Wenn Sie erst einmal Ihr erstes vernünftiges Diätziel erreicht haben und nicht gerade mit einem Hänger kämpfen, dürfen Sie sich einem der schönsten Züge meiner Diät hingeben – dem kontrollierten Großen Fressen. Das heißt, Sie dürfen in Ihren Leibspeisen schwelgen, ohne die Diät oder das »Gewichthalten« zu unterbrechen.

Einmal die Woche, aber nur bei einer einzigen Mahlzeit, können Sie Ihre wildesten Fantasien ausleben und essen, was Sie wollen. Das schadet dann nicht, wenn Sie bereit sind, sofort danach wieder Ihre Diät aufzunehmen.

Meine Orgien bestanden meistens aus: Brathähnchen, Kartoffelbrei mit Soße und Brötchen. Ich habe aber auch schon eine ganze Pizza verdrückt und im Anschluß daran einen Eisbecher mit Schokoladensoße. Sie können essen, was Ihr Herz begehrt, *aber* schon ab der nächsten Mahlzeit müssen Sie alles wieder unter Kontrolle haben.

Ich halte es für günstig, die wöchentliche Freßorgie jeweils am selben Tag zu veranstalten. Bei mir war das der Samstagabend oder der Sonntagmittag. Und nicht vergessen: nur *eine* Mahlzeit. Es ist wahrscheinlich besser, sich dem Großen Fressen mittags und nicht abends zu widmen. Auf diese Weise kann man es leichter abarbeiten und geht nicht so angefüllt ins Bett.

Bei mir gab es das erste Große Fressen, als ich bei 108 Pfund angelangt war. Auf dem ganzen Weg von meinen 144 Pfund abwärts hatte ich davon geträumt. Immer und immer wieder servierte und genoß ich diese Mahlzeit in meinem Kopf. Während ich in Wirklichkeit 180 Gramm gehäutetes Hühnerfleisch mit Gemüse aß, träumte ich von einem großen gebratenen Hühnerschenkel mit schön panierter Haut, der auf einem Berg Kartoffelbrei mit Soße thronte.

Wenn mir im Traum gelegentlich nach einer kleinen Abwechslung war, gab es eine meiner Leibspeisen aus der Kindheit – dicke Sahne aus Devonshire. Neben einer Leidenschaft für diese Delikatesse habe ich mir aber glücklicherweise auch eine günstige Angewohnheit aus meiner englischen Kindheit gerettet! Man serviert dort kleinere Portionen als in den Vereinigten Staaten. Außerdem waren mein Bruder und ich nicht so erzogen, daß wir Belohnungen in Form von Leckereien erwarteten. Wir bekamen Kuchen zum Tee am Nachmittag oder am Abend, aber nicht als Belohnung. Ich glaube nicht, daß die englischen Kinder, die ich kannte, als ich klein war, das Große Fressen verstehen würden, aber ich kenne kaum einen Amerikaner, der es nicht verstünde. Zur Zeit esse ich ziemlich normal, und ich kann mir gelegentlich auch eine ausgesprochen kalorienreiche Mahlzeit erlauben, ohne mir Sorgen machen zu müssen. Manchmal vergehen Wochen, ohne daß ich ein Großes Fressen veranstalte. Aber wenn es dann soweit ist, kann das zu einer denkwürdigen Angelegenheit werden. Eines der allerbesten, an die ich mich erinnern kann, fand im August 1986 in London statt. George Hamilton und ich waren gerade angekommen; George hatte ein paar Dinge zu erledigen und kam dann ins Dorchester Hotel, um mich zum Essen einzuladen. Ich war müde und ungewöhnlich schlechter Laune. Ursprünglich hatte ich geplant, bei einem Freund zu wohnen, aber die Presse hatte davon Wind bekommen und so viel Aufhebens davon gemacht, daß es besser schien, meinen Plan zu ändern. Und damit war ich natürlich, anstatt mich eine

Woche lang privat zu entspannen, dem ganzen Tumult eines Hotelbetriebs ausgesetzt. Als George und ich zum Speisesaal kamen, war er geschlossen.

Wir gingen zurück aufs Zimmer und fragten die Telefonistin, ob wir über den Zimmerservice ein warmes Abendessen bekommen könnten. Die Zeit verging, und wir wurden immer hungriger. Wir hatten beide seit der Landung noch nichts gegessen.

»Was ist denn mit dieser Telefonistin los?« fragte ich.

»Ich ruf noch mal an«, sagte George. Die Telefonistin entschuldigte sich, daß es so lange dauerte. Der Küchenchef war schon nach Hause gegangen, und man hatte ihn erst aufwecken müssen. Er war soeben eingetroffen. George nahm den Hörer vom Ohr und erzählte mir lächelnd, was passiert war.

»Was möchtest du bestellen, Elizabeth, Seezunge aus Dover?« Inzwischen war es ein Uhr früh, aber ich war in England und ich wollte ein grandioses englisches Dinner.

»Nein, George. Ich möchte Roastbeef, Yorkshire-Pudding, Kartoffelbrei mit Soße und einen Pudding mit Devonshire-Sahne.«

George bestellte, und gegen Viertel vor zwei rief ein Kellner an, um das Essen anzukündigen. Der Chef wollte wissen, ob er mitkommen und uns vorlegen sollte. Ich sagte, das wäre reizend von ihm und wir würden ihm für seine Mühe danken, aber er müsse wirklich nicht selbst kommen, es sei denn, er möchte.

Zehn Minuten später ging die Tür auf, und herein kamen das Essen und der Küchenchef, ganz in Weiß, mit einer hohen weißen Mütze auf dem Kopf. Er verbeugte sich höflich und begann, das Roastbeef zu schneiden und uns vorzulegen. Alles auf dem Servierwagen war frisch zubereitet – nur für uns zwei. Und was das für ein Essen war –

bis hin zu der außergewöhnlichen Nachspeise, einer köstlichen Karamelcreme mit Pfirsichen, überzogen von einer knusprigen, hauchdünnen, braunen Zuckerkruste. Der Chef hatte zwar den Kopf nach vorne gebeugt, während er seiner Arbeit nachging, aber er kam George und mir irgendwie bekannt vor. Kein Wunder. Unser kulinarischer Wohltäter war Anton Mosimann, einer der berühmtesten Köche der Welt. Ich werde dieses Mahl nie vergessen, es zählt zu den denkwürdigsten und angenehmsten Überraschungen meines Lebens.

Weil ich mein Gewicht mehr als drei Jahre lang gehalten hatte, konnte ich auf dieser ganzen Reise eigentlich essen, was ich wollte. Bei der Rückreise nach Los Angeles mußten wir in Washington zwischenlanden; ich rief deshalb kurz vor dem Abflug John Warner an.

»Hallo, John, wir haben morgen ein paar Stunden Aufenthalt im Dulles International und würden dich gerne treffen. Es wäre wunderbar, wenn du zum Flughafen kommen könntest. Vielleicht hast du auch noch ein bißchen Brathuhn übrig, das du mitbringen kannst. Du hast doch Brathuhn im Haus, oder?«

John lachte: »Mach dir keine Sorgen, Schatz, ich komme... mit Huhn.«

John ging in den Garten, pflückte ein paar Maiskolben und briet ein Huhn, und als wir auf dem Dulles Air Port landeten, wartete er mit dem eingepackten Mittagessen. Es war sehr nett, und George und ich genossen dann auf dem Flug von Washington nach Los Angeles unser angeliefertes Festmahl.

Als ich am nächsten Morgen auf die Waage stieg, entdeckte ich, daß ich tatsächlich fünf Pfund abgenommen hatte. Die muß ich als pure Energie verbrannt haben. Wenn man es mehrere Jahre lang geschafft hat, schlank zu bleiben, darf man ruhig auch einmal Ferien vom Kalorien- und Kohlehydratzählen machen. Das geht aber nur, wenn man sein Idealgewicht über längere Zeit hinweg gehalten und seine Eßgewohnheiten fest im Griff hat.

FRESSTRIPS

Das ist grundverschieden vom kontrollierten Großen Fressen. Ob Sie nun auf Diät sind oder sogar schon Ihr erwünschtes Gewicht erreicht haben und auch halten – Sie dürfen es sich nicht leisten, Ihre sinnvollen Eßgewohnheiten für längere Zeit außer acht zu lassen. Wenn Sie das machen, haben Sie umgehend Ihre alten Pfunde wieder drauf, und es wird Ihnen schwerfallen, das alte Schaukelsyndrom zu beenden. Erinnern Sie sich, wie ich eine Zeitlang ewig dieselben 15 Pfund ab- und wieder zugenommen habe?

Fehler können sich einschleichen – also muß ein Abspekker auf der Hut sein, und zwar 24 Stunden am Tag an dreihundertfünfundsechzig Tagen im Jahr. Und wenn Sie sich über Ihr Aussehen nicht im klaren sind, denken Sie an den Spiegel, oder, wie in meinem Fall, an die engen Jeans. Man kann sein Bild nicht anlügen.

Einer der Gründe dafür, warum ich versuche, ein paar Pfund unter meinem Idealgewicht zu bleiben, ist der, daß dann kleine Ausrutscher nicht gleich zu einer Katastrophe werden. Ich bin nämlich schon einmal ausgerutscht, und aus dem Ausrutscher wurde fast wieder ein Hineinrutschen ins Schlaraffenland. Vor etwa zwei Jahren mußte ich wegen meines Rückens wieder ins Krankenhaus. Ich war drei Monate lang dort, und ich nahm viele, viele Pfunde zu. Es hat eine ganze Weile gedauert, bis ich sie wieder los war, aber losgeworden bin ich sie. George Hamilton dachte wirklich, das wäre meine »schwergewichtigste« Zeit. Da zeigte ich ihm die alten Fotos, die aus den Tagen von 160 Pfund plus. Er konnte es nicht fassen.

Man darf die Zügel nicht schleifen lassen. Erst kürzlich war ich wieder im Krankenhaus. Ich mußte mich einer Operation in der Mundhöhle unterziehen und wurde auf flüssige Ernährung gesetzt. Man sollte eigentlich glauben, daß man dabei abnimmt. Aber »flüssig« ist ein sehr dehnbarer Begriff und schließt leider auch Sachen ein wie Frappés, Milchshakes, Malzgetränke oder dieses köstliche Speiseeis. Im Rahmen dieser »eingeschränkten« Ernährung fuhr ich dann total auf das Eis ab, brachte es dabei aber fertig, das Ganze aus meinem Bewußtsein einfach auszublocken. Ich nippte mich unschuldig die Waage hoch und wäre sicher noch weiter nach oben geschwebt, hätte ich mich nicht in diesem allgegenwärtigen hohen Spiegel erblickt, als ich nach meiner Rückkehr nach Hause in Richtung Küche marschierte.

»Hallo, du großer weißer Wal«, sagte ich zu meinem Bild, als ich die verräterische Ausbuchtung an meiner Gürtellinie entdeckte. Ich setzte die guten Milchmixgetränke sofort ab und trank statt dessen Gemüse- und Obstsäfte. Und als ich wieder normale Kost essen konnte, achtete ich darauf, daß sie auch wirklich nahrhaft war und nicht nur den Magen füllte.

Das Gefährliche an einem Ausrutscher ist, daß er eine längere Freßtour einleiten kann. Sie haben vier Wochen genau nach Plan gelebt, bis zu 10 Pfund abgenommen, und plötzlich laufen Sie Amok und verschlingen ein

Stück Schokoladentorte. Ihr erster Gedanke: Die Diät ist vorbei. Sie haben die Kontrolle verloren. Als Beweis dafür holen Sie sich dann vielleicht noch ein Stück Torte oder ein Eis, ein Butterbrot, eine Tafel Schokolade und zum Runterspülen ein Bierchen. Und so wie das Stück Kuchen verschwindet auch der ganze Inhalt des Kühlschranks – alles in den Bauch. Das ist der unvermeidliche Dominoeffekt.

Nein, ist er nicht.

Aus einem Ausrutscher muß kein Erdrutsch werden. Nur dann, wenn Sie es zulassen. Und selbst wenn Sie sich eine Woche lang vollstopfen, ist das noch lange kein Beweis dafür, daß Sie schwach, unfähig und nichts wert sind. Und genausowenig bedeutet es, daß Sie gescheitert sind und es mit dem Abnehmen aus ist. Es war einfach ein Rückschlag. Also, denken Sie nicht mehr daran, was Sie gerade alles gegessen haben, sondern konzentrieren Sie sich darauf, was Sie in den letzten Wochen oder Monaten alles nicht gegessen haben. War das nicht großartig, und hatten Sie da nicht alles unter Kontrolle? Sie wissen, daß Sie die Kraft haben, sofort wieder auf Diät zu gehen. Sie haben schon einmal bewiesen, daß Sie das können, und Sie können es jederzeit wieder.

Und Sie werden sehen, mit der Zeit verlieren Sie auch die Lust am Ausflippen. Wenn Sie Ihren Magen an eine regelmäßige und ausgewogene Diät gewöhnt haben, wird er sich gegen Überfüllung wehren. Meiner macht das. Letzten Sommer machte ich, nach einer gerade überstandenen Blutvergiftung, eine Wochenendkreuzfahrt. Das Schiff meines Freundes lag ganz in der Nähe, und wir gingen am frühen Freitagmorgen an Bord. Als das Frühstück serviert wurde, war ich so erschöpft, daß ich fand, ich sollte herzhaft zugreifen, damit ich wieder auf die Beine käme. Ich habe auch herzhaft zugegriffen, und beim Mittagessen sogar noch ein bißchen herzhafter. Aber dann fing mein Magen an zu grollen. Armer kleiner Magen – er reagierte auf die ungewohnten Würstchen und den Schinken, auf Butter und Croissants, auf Omeletten und Hefegebäck. Den Rest der Fahrt kaute ich dann Magentabletten.

Lavieren Sie sich an diesen unvermeidlichen Freßtouren vorbei, und Sie werden sehen, daß es mit der Zeit leichter wird, gesunde Eßgewohnheiten aufrechtzuerhalten. Erlauben Sie sich keinen Zweifel daran, daß Sie es schaffen können – egal, wie dick Sie sind. Und wenn Sie meine Aufmunterung brauchen, schauen Sie sich die Fotos aus meiner dicksten Periode an oder die von meinen Ausrutschern. Alles ist möglich! Sehen Sie sich an, wie ich war und wie ich heute aussehe. Und wenn ich es schaffen konnte, können Sie das auch!

Das Gewicht halten

Sie haben streng gefastet, Ausrutscher vermieden oder schnell wieder abgefangen und Ihr Idealgewicht erreicht. Bedeutet das, daß Sie sich jetzt auf Ihren Lorbeeren ausruhen und essen können, was Sie wollen? Leider nein. Jeder Abspecker, der wieder in seine alten Gewohnheiten zurückfällt, wird aus seinen neuen Kleidergrößen bald wieder herauswachsen.

In der Zeit, in der Sie abnehmen, sollten Sie sich Eßgewohnheiten und eine Einstellung zum Essen angewöhnen, die ein Leben lang halten. Der Schlüssel zu einer erfolgreichen Diät ist, das Gewicht zu halten; aber wir vergessen oft, wie wichtig das Gewichthalten ist, weil

die Diät selbst grundsätzlich die Schlagzeilen abbe-
kommt.

»Ich bin auf Diät«, das hört man oft genug. Aber haben
Sie schon jemanden sagen hören: »Ich bin auf Gewichthalten«? Bei einer Diät hat man die sofortige Genugtu-
ung des Abnehmens. Das Gewichthalten dagegen kann
sehr monoton werden.

Was ist eigentlich »Gewichthalten«? Ich finde, das ist
normales, auf die Bedürfnisse des einzelnen zugeschnit-
tenes Essen. Nach den Strapazen einer strengen Diät
wissen Sie sehr wohl, welche Nahrungsmittel Ihnen
gefährlich werden können. Sie sollen nicht den Rest
Ihres Lebens damit zubringen, Ihren Mahlzeiten unge-
bührlich viel Aufmerksamkeit zu schenken, aber Sie
sollten sich an ein paar Dinge erinnern, die Sie während
Ihrer Diät gelernt haben, und das dazu benützen, Ihre
Eßgewohnheiten zu verändern. Sie sollten für alle Zukunft Nahrungsmittel in einfache Gruppen einteilen.
Wenn ich etwas Eßbares sehe, denke ich automatisch:
»Gut« oder »Vorsicht« oder »Besser nicht«. Bei kalorienreichen Hämmern, wie bestimmten Desserts, muß man
gar nicht erst überlegen. Aber Sie sollten aufpassen, daß
Sie nicht allmählich gesunde Salate und Gemüse mit
Butter oder fetten, kalorienreichen Soßen verbessern.
Es gibt viele schlimme Schleichwege, auf denen wir
wieder zu unseren »schwerwiegenden« Gewohnheiten
zurückkehren können.

Ein Trick, den ich vom ersten Augenblick an anwandte,
war der, daß ich diese alten Säcke, die Ein-Mann-Zelte
und Regenplanen, unter denen ich meinen Umfang
verborgen hatte, entweder enger machen ließ oder ver-
schenkte. Ich werde nie wieder Kleider mit einem Gum-
miband in der Taille kaufen. Sie sind gefährlich, weil sie

es erlauben, daß man zunimmt und sich trotzdem noch bequem fühlt. Lassen Sie die Finger davon. Eines der sichersten Verhütungsmittel gegen das Zunehmen sind Kleider und Röcke, die kneifen, wenn Sie mit der Esserei zu lässig umgehen.

Keiner, der je gegen Übergewicht angekämpft hat, darf seine Wachsamkeit ganz aufgeben. Obwohl ich mein Gewicht seit fast drei Jahren halte, gab es doch auch einige Gelegenheiten, bei denen ich vom Pfad der Tugend abwich – das konnte wegen einer Krankheit sein, oder aber auch, weil ich mich in Sicherheit wiegte und dachte, ich hätte alles überwunden. Ich? Ich konnte doch mit Essen umgehen. Ich hatte ja schließlich meine Abnehmerei wunderbar verkraftet. Allmählich hielt ich mich für unverwundbar und aß, um es zu beweisen.

Einmal, kurz vor einem öffentlichen Auftritt, befand ich mich auf einer Mini-Freßtour. Nolan Miller hatte mein Kleid entworfen, und ich wußte, daß die Taille ein wenig weiter gemacht werden mußte. Bei Jersey merkt man schon ein paar Pfunde. Ich rief ihn an und sagte ihm, ich hätte ein bißchen zugenommen. »Wieviel?« fragte er. »Ungefähr drei Pfund«, antwortete ich. Er, nach einer kleinen Pause: »Elizabeth, sind das drei *echte* Pfunde oder drei Theaterpfunde?«

In Wirklichkeit weiß Nolan ganz genau, daß ich mit meinem Gewicht so ehrlich umgehe wie mit meinem Alter; aber die Versuchung, zusätzliche Pfunde zu verniedlichen, ist groß. Machen Sie das bloß nicht. Verwechseln Sie nie drei Pfunde mit zehn Pfunden. Also bleiben Sie wachsam, passen Sie auf, und genießen Sie Ihr Leben – schlank, lebendig und gesund.

Die Diät, die ich Ihnen jetzt vorstellen werde, mit der ich diese ganzen vielen Pfunde verlor, basiert auf gesunden Ernährungsgrundsätzen. Sie bewirkt keine Wunder, und sie wirkt auch nicht über Nacht. Eine Diät machen heißt sich einschränken. Und wenn Sie wirklich daran interessiert sind, auf gefahrlose Weise abzunehmen, müssen Sie all diese sogenannten Kuren vergessen, die auf Eis, Schokolade oder sogar Champagner basieren.

Richard und ich machten nach *Wer hat Angst vor Virginia Woolf?* eine Kur, die sich bezeichnenderweise »Diät des Trinkers« nannte. Eine Zeitlang funktionierte es. Dann schmissen wir die »Diät« hin und tranken einfach so. Ich kann mir keine Diätvorschrift vorstellen, die der Leber schlimmer schadet.

Auf Wunderdiäten zu verzichten bedeutet nicht, daß man hungern oder sich auf Salatblätter und Rosinen beschränken muß. Was mich angeht, so wüßte ich keinen Grund, warum man den Magen knurren lassen soll. Auch wenn diverse Diäten das propagieren – warum sollte man hungern? Die Wahrscheinlichkeit ist groß, daß man, sobald man dann wieder normal ißt, auch gleich wieder zunimmt.

Und noch etwas: Seien Sie vorsichtig, übertreiben Sie nicht. Ironischerweise kann aus einem Triebesser auch leicht ein Triebabspecker werden – und das ist gefährlich. Wenn Sie nicht rechtzeitig bremsen und die Sache nicht im Griff haben, können Sie magersüchtig werden – und ich möchte nicht, daß jemand meine Diät als Sprungbrett in eine Krankheit benützt. Gehen Sie sofort auf das Gewichthalten über, wenn Sie ein vernünftiges Gewicht erreicht haben. Heutzutage machen viel zu viele Frauen die Dummheit zu hungern, oder verlassen sich gar auf Bulimie, um ihr Gewicht zu halten.

Zum ersten Mal habe ich von Bulimie gehört, als ich bei einem New Yorker Arzt in Behandlung war und in seinem Wartezimmer eine junge Frau bemerkte, die so mitleiderregend mager war, daß sie einfach schlimm aussah. Sie war ein berühmtes Fotomodell; der Arzt erzählte mir später ihre tragische Geschichte. Um sich ihre schlanke Figur zu erhalten, hatte sich diese Frau nach jedem Essen den Finger in den Hals gesteckt. Das Schreckliche daran war, daß sie es schon so lange machte, daß ihr Körper inzwischen Nahrung automatisch zurückwies. Sie mußte gar nichts mehr tun, um alles herauszuwürgen; es war zu einem Reflex geworden. Sie konnte kein Essen mehr halten. Das arme Wesen kam ins Krankenhaus und mußte künstlich ernährt werden. Es war zu spät. Sie bekam Blutungen und starb bald darauf. Sie war knapp dreißig.

Das war vor zwanzig Jahren. Obwohl wir heutzutage über die Gefahren zwanghaften Diäthaltens allerlei wissen, ist dieses Fehlverhalten weit verbreitet, und die Opfer werden gerne zu »Idealfiguren« erhoben. In New York gibt es eine Clique von Damen, die mit ihren schmalen Taillen Schlagzeilen machen. Zeitungskolumnen und Illustriertenartikel berichten über ihre Abenteuer und lassen ihr Leben in einem verklärten Licht erscheinen. Natürlich wird nirgends erwähnt, daß jede von ihnen entweder magersüchtig oder zumindest nahe daran ist. Von einer weiß man, daß sie Bulimie hat. Der Manager des Second-hand-Ladens, dem sie ihre abgelegten Kleider stiftet, erzählt, daß die Sachen stark nach Erbrochenem riechen. Das klingt nicht unbedingt nach einem schönen Leben, oder?

Das sind natürlich extreme Fälle, aber sie sollten als Warnung dienen. Denken Sie daran: Meine Diät ist vernünftig, und auch Ihre sollte vernünftig sein.

Dritter Teil

Die Taylor-Diät

1

Als mein Augenblick der Wahrheit kam, wußte ich, daß ich nicht nur abnehmen mußte, sondern daß ich es auch wollte. Ich war dazu entschlossen, und ich mußte einen Weg dafür finden. Es gab Dutzende von Diäten zur Auswahl, und Freunde empfahlen mir diesen oder jenen Bestseller zum Thema. Ich habe sie alle gelesen und dazu noch ein paar Bücher, die nicht in den oberen Rängen der Bestseller-Listen zu finden waren. Ich lernte sehr viel über Ernährung, beriet mich mit Ärzten und Gewichtsexperten. Die perfekte Diät fand ich jedoch nicht – die magische Formel, die mir zum Abnehmen verhelfen würde, ohne daß ich mich schwach vor Hunger und überhaupt einfach elend fühlen würde. Das ist einer der Gründe, warum ich keine Diät lange durchgehalten habe.

Zuletzt habe ich dann improvisiert; ich habe alles weggelassen, was mir unpraktisch, ungesund oder einfach langweilig erschien, und habe das, was dann noch übrig blieb, so zusammengestellt, daß es zu mir und meinem Lebensstil paßte. Mein Taylor-Plan ist zwar auf meine speziellen Bedürfnisse und Vorlieben zugeschnitten, ist aber dennoch ein ausgesprochen vernünftiger Ernährungsplan. Ein sinnvoller Plan für jeden, der nach der einzig wahren Methode abnehmen möchte – nämlich langsam und für immer.

Wie jeder Abspecker wollte ich auf der Stelle dünn werden. Doch ich habe gelernt, mich vor Diäten in acht zu nehmen, die sofortige Resultate ohne jede Anstrengung versprechen. Dahin sollten auch Sie kommen. Wenn derartige Diäten das Versprechen vom schnellen Abnehmen überhaupt einlösen, dann sind sie meistens ungesund; und am Ende wirkt man kaputt und um gut zehn Jahre älter. Aber das ist noch nicht alles. Es hat sich gezeigt, daß man Pfunde, die man sehr schnell verliert, fast immer genauso schnell wieder drauf bekommt. Von der Liebe auf den ersten Blick und einem Lottogewinn einmal abgesehen, gibt es eigentlich kaum irgendwelche glaubwürdigen Sofortwunder in unserer Welt. Gesundes, sicheres und dauerhaftes Abnehmen gehört jedenfalls nicht dazu.

Wenn es Monate oder Jahre dauerte, bis man dick wurde, kann man nicht erwarten, daß man innerhalb von ein paar kurzen Wochen seine Figur wiederbekommt. Und man kann auch mit Sicherheit nicht erwarten, daß man schlank bleibt, ohne seine Eßgewohnheiten nachhaltig zu ändern. Sofortiger Gewichtsverlust ist nicht der Schlüssel zu meiner Diät. Sie soll etwas viel Besseres bewirken: Sie soll Ihnen helfen, Ihren Appetit neu zu programmieren, und zwar so, daß Sie sich gut und gesund ernähren mit Portionen, die so klein sind, daß Sie abnehmen, und so groß, daß sie Ihren Appetit befriedigen.

Und damit sind wir beim zweiten Punkt meiner Diät angelangt: Der totale Verzicht ist unnötig. Mir war klar, daß Abnehmen bedeutet, sich auf eine monatelange Diät einzulassen. Dazu war ich bereit. Ich war aber nicht dazu bereit, ständig Hunger zu haben. Ein gewisses Maß an Verzicht konnte ich in Kauf nehmen – darum geht es schließlich bei einer Diät. Ich wußte, ich würde auf die Befriedigung für den Augenblick, nämlich einfach alles zu essen, wonach mir war, verzichten müssen zugunsten der größeren Befriedigung, gut auszusehen und mich gut zu fühlen. Ein permanentes Hungergefühl wollte ich mir dafür allerdings nicht einhandeln. Das Leben ist so kurz – da sollte man sich nicht freiwillig Leiden schaffen. Außerdem war ich davon überzeugt, es müßte möglich sein, abzunehmen, ohne sich auf derartige Torturen einzulassen.

Und wie man sieht, hatte ich recht. Mit Hilfe von Liz Thoburn, einer begabten Köchin, habe ich eine Reihe von fett- und kalorienarmen Gerichten erarbeitet, die sehr sättigend sind. Ich gebe zwar zu, daß ich gelegentlich großen Appetit auf meine Leibspeisen hatte, aber ich hatte nie das Gefühl, daß mir der Magen knurrt; die Mahlzeiten, die meine Diät vorschreibt, machen satt und schmecken gut.

Mahlzeiten, die das Auge und den Gaumen erfreuen, sind wichtig für jeden, der länger als ein paar Tage Diät machen will. Es gibt keinen Grund, warum kalorienarme Mahlzeiten langweilig sein müssen; es sei denn, die Leute, die sich Diätrezepte ausdenken, konzentrieren sich derart auf das Kalorienzählen, daß sie darüber die Ästhetik vergessen.

In der japanischen Küche heißt es: zuerst ein Fest für die Augen, dann ein Fest für den Magen. Alles schmeckt besser, wenn es schön präsentiert wird. In dieser Hinsicht unterscheidet sich meine Diät deutlich vom Üblichen. Die Gerichte sind fantasievoll und dennoch einfach zuzubereiten. Aus jeder einzelnen Kalorie wird soviel wie möglich an Geschmack und Nährwert herausgeholt. Und sie sind eine Augenweide. Mit meiner Diät werden Sie vielleicht weniger Kalorien als gewöhnlich zu sich nehmen, aber Sie werden jeden Bissen genießen.

Weil diese Diät ursprünglich für mich zusammengestellt wurde, enthält sie natürlich viele meiner Leibgerichte – Krebsfleisch, würzige Hähnchen, knusprige, mit Parmesan gewürzte Kartoffelschalen und eine Auswahl von frischen Fruchtsalaten, die sich mit der fantastischen, kalorienarmen Liz-Mayonnaise anreichern lassen. Auch magere Steaks und Buletten enthält sie reichlicher als andere Diäten. Ich esse einfach gerne Fleisch. Trotz seines hohen Cholesteringehalts kann Fleisch, sparsam eingesetzt, zu jeder vernünftigen Diät gehören. Am liebsten esse ich mittags eine magere gegrillte Bulette auf einer dünnen Scheibe Vollkorn-Toast, die mit etwas Erdnußbutter bestrichen ist. Das bedeutet dann allerdings, daß an diesem Tag andere Speisen mit hohem Cholesteringehalt verboten sind.

Ein letztes Wort: Ehe Sie nun mit dieser oder sonst einer Diät anfangen, sollten Sie mit Ihrem Arzt sprechen. Ich kann mir nicht denken, daß er etwas gegen meine Diät einzuwenden hat, weil sie nämlich eine vernünftige Ernährung und auch eine gesunde Anzahl von Kalorien garantiert. Dennoch ist es sehr wichtig, daß Sie sich untersuchen lassen, bevor Sie eine Schlankheitskur beginnen.

GRUNDPRINZIPIEN

Bevor wir nun zur eigentlichen Diät kommen, möchte ich Ihnen noch ein paar Gebote und Verbote mit auf den Weg geben.

Suchen Sie nicht nach der Tageskalorienmenge. Sie werden keine finden. Nicht, daß ich der Meinung wäre, auf Kalorien komme es nicht an. Es kommt sehr wohl darauf an. Aber ich bin davon überzeugt, daß es bei einer Diät wichtiger ist, begrenzte Mengen hochwertiger, kalorienarmer Nahrung zu genießen – mit dem Schwerpunkt auf Früchten, Gemüsen, Hühnerfleisch und Meeresfrüchten –, als das alte Zahlenspiel zu spielen. Sich auf Kalorien einzuschießen ist ja sehr verführerisch. Nach dem Motto: Ich kann jetzt zwanzig Kartoffelchips (200 Kalorien) oder 170 g Hühnchen (300 Kalorien) essen. Und sich dann auf die Kartoffelchips stürzen. So nimmt man aber nicht ab.

Wenn Sie unbedingt wissen möchten, wie viele Kalorien Sie bei meiner Diät täglich zu sich nehmen: Es sind um die 1000. Bei Gewichthalten sind es dann zwischen 1200 und 1500 pro Tag.

Das Frühstück

Zu dieser Mahlzeit gehört immer etwas Obst, eine Scheibe Vollkorn-Toast (ohne Aufstrich), etwas Tee oder Kaffee. Ich bestehe nicht darauf, daß Sie Ihr Morgengetränk ohne Milch zu sich nehmen. Geben Sie einen Schuß Magermilch dazu, wenn Sie möchten – das liefert zusätzlich etwas Kalzium und hat nur wenig Kalorien. Auch Süßstoff ist erlaubt.

Aus Gründen der Abwechslung ist jeden Morgen eine andere Obstart vorgesehen. Wenn die »Frucht des Tages« nicht zu haben ist, Sie allergisch dagegen sind oder sie einfach nicht mögen – kein Problem. Ob Sie morgens eine Orange, ein Stück Melone oder eine Grapefruit essen, macht für die Diät keinen Unterschied.

Das Mittagessen

Mit Ausnahme der Tage, an denen ich mir ein mageres, gegrilltes Steak oder eine Bulette gönne, besteht diese Mahlzeit meist aus einem Salat aus Gemüse, Früchten, Hühnerfleisch, Meeresfrüchten oder anderen Proteinlieferanten. Was aus diesen Salaten etwas ganz Besonderes macht, sind die erstaunlich schmackhaften, kalorienarmen Salatsoßen. Ob es sich dabei um eine sahnige Vinaigrette, ein würziges Käse-Dressing oder um eine Mayonnaise à la Liz Thoburn handelt (Rezepte s. S. 248 ff.), sie sind auf jeden Fall eine Bereicherung, verglichen mit dem langweiligen Spritzer Zitronensaft, der bei Diäten normalerweise empfohlen wird. Wenn Sie allerdings Zitronensaft auf Ihrem Salat bevorzugen – nur zu, spritzen Sie hemmungslos. Für den Fall, daß Sie Ihr Mittagessen nicht zu Hause einnehmen, können Sie diese Salatgerichte leicht vorbereiten und in Plastikgefäßen mitnehmen: die Salatsoße in einen und die Salatzutaten in einen anderen Behälter geben und das Ganze erst direkt vor dem Essen mischen, damit die Frische erhalten bleibt.

An Tagen, an denen ich von morgens bis abends Anproben oder ein Interview nach dem anderen habe, ist mir meistens ein Mittagessen in flüssiger Form angenehmer. Das gilt natürlich besonders beim Filmen, wenn ich weder Zeit noch Lust habe, nach jedem Essen mein Make-up zu erneuern. Auch da kommt mir mein altes Hollywood-Training wieder zugute. Damals waren meine Kostüme entweder so eng oder so kostbar, daß ich nicht einmal normal essen konnte. Ich mußte mich an ein schräges Brett lehnen und meine Nahrung durch einen Strohhalm einsaugen. Und weil es vielleicht mehr Leute gibt, die Lust auf ein flüssiges Mittagessen haben, habe ich auch diese Alternative eingeplant (Rezept s. S. 264). Selbstverständlich kann man auch diese flüssige Protein-Mahlzeit im voraus zubereiten und in einer Thermosflasche mitnehmen. Und wenn Ihr Make-up es zuläßt, können Sie ruhig etwas Rohkost und ein paar kalorienarme Kekse dazu essen, damit Sie was zu kauen haben.

Die Zwischenmahlzeit

Ich sagte schon, daß ich während meiner Diät nur selten hungrig bin; aber wenn der Hunger mich übermannt, dann passiert das meistens zwischen Mittag- und Abendessen. Da kann ein kleiner Imbiß die Rettung sein. Am liebsten ist mir dann – weil ich davon essen und essen und mich trotzdem moralisch auf der Höhe fühlen kann –ein großer Teller voll verschiedener roher Gemüse und dazu einer von meinen Dips oder eine Vinaigrette.

Das Abendessen

Am Abend gibt es Fisch, Huhn, gelegentlich auch einmal rotes Fleisch und dazu grünes, gelbes oder rotes Gemüse. Ich gestatte mir auch ein wenig Kohlehydrate, eine halbe Tasse Reis vielleicht oder ein paar neue Kartoffeln. Glauben Sie mir, viele meiner Mahlzeiten sind auch für Gäste gut genug. Ihre Gäste würden gar nicht auf die Idee kommen, daß das Diätgerichte sind. Die Rezepte und Vorschläge für Soßen und Gewürze beginnen auf Seite 247.

Ob Sie sich mit einer Mahlzeit Mühe machen wollen oder nicht, liegt ganz bei Ihnen. Wenn Sie nicht genau wissen, was Sie wollen, keine Zeit haben oder einfach zu müde sind, um wegen eines Abendessens viele Umstände zu machen, grillen oder dünsten Sie einfach Fisch,

Huhn oder Fleisch; dämpfen Sie das Gemüse, oder servieren Sie es roh. Mit Soße oder ohne – der Nährwert bleibt derselbe, und der Kalorienunterschied ist fast nicht meßbar. Abnehmen werden Sie so und so. Und das ist schließlich auch der Zweck dieser Diät.

Alternativen

Es ist nicht notwendig, daß Sie alles genau nach Rezeptvorschrift kochen – solange sie nicht zusätzlich Butter, Öl oder andere Kalorienhämmer dazugeben –, und natürlich können Sie auch Nahrungsmittel, die einen ähnlichen Kalorien- und Nährwert haben, untereinander austauschen. Es ist inzwischen bekannt, daß Steakfleisch keine magischen Diäteigenschaften hat; mageres Hackfleisch ist genauso gut. Krabben, Krebse und Hummer schmecken köstlich und sind kalorienarm. Aber auch jeder andere magere Fisch ist gut; sogar Thunfisch, wenn er nicht in Öl trieft, sondern in Wasser konserviert ist. Sie können jederzeit Huhn anstatt Truthahn oder Täubchen servieren, und Eisbergsalat anstelle von Endivien oder sonst einem exotischen Grünfutter. Nicht, daß ich Ihnen das unbedingt empfehlen würde – ich mag meine Diät so, wie sie ist –, aber mir ist klar, daß es manchmal gar nicht anders geht. Sie können also getrost Stangenbohnen anstelle von Spargel und Melone anstelle von Papaya essen. – Aber denken Sie daran: Wenn Sie den Fisch, das Fleisch oder das Gemüse durch etwas anderes ersetzen, trifft das Rezept – wenn es eines dafür gibt – nicht mehr genau zu. Wie sollen Sie dann aber Ihr Ersatzgericht zubereiten? Verlassen Sie sich einfach auf die bewährten alten Methoden wie Dünsten, Grillen, Kochen oder Dämpfen. Und gegen roh serviertes Gemüse ist schon gar nichts einzuwenden.

Flüssigkeit

Auch bei dieser – wie bei jeder anderen – Diät ist es sehr wichtig, daß Sie viel trinken. Sechs bis acht Gläser über den Tag verteilt sollten es sein. Flüssigkeit transportiert die Nahrung durch Ihren Körper, befeuchtet die Zellen von innen – das ist gut für die Haut – und kann den Hunger stillen, weil sie einerseits den Magen füllt und andererseits eine gewisse orale Befriedigung gewährt, die ja sonst bei einer Diät nicht gerade garantiert ist.

Man kann ganz gewöhnliches Leitungswasser trinken; aber gekühlt schmeckt es doch irgendwie besser.

Ich trinke eimerweise Tee (so kommt es mir wenigstens vor), schwachen Eistee oder warmen Tee mit etwas Süßstoff. Tagsüber trinke ich normalen schwarzen Tee, abends dann lieber einen Kräutertee.

Mittags, nachmittags oder vor dem Abendessen zur Cocktailzeit – eigentlich bei allen Gelegenheiten, bei denen der Alkohol fließt – trinke ich große Gläser voll sprudelndem Mineralwasser; das kann mit einer Erdbeere, einer Zitronen- oder Limonenscheibe garniert oder durch einen Schuß zuckerfreien Preiselbeersaft zartrosa angehaucht sein.

Unverdünnter Fruchtsaft ist kein guter Kandidat, weil er sehr viele Kalorien hat. Und weil Kaffee entwässert, sollten Sie sich mit ein bis zwei Tassen begnügen und ihn nicht als Dauergetränk für den ganzen Tag wählen. Auch mit Diätlimonaden sollte man vorsichtig sein; wenn Sie absolut darauf abfahren, sollten Sie mit Ihrem Arzt reden und seinen Rat beherzigen.

Außer Kaffee und Tee sind im nachfolgenden Menüplan keine Getränke angegeben; sie sind jedoch äußerst wichtig. Leitungswasser, Mineralwasser, schwacher Tee – Sie haben die Wahl. Hauptsache, Sie trinken die vorgeschriebenen sechs bis acht Gläser pro Tag. Das Beste ist tatsächlich Wasser.

Vitamine und Mineralstoffe

Ich selbst nehme täglich ein Multivitamin-, ein Mineralstoff- und ein Kalziumpräparat; ich möchte hier allerdings keine Empfehlungen aussprechen. Besonders wichtig finde ich allerdings Kalziumgaben. Fast alle Frauen haben einen Kalziumbedarf vor allem dann, wenn Sie eine Diät machen. Ich habe deshalb die Menüs mit entsprechenden Hinweisen versehen. Allerdings sollte man auch hier, wie in allen Fragen der Gesundheit, im Zweifelsfall den Arzt fragen.

Eine letzte Anregung

Ich habe manchmal den Verdacht, daß es bei Menschen wie mir beim Abnehmen genauso darauf ankommt, *wie* man ißt, wie darauf, *was* man ißt. Sie wissen mittlerweile einiges über den Inhalt meiner Diät; jetzt möchte ich Ihnen noch etwas über meine Methode erzählen.

Das allerwichtigste: Ich esse langsam. Natürlich ist Eile manchmal unvermeidlich, aber an den Tagen, an denen ich herumhetze und im Laufschritt ein Proteingetränk hinunterkippe, fühle ich mich betrogen. Nicht unbedingt hungrig, aber um ein Erlebnis betrogen, das lustvoll sein kann und sein soll, auch wenn man auf Diät ist. Es ist ungleich befriedigender, und zwar physisch wie psychisch, sich irgendwo hinzusetzen und sich Zeit zu nehmen.

Je mehr Zeit ich auf das Essen verwende, desto größer erscheint mir die Menge, die ich gegessen habe. Um meine Mahlzeiten zu verlängern, bewundere ich das Essen auf meinem Teller erst einmal ein paar Sekunden

Du bist ein ganzes Stück weitergekommen, Mädchen, innerlich . . .
aber die Fassade hat eine Restaurierung bitter nötig. Das erste Foto
nach meinem Aufenthalt im Betty-Ford-Center. *(David McDough/
DMI)*

Ich versuche, meine Fülle hinter einer Rose zu verstecken. Wem wollte ich damit etwas vormachen?
(Ron Galella/Ron Galella, Ltd.)

Habe ich wirklich gedacht, daß man das, was ich da in den Gürtel zwängte, noch eine Taille nennen konnte?

links: Wieder einmal hat mich die unbestechliche Kamera eingefangen. *(Ron Galella/Ron Galella, Ltd.)*

Ich begrüße „Mighty Mo", Maureen Stapleton, eine großartige Schauspielerin und liebe Freundin. Man beachte meine Frisur – oder vielmehr das Fehlen derselben –, ein Anzeichen dafür, daß meine Selbstachtung gleich Null war. *(Raimondo Borea)*

rechts: Noch eine Freundin und Kollegin, Carol Burnett. Ich habe einen meiner Schlankmacher an – offensichtlich ohne Erfolg . . . *(John Paschal/DMI)*

Mein erster öffentlicher Auftritt nach meinem Aufenthalt
im Betty-Ford-Center. Mit
von der Partie sind Betty,
Gregory Peck, Martha Gra-
ham und Polly Bergen – man
könnte glauben, ich sei
schwanger! (*Joan Tedeschi*)

Auf dem Weg zu einer Party mit meinem alten Freund Roddy
McDowall.

rechts: Mein lieber Freund Rock - fotografiert von meinem Sohn
Christopher bei den Dreharbeiten zu *Mord im Spiegel.*

Unvergeßliche Augenblicke mit meiner Mutter im Lincoln-Center.

rechts: Auf der Höhe meiner Selbstachtung und meines Selbstwerts – auf dem Weg zum inneren Glück. *(Beide Fotos: David McDough/DMI)*

Mit Burt Reynolds bei einer Wohltätigkeitsveranstaltung in Beverly Hills. (© *Chris Hunter*)

Mit George Hamilton auf dem Fest zu meinem fünfundfünfzigsten Geburtstag, das meine lieben Freunde Carole und Burt Bacharach für mich gaben.

Mein Sohn Christopher und ich haben viel Schönes gemeinsam . . . sogar den Geburtstag. *(Beide Fotos: © 1978 Michael Jacobs/MJP)*

„Sich selbst treu bleiben"

Nach den verheerenden Veränderungen, die ich durchmachte, ehe ich das „Klick" hörte, hat sich mein Leben umgestaltet. Ein ganz besonderes Ereignis: Ich stelle mein Parfüm, *Elizabeth Taylor's Passion*, am 14. Januar 1987 in New York vor. *(Linda Solomon)*

lang. Und dann versuche ich bewußt, jeden einzelnen Bissen zu genießen. Wenn ich mit anderen zusammen esse, versuche ich, als letzte fertig zu sein, nie als erste. Wenn ich alleine speise, konzentriere ich mich ganz aufs Essen und lasse mich nicht durch Fernsehen oder Telefonieren von meinem Vergnügen ablenken. Ich versuche sogar, alle Pläne und Probleme aus meinen Gedanken zu verbannen. Weil ich jeden Bissen so sehr wie nur möglich genieße, fühle ich mich satt und zufrieden, auch wenn ich nur kleine Portionen gegessen habe.

Ein Diätplan für 14 Tage

Auf den folgenden Seiten finden Sie Menüs für zwei volle Wochen Diät nach Taylor-Art. Kein Tag ist wie der andere, auch wenn manche Gerichte sich wiederholen. Fangen Sie an mit Tag eins, dann zwei, drei, vier usw., bis Sie das 14-Tage-Programm beendet haben. Dann beginnen Sie wieder von vorne – es sei denn, Sie haben Ihr Idealgewicht erreicht.
Wie oft müssen Sie diese Zwei-Wochen-Diät wiederholen, um Ihr Ziel zu erreichen? Ich wollte, ich wüßte die Antwort. Es kommt darauf an, wieviel Gewicht Sie verlieren wollen bzw. müssen; es hängt ab von Ihrem Stoffwechsel, das heißt von der Geschwindigkeit, mit der Ihr Körper die Kalorien verwertet, und davon, wie aktiv Sie körperlich sind. Je mehr Sie sich bewegen, desto mehr Kalorien verbrauchen Sie.
Denken Sie daran: Meine Diät verspricht keine Blitzresultate. Ungeduld ist schädlich. Und schädlich ist es auch, wenn Sie pausenlos an all das ungesunde Zeug denken, das Sie so gerne essen, aber nicht essen sollen –

Diät hin oder her. Sie sollten Ihre Energie nicht darauf verschwenden, wie lange es noch dauert, bis Sie mit der Diät aufhören können, sondern lieber versuchen, aus jedem Diättag das Beste zu machen. Beglückwünschen Sie sich zu jedem Tg, den Sie durchhalten. Es summiert sich. Und bald werden Sie die wunderbaren Ergebnisse auf der Waage, an Ihren Kleidern und an Ihrer Figur ablesen können – und daran, wie es in Ihrem Kopf aussieht. Ich weiß, wovon ich rede.

Ein * neben einem Gericht besagt, daß das Rezept im Rezeptteil aufgeführt ist, der auf Seite 219 beginnt.

Frühstück
1 Tasse kleingeschnittene Erdbeeren (oder 1 Tasse anderes frisches Obst, außer Banane)
1 Scheibe Vollkorn-Toast
Tee oder Kaffee (mit Magermilch und Süßstoff)
Nicht vergessen: Kalziumtablette

Mittagessen
170 g gegrillte Hühnerbrust, enthäutet
*Artischockensalat
Tee oder Kaffee (mit Magermilch und Süßstoff)
Oder
*Proteingetränk

Zwischenmahlzeit
Rohkost – grünes, gelbes oder rotes Gemüse, soviel Sie essen können, mit
2 EL *Dip (nach einem der Spezialrezepte)

Abendessen
170–220 g *mariniertes gegrilltes Schwertfisch-Steak
*Gedämpftes Gemüse
½ Tasse brauner Reis

Tagsüber
½ Tasse Magermilch (zum Tee oder Kaffee, oder einfach so trinken)

Frühstück
1 großer Pfirsich, kleingeschnitten (oder 1 Tasse anderes
frisches Obst, außer Banane)
1 Scheibe Vollkorn-Toast
Tee oder Kaffee (mit Magermilch und Süßstoff)
Nicht vergessen: Kalziumtablette

Mittagessen
Salat aus ½ Tasse Heidelbeeren, ½ in Würfel geschnitte-
nen Melone, ½ geschnittenen Orange mit
½ Tasse magerem Hüttenkäse und
1 EL Sauerrahm
Tee oder Kaffee (mit Magermilch und Süßstoff)
Oder
*Proteingetränk

Zwischenmahlzeit
Rohkost – grünes, gelbes oder rotes Gemüse, soviel Sie
essen können, mit
2 EL *Dip (nach einem der Spezialrezepte)

Abendessen
Gegrilltes mageres Steak oder Bulette auf
1 Scheibe Vollkorn-Toast, mit ½ Löffel Erdnußbutter
bestrichen
*Tomatensalat

Tagsüber
½ Tasse Magermilch (zum Tee oder Kaffee, oder einfach
so trinken)

Frühstück
1 Tasse frische Ananas, gewürfelt (oder 1 Tasse anderes
frisches Obst, außer Banane)
1 Scheibe Vollkorn-Toast
Tee oder Kaffee (mit Magermilch und Süßstoff)
Nicht vergessen: Kalziumtablette

Mittagessen
Salat aus 30 g magerem Roastbeef, 30 g weißem Hühner-
fleisch, 30 g magerem Mozzarella, 1 in Scheiben ge-
schnittenen Tomate auf Kopfsalat mit
2 EL *Salatsoße (nach einem der Spezialrezepte)
Tee oder Kaffee (mit Magermilch und Süßstoff)
Oder
*Proteingetränk

Zwischenmahlzeit
Rohkost – grünes, gelbes oder rotes Gemüse, soviel Sie
essen können, mit
2 EL *Dip (nach einem der Spezialrezepte)

Abendessen
170–220 g gegrillte Krabben
*Ratatouille
*Neue Kartoffeln mit Minze

Tagsüber
½ Tasse Magermilch (zum Tee oder Kaffee, oder einfach
so trinken)

Frühstück
½ mittelgroße Grapefruit (oder 1 Tasse anderes frisches
Obst, außer Banane)
1 Scheibe Vollkorn-Toast
Tee oder Kaffee (mit Magermilch und Süßstoff)
Nicht vergessen: Kalziumtablette

Mittagessen
Salat aus 1½ Tassen rohem Spinat, 2 hartgekochten Ei-
ern, 1 in Scheiben geschnittenen Tomate, 5–6 geschnit-
tenen Pilzen mit
2 EL *Salatsoße (nach einem der Spezialrezepte)
Tee oder Kaffee (mit Magermilch und Süßstoff)
Oder
*Proteingetränk

Zwischenmahlzeit
Rohkost – grünes, gelbes oder rotes Gemüse, soviel Sie
essen können, mit
2 EL *Dip (nach einem der Spezialrezepte)

Abendessen
170 g *Curryhuhn
1 Tasse gedämpfte grüne Bohnen
*Gebackene Kartoffelschalen

Tagsüber
½ Tasse Magermilch (zum Tee oder Kaffee, oder einfach
so trinken)

Frühstück
3 mittelgroße reife Aprikosen (oder 1 Tasse anderes frisches Obst, außer Banane)
1 Scheibe Vollkorn-Toast
Tee oder Kaffee (mit Magermilch und Süßstoff)
Nicht vergessen: Kalziumtablette

Mittagessen
*Thunfischsalat
Tee oder Kaffee (mit Magermilch und Süßstoff)
Oder
*Proteingetränk

Zwischenmahlzeit
Rohkost – grünes, gelbes oder rotes Gemüse, soviel Sie essen können, mit
2 EL *Dip (nach einem der Spezialrezepte)

Abendessen
170–220 g gebratene Truthahnbrust mit
*Fülle
*Zucchinipüree
½ Tasse brauner Reis

Tagsüber
½ Tasse Magermilch (zum Tee oder Kaffee, oder einfach so trinken)

Frühstück
½ mittelgroße Melone (oder 1 Tasse anderes frisches
Obst, außer Banane)
1 Scheibe Vollkorn-Toast
Tee oder Kaffee (mit Magermilch und Süßstoff)
Nicht vergessen: Kalziumtablette

Mittagessen
Salat aus 1 Tasse kleingeschnittenen Erdbeeren, 1 gewür-
felten mittelgroßen Apfel, 1 kleinen geschnittenen Oran-
ge mit
½ Tasse magerem Hüttenkäse und 1 EL Sauerrahm
Tee oder Kaffee (mit Magermilch und Süßstoff)
Oder
*Proteingetränk

Zwischenmahlzeit
Rohkost – grünes, gelbes oder rotes Gemüse, soviel Sie
essen können, mit
2 EL *Dip (nach einem der Spezialrezepte)

Abendessen
170 g Kalbsschnitzelchen mit Zitronensaft und frischen
Kräutern
*Spinat in Tomatenhülle
*Gebackene Kartoffelschalen

Tagsüber
½ Tasse Magermilch (zum Tee oder Kaffee, oder einfach
so trinken)

Frühstück
1 Tasse kleingeschnittene Erdbeeren (oder 1 Tasse anderes frisches Obst, außer Banane)
1 Scheibe Vollkorn-Toast
Tee oder Kaffee (mit Magermilch und Süßstoff)
Nicht vergessen: Kalziumtablette

Mittagessen
*Hühnersalat mit Curry
Tee oder Kaffee (mit Magermilch und Süßstoff)
Oder
*Proteingetränk

Zwischenmahlzeit
Rohkost – grünes, gelbes oder rotes Gemüse, soviel Sie essen können, mit
2 EL *Dip (nach einem der Spezialrezepte)

Abendessen
170–220 g gegrillte Seezunge
6–8 Stangen gedämpfter Spargel
*Neue Kartoffeln mit Minze

Tagsüber
½ Tasse Magermilch (zum Tee oder Kaffee, oder einfach so trinken)

Frühstück
2 kleine Mandarinen (oder 1 Tasse anderes frisches
Obst, außer Banane)
1 Scheibe Vollkorn-Toast
Tee oder Kaffee (mit Magermilch und Süßstoff)
Nicht vergessen: Kalziumtablette

Mittagessen
170 g magere Bulette auf
1 Scheibe Vollkorn-Toast, mit ½ TL Erdnußbutter bestrichen
Tee oder Kaffee (mit Magermilch und Süßstoff)
Oder
*Proteingetränk

Zwischenmahlzeit
Rohkost – grünes, gelbes oder rotes Gemüse, soviel Sie
essen können, mit
2 EL *Dip (nach einem der Spezialrezepte)

Abendessen
170–220 g gedämpfter Hummer (oder gedämpfter
Fisch) mit
2 EL *Liz's Spezialmayonnaise
1 Tasse gedämpfte grüne Bohnen
½ Tasse brauner Reis

Tagsüber
½ Tasse Magermilch (zum Tee oder Kaffee, oder einfach
so trinken)

Frühstück
2 kleine Kiwis (oder 1 Tasse anderes frisches Obst, außer Banane)
1 Scheibe Vollkorn-Toast
Tee oder Kaffee (mit Magermilch und Süßstoff)
Nicht vergessen: Kalziumtablette

Mittagessen
50 g dünngeschnittener Käse (halbfetter Mozzarella, Emmentaler etc., gemischt) auf 2 Scheiben Knäckebrot (Wickeln Sie Käse und Knäckebrot in ein Salatblatt für ein Taylor-Sandwich!)
1 saure Gurke
4–5 Cocktailtomaten
Tee oder Kaffee (mit Magermilch und Süßstoff)
Oder
*Proteingetränk

Zwischenmahlzeit
Rohkost – grünes, gelbes oder rotes Gemüse, soviel Sie essen können, mit
2 EL *Dip (nach einem der Spezialrezepte)

Abendessen
*Marinierter gegrillter Rotbarsch
*Ratatouille
*Gebackene Kartoffelschalen

Tagsüber
½ Tasse Magermilch (zum Tee oder Kaffee, oder einfach so trinken)

Frühstück
100 g Passionsfrucht, geschält (oder 1 Tasse anderes frisches Obst, außer Banane)
1 Scheibe Vollkorn-Toast
Tee oder Kaffee (mit Magermilch und Süßstoff)
Nicht vergessen: Kalziumtablette

Mittagessen
*Krebssalat
Tee oder Kaffee (mit Magermilch und Süßstoff)
Oder
*Proteingetränk

Zwischenmahlzeit
Rohkost – grünes, gelbes oder rotes Gemüse, soviel Sie
essen können, mit
2 EL *Dip (nach einem der Spezialrezepte)

Abendessen
*Gegrillte Lammkoteletts mit Raita-Soße
*Zucchinipüree
½ Tasse brauner Reis

Tagsüber
½ Tasse Magermilch (zum Tee oder Kaffee, oder einfach
so trinken)

Frühstück
1 mittelgroße Orange (oder 1 Tasse anderes frisches
Obst, außer Banane)
1 Scheibe Vollkorn-Toast
Tee oder Kaffee (mit Magermilch und Süßstoff)
Nicht vergessen: Kalziumtablette

Mittagessen
Salat aus 1 geschnittenen mittelgroßen Pfirsich, 1 Tasse
geschnittenen Erdbeeren, 1 gewürfelten mittelgroßen
Apfel mit
½ Tasse magerem Hüttenkäse und 1 EL Sauerrahm
Tee oder Kaffee (mit Magermilch und Süßstoff)
Oder
*Proteingetränk

Zwischenmahlzeit
Rohkost – grünes, gelbes oder rotes Gemüse, soviel Sie
essen können, mit
2 EL *Dip (nach einem der Spezialrezepte)

Abendessen
170–200 g *mariniertes gegrilltes Schwertfisch-Steak
Je 1 Tasse gedämpften Blumenkohl und Broccoli
*Neue Kartoffeln mit Minze

Tagsüber
½ Tasse Magermilch (zum Tee oder Kaffee, oder einfach
so trinken)

Frühstück
½ mittelgroße Papaya (oder 1 Tasse anderes frisches
Obst, außer Banane)
1 Scheibe Vollkorn-Toast
Tee oder Kaffee (mit Magermilch und Süßstoff)
Nicht vergessen: Kalziumtablette

Mittagessen
*Thunfischsalat
1 saure Gurke
4–5 Cocktailtomaten
Tee oder Kaffee (mit Magermilch und Süßstoff)
Oder
*Proteingetränk

Zwischenmahlzeit
Rohkost – grünes, gelbes oder rotes Gemüse, soviel Sie
essen können, mit
2 EL *Dip (nach einem der Spezialrezepte)

Abendessen
½ *gegrilltes Täubchen oder 170 g Huhn
*Gegrilltes Gemüse in Folie
*Gebackene Kartoffelschalen

Tagsüber
½ Tasse Magermilch (zum Tee oder Kaffee, oder einfach
so trinken)

Frühstück
1 mittelgroße Nektarine (oder 1 Tasse anderes frisches Obst, außer Banane)
1 Scheibe Vollkorn-Toast
Tee oder Kaffee (mit Magermilch und Süßstoff)
Nicht vergessen: Kalziumtablette

Mittagessen
170 g magere Bulette auf
1 Scheibe Vollkorn-Toast, mit 1 EL Erdnußbutter bestrichen
*Tomatensalat
Tee oder Kaffee (mit Magermilch und Süßstoff)
Oder
*Proteingetränk

Zwischenmahlzeit
Rohkost – grünes, gelbes oder rotes Gemüse, soviel Sie essen können, mit
2 EL *Dip (nach einem der Spezialrezepte)

Abendessen
170–220 g gegrillte Seezunge
*Gedämpfte Zuckererbsen mit Wasserkastanien
½ Tasse brauner Reis

Tagsüber
½ Tasse Magermilch (zum Tee oder Kaffee, oder einfach so trinken)

Frühstück
½ Honigmelone (oder 1 Tasse anderes frisches Obst, außer Banane)
1 Scheibe Vollkorn-Toast
Tee oder Kaffee (mit Magermilch und Süßstoff)
Nicht vergessen: Kalziumtablette

Mittagessen
*Eiersalat mit Curry
Tee oder Kaffee (mit Magermilch und Süßstoff)
Oder
*Proteingetränk

Zwischenmahlzeit
Rohkost – grünes, gelbes oder rotes Gemüse, soviel Sie essen können, mit
2 EL *Dip (nach einem der Spezialrezepte)

Abendessen
170–200 g gebratene Truthahnbrust mit
*Fülle
Gegrillte Tomate
*Gebackene Kartoffelschalen

Tagsüber
½ Tasse Magermilch (zum Tee oder Kaffee, oder einfach so trinken)

Sie können sich bestimmt vorstellen, wie glücklich ich war, als ich damals vor fünf Jahren von meinen gut 160 Pfund auf 108 Pfund heruntergekommen war. Ich war zwar endlich schlank, aber die Freude am Erfolg war durch meine Unsicherheit etwas getrübt. Viele Leute nehmen ab, aber nur eine deprimierend kleine Anzahl kann das erreichte Gewicht dann auch halten. Ich machte mir Gedanken darüber, ob ich wohl soviel Selbstbeherrschung aufbringen würde, das alles im Griff zu behalten und nie wieder ein oder zwei Pfund Übergewicht zu einem Fettberg anwachsen zu lassen.

Bis jetzt hatte ich damit noch kein Problem. Es sieht so aus, als seien nach monatelanger vernünftiger Ernährung viele meiner alten, ungesunden Eßgewohnheiten einfach verschwunden. Mich besser und nahrhafter und gleichzeitig bescheidener zu ernähren ist mir selbstverständlich geworden.

Alle Ärzte, mit denen ich gesprochen habe, und alle Diätbücher, die ich gelesen habe, sind sich einig: Eine Diät kann eine Schlacht gewinnen, aber der Krieg ist erst dann zu Ende, wenn man seinen Appetit neu programmiert hat. Und offensichtlich haben diese Monate, in denen ich kleinere Portionen kalorienarmer Nahrung zu mir genommen habe, genau das bewirkt: Mein Appetit ist neu programmiert.

Natürlich schmecken mir Schokolade und Brathähnchen mit Kartoffelbrei noch immer unheimlich gut, aber ich habe kein so großes Verlangen mehr danach, und ich lebe nicht mehr ausschließlich davon. Warum sollte ich auch – jetzt, wo ich Genüssen auf den Geschmack gekommen bin, die bedeutend gesünder sind.

Wenn Sie sich die Menüvorschläge für das Gewichthalten ansehen, werden Sie feststellen, daß das, was ich heute esse, sich weder in der Art noch in der Menge sonderlich von dem unterscheidet, was ich aß, während ich Diät hielt. Das Frühstück enthält zusätzlich meist ein Müsli oder ein Stück Kleiegebäck und etwas Käse oder Butter. Die Mittagsmahlzeiten sind sehr ähnlich, allerdings sind die Fleischportionen etwas größer, und fast immer gibt es ein köstliches – kalorienarmes – Dessert.

Die folgenden Menüvorschläge sollen Ihnen zu einem guten Start verhelfen. Sie können sich dann auch Ihren eigenen Gewichthalte-Plan aufstellen und dabei meine Vorschläge als Grundlage benutzen. Wichtig ist, daß Ihr Plan eine reiche Auswahl von verschiedenen Nahrungsmitteln enthält, vorwiegend gedünstetes oder gegrilltes Geflügel, Meeresfrüchte, gedämpftes oder rohes Gemüse und viel Obst. Sie dürfen auch stärkehaltiges Gemüse und Nudeln essen – aber bitte nicht übertreiben. Brot und Müsli-Produkte sollen auf Vollkornbasis sein. Wenn Sie feststellen, daß Sie bei Ihrem persönlichen Gewichthalte-Plan zunehmen, sollten Sie besser von allem kleinere Mengen essen, anstatt eine Kategorie von Nahrungsmitteln ganz wegzulassen. (Das gilt nicht für kalorienreiche Nachspeisen. Auf die kann man immer verzichten.)

Sie werden mir erst glauben, wenn Sie tatsächlich damit angefangen haben: Das Essen nach Gewichthalte-Plan läßt sich sehr gut aushalten.

Nach einer wochen- oder monatelangen Diät hat sich Ihr Körper – so wie meiner auch – an eine andere, leichtere Art des Essens gewöhnt. Das lädt Sie auf mit Energie und macht es Ihnen leichter, auf die Herausforderungen und die Freuden zu reagieren, die das Leben einem so beschert.

Auch hier bedeutet ein * neben einem Gericht, daß Sie das Rezept im Rezeptteil finden, der auf Seite 219 beginnt.

Frühstück
30 g ungesüßtes, trockenes Müsli
½ mittelgroße Grapefruit oder ¼ Tasse Orangensaft
Tee oder Kaffee (mit Magermilch und Süßstoff)
Nicht vergessen: Kalziumtablette

Mittagessen
60 g dünngeschnittener Käse (halbfetter Mozzarella,
Emmentaler etc., gemischt) auf 2 Scheiben Knäckebrot.
(Wickeln Sie Käse und Knäckebrot in ein Salatblatt für
ein Taylor-Sandwich!)
Tee oder Kaffee (mit Magermilch und Süßstoff)
Oder
*Proteingetränk

Zwischenmahlzeit
Rohkost – grünes, gelbes oder rotes Gemüse, soviel Sie
essen können, mit
2 EL *Dip (nach einem der Spezialrezepte)

Abendessen
*Gegrillte Lammkoteletts mit Raita-Soße
Spinat-Pilz-Salat mit 2 EL *Spezialsalatsoße nach Wahl
*Gebackene Kartoffel mit 1 EL Sauerrahm
*Überbackener Pfirsich mit Himbeersoße

Tagsüber
½ Tasse Magermilch (zum Müsli, Tee oder Kaffee, oder
einfach so trinken)

Frühstück
1 mittelgroßes Kleiebrötchen, mit 2 TL halbfettem
Frischkäse bestrichen
½ mittelgroße Grapefruit oder ¼ Tasse Orangensaft
Tee oder Kaffee (mit Magermilch und Süßstoff)
Nicht vergessen: Kalziumtablette

Mittagessen
6 Riesengarnelen, gedünstet oder gegrillt, mit
*Liz's Mayonnaise
2 Scheiben Knäckebrot
Tee oder Kaffee (mit Magermilch und Süßstoff)
Oder
*Proteingetränk

Zwischenmahlzeit
Rohkost – grünes, gelbes oder rotes Gemüse, soviel Sie
essen können, mit
2 EL *Dip (nach einem der Spezialrezepte)

Abendessen
1½ Tassen Nudeln mit
*Tomatensoße
Gemischter, grüner Salat mit
2 EL *Roquefortsoße
*Apfelkuchen

Tagsüber
½ Tasse Magermilch (zum Tee oder Kaffee, oder einfach
so trinken)

Frühstück
1 großer Pfirsich (oder 1 Tasse anderes frisches Obst, außer Banane)
1 Scheibe Vollkorn-Toast mit 1 TL Butter
Tee oder Kaffee (mit Magermilch und Süßstoff)
Nicht vergessen: Kalziumtablette

Mittagessen
Salat aus 30 g Roastbeef, 30 g weißem Hühnerfleisch, 30 g halbfettem Mozzarella, 1 in Scheiben geschnittenen Tomate auf Kopfsalat mit
2 EL *Meerrettichsoße
1 Scheibe Vollkorn-Toast
Tee oder Kaffee (mit Magermilch und Süßstoff)
Oder
*Proteingetränk

Zwischenmahlzeit
Rohkost – grünes, gelbes oder rotes Gemüse, soviel Sie essen können, mit
2 EL *Dip (nach einem der Spezialrezepte)

Abendessen
170–200 g Lachs
Je 1 Tasse gedämpften Broccoli und Blumenkohl
*Gebackene Kartoffelschalen
*Orangensoufflé

Tagsüber
½ Tasse Magermilch (zum Tee oder Kaffee, oder einfach so trinken)

Frühstück
30 g ungesüßtes, trockenes Müsli
½ mittelgroße Grapefruit oder ¼ Tasse Orangensaft
Tee oder Kaffee (mit Magermilch und Süßstoff)
Nicht vergessen: Kalziumtablette

Mittagessen
2 Rühreier mit
3 Scheiben sehr knusprig gebratenem Frühstücksspeck
auf
1 getoasteten Brötchen
1 mittelgroße gegrillte Tomate
Tee oder Kaffee (mit Magermilch und Süßstoff)
Oder
*Proteingetränk

Zwischenmahlzeit
Rohkost – grünes, gelbes oder rotes Gemüse, soviel Sie
essen können, mit
2 EL *Dip (nach einem der Spezialrezepte)

Abendessen
*Rotbarschfilet
1 kleiner Maiskolben
1½ Tassen gemischter grüner Salat mit
*Spezialsalatsoße nach Wahl
½ Tasse kernlose blaue Weintrauben

Tagsüber
½ Tasse Magermilch (zum Müsli, Tee oder Kaffee, oder
einfach so trinken)

Frühstück
1 Tasse Himbeeren (oder 1 Tasse anderes frisches Obst,
außer Banane)
1 Scheibe Vollkorn-Toast mit 1 TL Butter
Tee oder Kaffee (mit Magermilch und Süßstoff)
Nicht vergessen: Kalziumtablette

Mittagessen
170 g gegrillte magere Bulette auf
1 Scheibe Vollkorn-Toast, mit ½ EL Erdnußbutter be-
strichen
*Tomatensalat
Tee oder Kaffee (mit Magermilch und Süßstoff)
Oder
*Proteingetränk

Zwischenmahlzeit
Rohkost – grünes, gelbes oder rotes Gemüse, soviel Sie
essen können, mit
2 EL *Dip (nach einem der Spezialrezepte)

Abendessen
*Gedünstetes Knoblauchhuhn
*Zucchinipüree
½ Tasse brauner Reis
Kalorienarmes Speiseeis (Toffuti) mit Himbeersoße

Tagsüber
½ Tasse Magermilch (zum Tee oder Kaffee, oder einfach
so trinken)

Frühstück
1 mittelgroßes Kleiebrötchen, mit 2 TL halbfettem Frischkäse bestrichen
½ mittelgroße Grapefruit oder ¼ Tasse Orangensaft
Tee oder Kaffee (mit Magermilch und Süßstoff)
Nicht vergessen: Kalziumtablette.

Mittagessen
Fruchtsalat aus 1 mittelgroßen zerteilten Orange, ½ gewürfelten Melone, 1 mittelgroßen gewürfelten Apfel mit 1 Tasse halbfettem Hüttenkäse und 1 EL Sauerrahm
Tee oder Kaffee (mit Magermilch und Süßstoff)
Oder
*Proteingetränk

Zwischenmahlzeit
Rohkost – grünes, gelbes oder rotes Gemüse, soviel Sie essen können, mit
2 EL *Dip (nach einem der Spezialrezepte)

Abendessen
*170 g gegrillter Hummer
*Gedämpfte Salatgurke mit Dill
*Neue Kartoffeln mit Minze
*Schokoladen-Fantasie

Tagsüber
½ Tasse Magermilch (zum Tee oder Kaffee, oder einfach so trinken)

Frühstück
30 g ungesüßtes, trockenes Müsli
½ mittelgroße Grapefruit oder ¼ Tasse Orangensaft
Tee oder Kaffee (mit Magermilch und Süßstoff)
Nicht vergessen: Kalziumtablette

Mittagessen
*Hühnersalat mit Curry
2 Scheiben Knäckebrot
Tee oder Kaffee (mit Magermilch und Süßstoff)
Oder
*Proteingetränk

Zwischenmahlzeit
Rohkost – grünes, gelbes oder rotes Gemüse, soviel Sie
essen können, mit
2 EL *Dip (nach einem der Spezialrezepte)

Abendessen
170 g gegrillte Kalbsschnitzelchen mit Zitronensaft und
frischen Kräutern
*Ratatouille
*Gebackene Kartoffelschalen
*Bratapfel

Tagsüber
½ Tasse Magermilch (zum Müsli, Tee oder Kaffee, oder
einfach so trinken)

Rezeptteil

Gedünstetes Knoblauchhuhn (ergibt 4 Portionen)

1 4pfündiges Huhn, in 8 Teile zerlegt
2 EL halbfette Margarine
5 große ungeschälte Knoblauchzehen, zerdrückt
5 EL Balsamico oder anderer Essig
1 Tasse trockener Weißwein
2 TL Senf
1 gehäufter TL Tomatenmark
⅛ l halbfetter Sauerrahm
1 TL Pfeilwurzelmehl (im Reformhaus erhältlich)
2 TL Wasser
Salzersatz oder Salz und Pfeffer
2 Tomaten, geschält und ohne Kerne

Die Hühnerteile in der geschmolzenen heißen Margarine anbraten. Knoblauch dazugeben, zudecken und ca. 20 Minuten bei schwacher Hitze ziehen lassen, bis das Huhn weich ist. Hühnerteile in eine Servierschüssel geben und warm halten. Margarine bis auf einen EL abgießen, Essig dazugeben, rühren und dabei Bratrückstände vom Pfannenboden lösen. Temperatur erhöhen und köcheln lassen, bis die Flüssigkeit auf etwa 2 EL reduziert ist. Wein, Senf und Tomatenmark zugeben, gut verrühren und weiterkochen lassen. Das Pfeilwurzelmehl mit 2 TL Wasser vermischen und zusammen mit dem Sauerrahm in einen kleinen Topf geben; langsam köcheln lassen, bis es eindickt. Vom Feuer nehmen, die Essigmischung durch ein Sieb in den kleinen Topf streichen. Mit einem Schneebesen Essig- und Sauerrahmmischung verquirlen, salzen und pfeffern nach Geschmack. Tomaten in lange dünne Streifen schneiden und in die Soße geben. Falls nötig, die Soße nochmals aufwärmen und über das Huhn gießen.

Curryhuhn (ergibt 4 Portionen)

1 mittelgroßes Huhn, portioniert und gehäutet
1 TL Currypulver
1 TL Cumin (Kreuzkümmel)
1 TL frisch geriebener Ingwer
½ TL gemahlener Ingwer
½ TL Turmeric
½ Knoblauchzehe, zerdrückt
1 Zwiebel, gehackt

Alle trockenen Zutaten mit Knoblauch, Zwiebel und dem frisch geriebenen Ingwer vermischen. Das Huhn damit einreiben und mindestens zwei Stunden in den Kühlschrank stellen, nach Möglichkeit länger. Dann entweder bei mittlerer Hitze grillen oder ca. 30 Minuten im Backrohr braten, bis es gar ist. Dabei einmal wenden.

Hühnersalat mit Curry

1 Hühnerbrust (ca. 170 g), gebraten oder gedünstet, enthäutet
½ fester grüner Apfel, gewürfelt
2 Stangen Bleichsellerie, geschnitten
3 TL Liz's Curry-Spezialmayonnaise (Nr. 1 oder Nr. 2)
oder halbfettes Fertigprodukt
1 reife Mango (nach Wahl)

Hühnerbrust in dünne Streifen schneiden. Mit Apfel,
Sellerie und der Mayonnaise vermischen. Nach Belieben
mit Mangoscheiben garnieren.

Krebssalat (ergibt 1 große oder 2 kleine Portionen)

1 2pfündiger lebender Krebs (oder 1 2pfündiger gekochter Krebs, in der Schale)
Saft von 1 kleinen Zitrone
2 TL Balsamico-Essig
½ TL Senf
1 Scheibe Vollkorn-Toast, zerbröselt
Salzersatz oder Salz und Pfeffer
Frische Petersilie, gehackt
Einige Blätter Eisbergsalat
3−4 Cocktailtomaten (nach Wahl)
Zitronenscheiben (nach Wahl)

Den Krebs lebend in flachen Topf mit Wasser geben, so daß er ganz bedeckt ist, und 30 Minuten kochen. Herausnehmen und so lange abkühlen lassen, bis man ihn anfassen kann. Auf den Rücken legen, Beine und Scheren abdrehen. Bauchpanzer und den kleinen Sack in Kopfnähe entfernen und wegwerfen. Fleisch herauslöffeln, dabei helles und dunkles Fleisch getrennt in Schüsseln geben. Rückenpanzer waschen und trocknen. Die großen Scheren aufbrechen, aber das Fleisch nicht herausnehmen. Mit Krebsspieß oder anderem scharfem Instrument das Fleisch aus den Beinen ziehen und in die Schüssel zu dem weißen Fleisch geben.

Dressing
Dunkles Fleisch mit Zitronensaft mischen. Essig, Senf und so viele Brösel dazugeben, daß die Mischung zu-

sammenhält. Salz und Pfeffer nach Geschmack. Weißes
Fleisch und Petersilie vorsichtig darunterheben.

Anrichten
Rückenpanzer mit Eisbergsalat auslegen. Mischung hin-
einschichten. Mit den aufgebrochenen Scheren, Cocktailtomaten und Zitronenscheiben dekorieren. Dazu
Liz's Spezialmayonnaise oder ein kalorienarmes Fertigprodukt.

Eiersalat mit Curry

2 hartgekochte Eier
1 Strauß Kresse
1 Stange Chicorée, geschnitten
½ TL gemahlene Sesamkörner
2 EL Liz's Spezialmayonnaise oder kalorienarmes Fertigprodukt
1 Prise Paprika

Kresse, Chicorée und Sesamkörner mischen und auf einem Teller anrichten. Die Eier vierteln und radförmig auf das Grünzeug legen. Mit Mayonnaise verzieren und mit Paprika bestreuen.

Gegrillte Lammkoteletts mit Raita-Soße (ergibt 1 Portion)

3 sehr kleine, sehr magere Lammkoteletts
¼ Tasse Magerjoghurt
1 Stück Salatgurke, ca. 5 cm, geschält und kleingewürfelt
2 Zweige frische Pfefferminze, feingehackt
½ Knoblauchzehe, zerdrückt
Salzersatz oder Salz und Pfeffer nach Geschmack

Lammkoteletts auf *heißem* Grill braten (medium), etwa 2 – 5 Minuten auf jeder Seite. Während das Fleisch brät, alle anderen Zutaten zu einer Soße verrühren. Zusammen mit den Koteletts servieren.

Gedämpfter Hummer (ergibt 1 Portion)

1 1½pfündiger Hummer (ergibt etwa 170 g Fleisch) oder 170 g Hummer aus der Dose oder tiefgefroren

Wasser in einem breiten Topf zum Kochen bringen. Den Hummer hineinlegen, Topf bedecken, bei kleinem Feuer 15 Minuten ziehen lassen. Vom Feuer nehmen und mit kaltem Wasser abschrecken. Mit 2 EL Kressesoße oder einer anderen Spezialsoße anrichten.

Rotbarschfilet (ergibt 1 Portion)

170 g Rotbarschfilet
1 mittelgroße Stange Lauch, feingeschnitten
60 g Morcheln oder andere Pilze, feingehackt
½ TL frischer Kerbel, feingehackt
2 TL trockener Weißwein
Salzersatz oder Salz und Pfeffer nach Geschmack
Gehackte Petersilie (nach Wahl)
Zitronenscheiben (nach Wahl)

Lauch, Pilze, Kerbel, Wein, Salz und Pfeffer vermischen
und den Fisch damit füllen. Fisch locker in Folie wik-
keln. 10 Minuten auf dem Grill oder bei mittlerer Hitze
im Backrohr ca. 15 Minuten garen, bis er fertig ist.
Auswickeln, enthäuten und mit Petersilie und Zitrone
garnieren. Entweder so oder mit Rotbarsch-Soße (s. u.)
anrichten.

Rotbarsch-Soße (ergibt 1 Portion)

Saft vom Fisch aus der Folie
¼ Tasse Fischbrühe oder konservierten Muschelsaft
1 EL Crème fraîche oder Sauerrahm
1 TL Pfeilwurzelmehl (Reformhaus), mit 1 EL Wasser
vermischt
Zitronenscheiben und Kresse (nach Wahl)

Den ausgetretenen Fischsaft in eine kleine Pfanne gießen; Fischbrühe oder Muschelsaft dazugeben und köcheln lassen, bis alles auf die Hälfte reduziert ist. Vom
Feuer nehmen und Crème fraîche oder Sauerrahm und
das Pfeilwurzelmehl dazugeben. Bei schwachem Feuer
(nicht aufkochen lassen!) rühren, bis die Soße dick wird.
Über den Fisch gießen und anrichten. Mit Zitrone und
Kresse garnieren.

*Gegrillte Täubchen (ergibt 6 Portionen)

3 Täubchen, halbiert
Saft und Schale von 1 Zitrone
3 mittlere Knoblauchzehen, zerdrückt
1 EL salzarme Sojasoße
2 TL frisch geriebener Meerrettich
2 TL Worcestersauce
1 TL Paprika
Zitronenscheiben und frischer Rosmarin (nach Wahl)

Die ersten 6 Zutaten vermischen. Die Täubchen mindestens 2 Stunden lang darin marinieren, vorzugsweise länger. Dann die Täubchen auf dem heißen Grill oder im Backrohr ca. 20 Minuten garen lassen, dabei einmal wenden. Sofort servieren. Mit Zitronenscheiben und frischem Rosmarin garnieren.

*Kann auch mit Huhn zubereitet werden. Man nimmt dazu ca. 1½ Pfund Hühnerbrust und -schenkel.

Marinierter gegrillter Schwertfisch (ergibt
1 Portion)

1 Schwertfisch-Steak, ca. 170 g
Saft und Schale von ½ Zitrone oder Limone
½ TL Dill, feingehackt
½ TL schwarzer Pfeffer, frisch gemahlen
Zitronen- oder Limonenscheiben und Petersilie nach
Belieben

Zitronen- oder Limonensaft mit der Zitronen- oder
Limonenschale, Dill und Pfeffer mischen. Über den
Schwertfisch gießen; ½ Stunde marinieren. Dann auf
heißem Grill oder im Backrohr garen, etwa 4 Minuten
von jeder Seite. Entweder so oder mit Spargelsoße anrichten. Mit Zitronen- oder Limonenscheiben und Petersilie garnieren.

Thunfischsalat (ergibt 1 Portion)

1 Dose Thunfisch (100 g), in Wasser konserviert
2 Schalotten, gehackt
2 Stangen Bleichsellerie, gewürfelt
1 TL Tomatenmark
1½ EL Liz's Spezialmayonnaise oder kalorienarmes Fertigprodukt
½ mittelgroße rosa Grapefruit
3–4 Blatt Kopfsalat
2 ganze Schalotten

Thunfisch abtropfen lassen und mit einer Gabel zerkleinern. Tomatenmark gut mit der Mayonnaise verrühren und mit den gehackten Schalotten und dem Sellerie unter den Thunfisch mischen. Grapefruit sorgfältig auslösen, die weiße Haut entfernen und die Grapefruitsegmente unter den Salat mischen. Grapefruitschale aufheben.

Zum Servieren: Die Salatblätter auf dem Teller verteilen, Thunfischmischung in die Grapefruitschale schichten und auf die Salatblätter legen. Das grüne Ende der Schalotten in »Fransen« schneiden und fächerartig als Garnierung auf den Salat legen.

Fülle zu Truthahn oder Huhn (ergibt 2 Portionen)

½ Tasse Bleichsellerie, feingehackt
½ Tasse Karotten, grobgehackt
½ Tasse Pilze, geschnitten
½ Tasse Zwiebeln, gehackt
1 große Knoblauchzehe, zerdrückt
½ Tasse Hühnerbrühe oder Bouillon
2 Scheiben Vollkornbrot, fein zerrieben (Mixer)
2 Eiweiß
1 TL Petersilie, gehackt
½ Tasse Wasserkastanien
½ TL Rosmarin
½ TL Thymian
Salzersatz oder Salz und Pfeffer nach Geschmack

Gemüse dämpfen; die Wasserkastanien in Hühnerbrühe weich kochen (3–5 Minuten). Abkühlen lassen. Brotbrösel, Eiweiß, Wasserkastanien und Kräuter vermischen, salzen und pfeffern nach Geschmack. Diesen Teig im Bratrohr ca. 40 Minuten bei mittlerer Hitze backen, bis er braun und knusprig ist. Zu gegrilltem Truthahn oder Huhn servieren.

Artischockensalat

½ Tasse Artischockenherzen, gefroren oder abgetropft
aus der Dose
½ Tasse Tomaten, gewürfelt
½ Tasse Zwiebeln, grobgehackt
½ TL frischer Salbei, feingehackt
Salzersatz oder Salz und Pfeffer

Artischockenherzen und Tomaten auf Teller anrichten.
Mit Salbei bestreuen. Salzen und pfeffern nach Geschmack. Vinaigrette oder Salatsoße ohne Öl darüberge-
ben und servieren.

Gegrilltes Gemüse in Folie (ergibt 1 Portion)

100 g Pilze, geschnitten
100 g Knollensellerie, gewürfelt
1 mittelgroße Zwiebel, grobgehackt
1 TL frischer Thymian, feingehackt
1 TL salzarme Sojasoße

Zutaten mischen und in Alufolie geben; Folie fest ver-
schließen. Im Grill oder Backrohr bei mittlerer Hitze
10−15 Minuten backen. Nicht verkochen; das Gemüse
soll noch einen »Biß« haben.

Gedämpfte Salatgurke mit Dill (ergibt 1 Portion)

1 mittelgroße Salatgurke
2 TL frischer Dill, feingehackt
1 Prise Salzersatz oder Salz
1 Prise Zitronenpfeffer

Gurke schälen und in 2 cm dicke Scheiben schneiden. Mit Dill, Salz und Zitronenpfeffer bestreuen. Dämpfen, bis die Stücke fast weich sind.

Gebackene Kartoffelschalen (ergibt 1 Portion)

2 mittelgroße Kartoffeln
1 EL Parmesan
Salzersatz oder Salz und Pfeffer

Kartoffeln im Backrohr oder Mikrowellenherd braten, bis sie gar sind. Solange sie noch heiß sind, der Länge nach durchschneiden. Mit einem Löffel den größten Teil des Kartoffelinneren herausnehmen, nur eine Lage an der Schale lassen. Kartoffelschalen mit Käse bestreuen und nach Geschmack salzen und pfeffern. Im Grill oder Backrohr bräunen, bis sie knusprig sind. Am besten schmecken sie, wenn sie sofort serviert werden.

Neue Kartoffeln mit Minze (ergibt 1 Portion)

4 kleine neue Kartoffeln, gut gewaschen (gebürstet)
1 großer Zweig frische Minze
Schnittlauch, geschnitten
Salzersatz oder Salz

Kartoffeln mit so viel Wasser in einen Topf geben, daß
sie bedeckt sind. Minze zerdrücken und ins Wasser
geben. 15 Minuten oder länger leicht sprudelnd kochen
lassen, bis die Kartoffeln gar sind. Wasser abgießen;
Kartoffeln mit Schnittlauch und Salz bestreuen und heiß
servieren.

Ratatouille (ergibt 4 Portionen)

1½ Tassen Aubergine, in 2−3 cm große Würfel geschnitten
1½ Tassen grüne Bohnen, grobgeschnitten
1¼ Tassen Zwiebeln, grobgehackt
1¼ Tassen Pilze, geviertelt
1 TL Tomatenmark
1 TL frischer Koriander, gehackt
Salzersatz oder Salz und Pfeffer

Wasser ca. 2 cm hoch in einen Topf geben; die ersten fünf Zutaten hineingeben und langsam weich kochen lassen. (Wenn nötig, etwas Wasser nachgießen.) Koriander dazugeben und nach Geschmack salzen und pfeffern. Heiß servieren. Rest im Kühlschrank aufbewahren; schmeckt aufgewärmt, aber auch kalt sehr gut.

Gedämpfte Zuckererbsen mit Wasserkastanien

½ Pfund Zuckererbsen
2 Wasserkastanien, geschnitten
2 TL salzarme Sojasoße

Zuckererbsen 3—4 Minuten oder etwas länger dämpfen, bis sie weich sind. Vom Feuer nehmen und mit den Kastanien und etwas Sojasoße in einer vorgewärmten Schüssel mischen.

Spinat in Tomatenhülle (ergibt 1 Portion)

1 mittlere Fleischtomate
Frischer oder gefrorener gehackter Spinat, die gekochte
Menge soll 1 Tasse entsprechen
½ EL frische Pinienkerne
¼ TL Muskatnuß
Salzersatz oder Salz

Von der Tomate den Blütenstand abschneiden. Tomate
aushöhlen. Spinat dünsten, bis er weich ist, und abtropfen lassen. Mit den Pinienkernen vermischen, mit Mus-
kat würzen und salzen. Die Tomate damit füllen und im
Backrohr bei mittlerer Hitze 10 Minuten backen.

Zucchinipüree (ergibt 1 Portion)

2 mittelgroße Zucchini
Salzersatz oder Salz und Pfeffer

Zucchini dämpfen, bis sie weich sind. In eine Schüssel geben und mit einer Gabel pürieren. Nach Geschmack salzen und pfeffern.

Tomatensalat (ergibt 1 Portion)

1 mittlere Fleischtomate
1 kleine Zwiebel
Frisches Basilikum, feingehackt
Zitronenpfeffer

Tomate in Scheiben, Zwiebel in dünne Ringe schneiden. Tomaten und Zwiebeln in abwechselnden Schichten auf einem Teller anrichten. Mit Basilikum bestreu-
en. Zitronenpfeffer nach Geschmack.

Gedämpftes Gemüse

½ Tasse Zucchini, mundgerecht zerkleinert
½ Tasse Broccoli, mundgerecht zerkleinert
½ Tasse Blumenkohlröschen, mundgerecht zerkleinert
Schwarzer Pfeffer, frisch gemahlen
1 EL salzarme Sojasoße (nach Belieben)

Gemüse 3–4 Minuten dämpfen. (Nicht verkochen; es soll noch einen »Biß« haben.) Aus dem Topf nehmen und nach Geschmack Pfeffer und Zitronensaft dazugeben. Man kann auch noch etwas Sojasoße oder eine der Spezialsoßen hinzufügen und das Gemüse darin schwenken.

Spargelsoße

½ Pfund frischer Spargel
¼ Tasse Hühnerbrühe oder Bouillon
1 TL halbfetter Sauerrahm
Salzersatz oder Salz und Pfeffer

Spargel schälen, in 2−3 cm lange Stücke schneiden und
in Hühnerbrühe weich kochen. Etwas auskühlen lassen,
in den Mixer geben, Sauerrahm dazufügen und so lange
mischen, bis alles püriert ist. Nach Geschmack salzen
und pfeffern. Auf kleinem Feuer anwärmen und als Soße
zu Fisch oder Huhn servieren.

Scharfe Käsesoße

200 g Gorgonzola oder Roquefort
4 TL halbfetter Sauerrahm
2 TL Essig
1 Schalotte, kleingehackt
Salzersatz oder Salz und Pfeffer

Die ersten vier Zutaten im Mixer so lange vermengen,
bis die Mischung weich und sahnig ist. Salzen und
pfeffern nach Geschmack. Kühl stellen und als Dip für
Rohkost verwenden. Als Soße auch für Salat oder Gemüse geeignet.

Falsche Kaviarsoße

1 Tasse Magerjoghurt
1 kleines Glas Fischrogen (echter Kaviar ist zu ölig)
Zitronensaft
Salzersatz oder Salz und Pfeffer

Fischrogen mit Joghurt verrühren. Zitronensaft dazugeben, salzen und pfeffern nach Geschmack. Kalt stellen und als Dip zu Rohkost, oder vorsichtig erhitzen und zu gedämpftem Gemüse verwenden.

Käse-Schnittlauch-Soße

200 g halbfetter Frischkäse, zerdrückt
1 EL halbfetter Sauerrahm
2 EL frischer Schnittlauch, geschnitten
Magermilch
Salzersatz oder Salz und Pfeffer

Frischkäse, Sauerrahm und Schnittlauch im Mixer vermischen. So viel Magermilch hinzufügen, daß daraus eine (dicke oder dünne) Soße entstehen kann, und nochmals mischen, bis alles sahnig ist. Nach Geschmack salzen oder pfeffern. Kalt stellen und als Dip zu Rohkost oder als Soße zu Gemüse und Salat verwenden.

Käse-Knoblauch-Soße

200 g halbfetter Frischkäse, zerdrückt
2 EL Magerjoghurt
2 EL frischer Schnittlauch, geschnitten
¼ Tasse Magermilch
1 Knoblauchzehe, zerdrückt
Salzersatz oder Salz und Pfeffer

Alle Zutaten in den Mixer geben und mischen, bis sie glatt und sahnig sind. Kalt stellen und als Dip zu Rohkost oder als Soße zu Gemüse und Salat verwenden.

Meerrettichsoße

½ Tasse Liz's Spezialmayonnaise oder halbfettes Fertigprodukt
1 TL frischer Meerrettich, feingerieben
½ TL Senf
2 Tropfen Tabascosoße

Zutaten gut vermischen. Warm zu Gemüse und kalt zu
Salaten.

Liz's Spezialmayonnaise

1 ganzes Ei
1 Eigelb
1 Tasse Distelöl
1 EL Balsamico oder anderer Essig
Saft von 1 Zitrone
2 Knoblauchzehen, geschält und zerdrückt
½ TL Senfpulver
½ TL Worcestersauce
Salzersatz oder Salz und Pfeffer
Süßstoff
½ Tasse Magermilch

Ei, Eigelb, Essig, Zitronensaft, Knoblauch, Senfpulver und Worcestersauce in den Mixer geben und alles gut vermischen. Auf höchste Geschwindigkeit stellen und langsam das Öl hineintropfen lassen. (Die Mischung wird sehr dick.) In eine Schüssel geben, salzen und pfeffern, Süßstoff nach Geschmack. Magermilch dazugießen und gut durchmischen. In luftdichtem Behälter im Kühlschrank aufbewahren. Hält bis zu sechs Wochen.

Currymayonnaise Nr. 1

1 Tasse Liz's Spezialmayonnaise oder halbfettes Fertigprodukt
2 EL Distelöl
2 EL Essig
1 kleine Zwiebel, feingehackt
2 TL Currypulver
2 TL Zitronensaft
Salzersatz oder Salz und Pfeffer

Die ersten sechs Zutaten gut vermischen. Salzen und
pfeffern nach Geschmack. Kalt stellen und als Dip zu
Rohkost oder als Soße zu Gemüse oder Salat. Kann auch
zum *Eiersalat mit Curry* und zum *Hühnersalat mit Curry*
verwendet werden.

Currymayonnaise Nr. 2

1 Tasse Liz's Spezialmayonnaise oder halbfettes Fertigprodukt
2 TL Currypulver
1 TL kalorienarme Aprikosenkonfitüre
Saft von ½ Limone oder Zitrone

Zutaten gut vermischen. Zu *Hühnersalat mit Curry* oder
als Dip verwenden.

Senfsoße

1 Tasse Liz's Spezialmayonnaise oder halbfettes Fertigprodukt
2 EL halbfetter Sauerrahm
2 EL französischer Senf

Alle Zutaten gut vermischen. Kalt stellen und als Dip zu
Rohkost oder als Soße zu Gemüse und Salat verwenden.

Roquefortsoße

1 Tasse Magerjoghurt
50 g Roquefort oder anderer Schimmelkäse, zerdrückt
2 EL Balsamico oder anderer Essig
1 große Knoblauchzehe, zerdrückt
1 TL Worcestersauce
1 TL Senf
Süßstoff
Schwarzer Pfeffer, frisch gemahlen

Alle Zutaten, außer Süßstoff und Pfeffer, in den Mixer geben und so lange mischen, bis die Mischung glatt ist. Süßstoff und Pfeffer nach Geschmack. Als Dip zu Rohkost oder als Soße zu Gemüse und Salat verwenden.

Sauce Tatare

1 Tasse Liz's Spezialmayonnaise oder halbfettes Fertigprodukt
½ kleine Zwiebel, feingehackt
2 EL saure Gürkchen, feingehackt
2 EL Kapern, feingehackt
1 EL Petersilie, feingehackt
Zitronensaft
Salzersatz oder Salz und Pfeffer

Die ersten fünf Zutaten gut durchmischen. Zitronensaft
dazugeben, salzen und pfeffern nach Geschmack. Kalt
stellen und als Dip zu Rohkost oder als Salatsoße verwenden.

Tomatendip

200 g Ketchup (mit Süßstoff hergestellt)
3 EL halbfetter Sauerrahm
½ Zwiebel, gehackt
1 TL Dijonsenf
1 Knoblauchzehe, zerdrückt
2 EL frische Petersilie, gehackt

Alle Zutaten im Mixer mischen, bis sie püriert sind. Kalt stellen und als Dip zu Rohkost oder als Soße zu Gemüse oder Salat verwenden. Oder wärmen und zu Steak servieren.

Tomatensoße

2 große frische Tomaten, geschält
2 Stangen Bleichsellerie, kleingeschnitten
1 Karotte, kleingeschnitten
1 kleine Zwiebel, gehackt
1 Knoblauchzehe
Saft von ½ Zitrone
1 TL frisches Basilikum, gehackt
Frische Petersilie, gehackt
Süßstoff

Alle Zutaten in einer schweren Pfanne 30 Minuten köcheln lassen. Wenn die Mischung zu dünn ist, noch weiter einkochen lassen. Zu Nudeln, Huhn, Fisch oder Steak servieren.

Kalorienarme Vinaigrette

5 EL Hühnerbrühe oder Bouillon
1 EL Pflanzenöl
1 EL Zitronensaft
1 EL Balsamico oder anderer Essig
½ Knoblauchzehe, zerdrückt
½ TL Schnittlauch
½ TL Kerbel
Tabascosoße
Salzersatz oder Salz und Pfeffer

Die ersten sieben Zutaten vermischen und mindestens 2 Stunden ziehen lassen. Einen Spritzer Tabascosoße hinzufügen, salzen und pfeffern nach Geschmack. Vor dem Servieren kräftig durchrühren.

Vinaigrette ohne Öl

½ Tasse Balsamico oder Tarragonessig
½ Salatgurke, geschält und grobgehackt
1 Frühlingszwiebel, kleingeschnitten
2 Knoblauchzehen, zerdrückt
1 TL Worcestersauce
½ TL frische Petersilie, gehackt
½ TL frisches Basilikum, gehackt
Süßstoff
Salzersatz oder Salz und Pfeffer

Die ersten sieben Zutaten im Mixer mischen, bis die Mischung glatt ist. Süßstoff hinzufügen, salzen und pfeffern nach Geschmack.
Die Vinaigrette wird sahniger, wenn man vor dem Mixen 2 Eiweiß dazugibt.

Kressesoße

¼ Tasse Liz's Spezialmayonnaise oder halbfettes Fertigprodukt
1 EL Kresse, feingehackt

Zutaten mischen und gut durchrühren. Als Dip zu
Rohkost oder zu Hummer servieren.

Proteingetränk

2 EL Proteinpulver (Reformhaus)
2 TL Malzmilch
2 TL Johannisbrotpulver (Reformhaus)
Süßstoff
2 Tropfen Vanilleextrakt
120 g Wasser
Eiswürfel

Alle trockenen Zutaten und Vanilleextrakt mit dem Wasser verrühren. Im Mixer bei höchster Geschwindigkeit mischen. Die Eiswürfel nach und nach dazugeben, bis die Mischung dick und sahnig ist.

Bratapfel (ergibt 1 Portion)

1 mittelgroßer Granny-Smith-Apfel
1 EL Korinthen oder Rosinen
Schale von ½ Orange, gehackt
Süßstoff
½ TL Zimt

Den Apfel waschen und vom Kernhaus befreien. Mit einem scharfen Messer die Schale horizontal an der dicksten Stelle des Apfels aufschneiden, um das Platzen während des Bratens zu verhindern. Die restlichen Zutaten vermischen und in den Apfel stecken. Wasser knapp 2 cm hoch in eine feuerfeste Form geben und den Apfel hineinlegen. Bei mittlerer Hitze etwa eine Stunde im Bratrohr backen, bis der Apfel weich ist.

Apfelkuchen (ergibt 4 Portionen)

Teig
1 knappe Tasse Vollkornmehl
1 knappe Tasse Mehl
½ Tasse halbfette Margarine
2 Eiweiß
1 Prise Salzersatz oder Salz
Wasser

Füllung
2 große grüne Äpfel
2 Aprikosen
1 TL Rosinen
½ TL Zimt
½ TL Gewürzmischung Allspice
½ TL gemahlene Nelken
Süßstoff
3 EL Aprikosenkonfitüre (ohne Zucker) für Glasur

Mehl, Margarine und Salz vermischen, bis die Mischung krümelig ist. Eiweiß und Wasser dazugeben und zu einem festen Teig verkneten. (Teig darf nicht zu feucht sein; trockener Teig ist zwar schwieriger zu verarbeiten, ergibt aber einen flaumigen, lockeren Kuchen.) Im Kühlschrank mindestens 30 Minuten ruhen lassen.
Während dieser Zeit die Äpfel schälen, vierteln, vom Kernhaus befreien und in dünne Scheiben schneiden. Die Aprikosen halbieren, entkernen und in Scheiben schneiden.

Den Teig ausrollen und in eine flache Kuchenform geben. (Form mit Messer zurechtschneiden.) 10 Minuten bei schwacher Hitze backen. Aus dem Backrohr nehmen und die Apfel- und Aprikosenscheiben abwechselnd auf den Teig legen. Mit Zimt, Gewürzmischung, Nelken und Süßstoff bestäuben. Nochmals 20 Minuten in das Backrohr geben; dann mit der Aprikosenkonfitüre bestreichen und nochmals 5 Minuten backen. Vor dem Servieren abkühlen lassen.

Schokoladen-Fantasie (ergibt 4 Portionen)

1 Paket Diät-Schokoladenpudding
½ Tasse H-Milch, mager
1½ Tassen schwarzer Kaffee
1 Eigelb, leicht geschlagen

Puddingpulver, Milch und Kaffee in einen Topf geben, unter Rühren zum Kochen bringen und dann auf kleinem Feuer eindicken lassen. Vom Feuer nehmen. Eigelb unter ständigem Rühren dazugeben. Nochmals 1 Minute aufs Feuer stellen. In vier Schälchen abfüllen und erkalten lassen.

Orangensoufflé (ergibt 4 Portionen)

4 Orangen
5 EL Mehl
3 EL halbfette Margarine
abgeriebene Schale von 1 Orange
Süßstoff
2 Eiweiß

Von den Orangen einen Deckel von etwa 2 cm abschneiden; das Fruchtfleisch herausnehmen und dabei die Schale unverletzt lassen. Das Fruchtfleisch durch ein Sieb pressen; man benötigt für dieses Rezept etwa 1 Tasse Saft.

In einer Pfanne Margarine schmelzen. Mehl dazugeben und unter ständigem Rühren 1 Minute aufkochen lassen. Vom Feuer nehmen, Orangenschale und Orangensaft dazugeben. Wieder aufs Feuer stellen und ganz langsam unter ständigem Rühren zum Kochen bringen. 2 Minuten köcheln lassen. Nach Geschmack mit Süßstoff versehen und wieder vom Feuer nehmen. Abkühlen lassen. Aus dem Eiweiß steifen Schnee schlagen und unter die abgekühlte Orangenmischung heben.

Falls nötig, von den Orangenböden eine dünne Schicht wegschneiden, damit sie besser stehen. Die Orangenmischung in die Orangenschalen gießen, bis sie etwa zu zwei Dritteln voll sind. In eine feuerfeste Form stellen und im heißen Bratrohr backen, bis das Soufflé aufgeht und leicht braun ist. Vor dem Servieren die Orangen mit Süßstoff bestäuben.

Überbackener Pfirsich mit Himbeersoße

(ergibt 1 Portion)
1 großer fester Pfirsich
2 EL Wasser
Süßstoff
1 Prise Gewürzmischung Allspice
½ TL Zitronenschale, gerieben
Frische Minze (nach Wahl)
Frische Himbeeren (nach Wahl)

Den Pfirsich der Länge nach in Hälften schneiden und entkernen. Mit dem Wasser, der Gewürzmischung, dem Süßstoff und der geriebenen Zitronenschale in eine feuerfeste Form geben. Mit Alufolie abdecken und im Bratrohr bei mittlerer Hitze 20–25 Minuten backen, bis der Pfirsich weich ist. Mit Himbeersoße anrichten. Mit Minze und ganzen Himbeeren nach Wunsch garnieren.

Himbeersoße

1 Tasse frische Himbeeren
Saft von 1 Zitrone
Süßstoff

Alle Zutaten im Mixer gut vermischen, bis die Mischung
glatt ist. Auf einen Teller gießen. Die gebackenen Pfir-
sichhälften abtropfen lassen, in Stücke schneiden und
auf dem Teller arrangieren.

Vierter Teil

Körperübungen

Ich stamme aus einer früheren Epoche, aus einer Zeit, in der man körperliche Fitneß nicht für eine notwendige Bedingung hielt, wenn es darum ging, sich eine gute Figur zu erhalten. Vielleicht war ich deshalb immer ein bißchen skeptisch, wenn mir jemand erzählte, wie sehr er es genoß, sich körperlich auszutoben. Mir kam das alles eher wie eine Pflichtübung vor; ich selbst hatte Reiten, Tanzen oder Schwimmen noch nie als »Training« aufgefaßt. Dieses Wort rief bei mir grundsätzlich Visionen von Leuten hervor, die Turnhosen anhaben, sich redlich abmühen und vor Anstrengung stöhnen. Meine Haltung dazu war immer: »Danke schön; nein, danke«.

Gut möglich allerdings, daß meine negative Einstellung körperlichen Übungen gegenüber schlicht und einfach mit meinen Gesundheitsproblemen zu tun hatte. Vielleicht wäre ich ohne diese Probleme eine der ersten gewesen, die sich mit Begeisterung auf das Fitneßprogramm gestürzt hätte. Versucht jedenfalls hätte ich es sicher. Und wahrscheinlich hätte ich mich durch ein Training wenn auch nicht gerade schlank, so doch immerhin in Form gehalten. Durch die körperliche Betätigung hätte ich zusätzliche Kalorien verbraucht, und auch Zeit – die ich dann statt dessen darauf verwandt habe, mir selbst leid zu tun. Oder zu essen. Oder beides.

Schwamm drüber. Ich habe jahrelang so gut wie nichts unternommen, teils weil ich dachte, es wäre mir zuwider, teils aus Angst davor, mir weh zu tun. Das ist inzwischen alles anders. Heute weiß ich, daß ein vernünftiges Trainingspensum notwendig ist, wenn ich mein Gewicht halten will. Und wenn ich mich auf mein Übungsprogramm freuen kann, dann können Sie das auch. Aber Vorsicht: erst den Kopf einschalten, ehe Sie anfangen, mit Ihrem Körper zu arbeiten.

Das Wichtigste zuerst: Egal, wie alt Sie sind, und egal, wie gesund und fit Sie sich fühlen, Sie sollten kein Übungsprogramm beginnen, ohne sich vorher mit Ihrem Arzt zu besprechen. Machen Sie ihn aufmerksam auf alle körperlichen Probleme, die Sie haben oder einmal hatten. Schildern Sie ihm, was Sie vorhaben, und fragen Sie ihn nach einer risikoarmen Bewegungstherapie, die Ihnen dabei helfen könnte. Vielleicht schlägt Ihr Arzt Ihnen einige Tests vor. Sie sollten seinen Rat unbedingt befolgen.

Ich mußte wegen meines lädierten Rückens besonders vorsichtig sein. Ich wagte es nicht, mir selbst ein Übungsprogramm zusammenzustellen – das empfehle ich ohnehin keinem –, also ließ ich mich von Dr. Leroy R. Perry beraten; er ist ein sehr bekannter Chiropraktiker und Präsident des Internationalen Sportmedizinischen Instituts in Los Angeles. Dr. Perry stellte für mich ein Trainingsprogramm zusammen, eine Reihe von einfachen Übungen, die ganz allgemein meine Muskeln, vor allem meinen Rücken und den Oberkörper stärken und meine Haltung verbessern sollten. (Wenn Sie innerhalb von zehn Minuten um zehn Jahre jünger und um zehn Pfund leichter wirken wollen, müssen Sie nur die richtige Haltung einnehmen; wie, das sage ich Ihnen später.) Dr. Perry riet mir auch, den Swimmingpool zu benutzen, und zwar nicht nur zum Planschen, sondern für aerobische Schwimmübungen.

Und das alles hat auch allerlei bewirkt. Ich würde mich zwar nicht unbedingt als einen Fitneß-Freak bezeichnen, aber ich weiß inzwischen, wie unglaublich wohl man sich nach einer körperlichen Anstrengung fühlen kann. Ich bin begeistert davon, was mit meinem Körper passiert, und die Tatsache, daß ich beim Schwimmen zusätzliche Kalorien verbrauche, macht es mir sehr viel leichter, mein Gewicht zu halten.

Eine kleine Warnung: Das folgende Programm wurde für *meinen* Rücken konzipiert und tut mir gut; es kann auch Ihnen guttun. Aber Sie sollten wirklich mit Ihrem Arzt sprechen, bevor Sie die Übungen in Angriff nehmen.

HALTUNG

Das einzige, das man auch ohne körperliche Übungen verbessern kann, ist die Haltung. Leider hat dieses Wort einen Klang, bei dem viele Leute gleich einen irgendwie glasigen Blick bekommen. Das kommt vermutlich daher, weil wir alle als Kinder dauernd gesagt bekamen, wir sollten uns geradehalten. Tatsache ist aber, daß diese wohlmeinende Nörgelei im Grunde sehr viel Sinn hatte. Selbst junge Frauen sehen kaputt und angestrengt aus, wenn sie sich schlecht halten. Da kann die Figur noch so toll sein, durch eine schlechte Haltung wird das verdeckt; und bei Übergewicht sieht man mit schlechter Haltung ohnehin um mindestens zehn Pfund schwerer aus. Eine Frau, die sich hält, als wäre sie schön, *ist* schön.

Haltung war für mich allerdings nie ein Problem. Ein Leben vor der Kamera kuriert jeden krummen Rücken. Ich kenne aber durch Dr. Perry ein paar Tips, die man wirklich nicht für sich behalten darf.

Zuerst einmal sollte man sich ausziehen und sich barfuß vor einen großen Spiegel stellen. Das Gewicht sollte gleichmäßig auf beide Füße verteilt sein. Man läßt die Arme lose hängen und versucht, so zu stehen, daß eine gedachte Linie von dem Punkt in der Mitte zwischen den Fußgelenken über die Knie hochgeht und das Becken, den Nabel, den Brustkorb, das Kinn und die Stirn teilt. Wenn man jetzt *horizontale* Linien zeichnen würde, die Fußgelenke, Knie, Hüften, Schultern und Augen verbinden würden, müßten sie alle gerade sein.

Dann dreht man sich seitlich und betrachtet sich im Profil. Im Idealfall ließe sich jetzt eine *vertikale* Linie ziehen, die in einem geringen Abstand von den Fußgelenken beginnt, durch das vordere Drittel der Knie, durch den Hüftknochen und knapp an der Schulter vorbei nach oben verläuft und das Ohr in der Mitte teilt. Diese Ausrichtung, so Dr. Perry, ist im Grunde perfekt. Wenn es nicht von alleine funktioniert, sollten Sie üben. Und wenn Sie nicht irgendwelche kleineren Muskel- oder Knochenbauprobleme haben (über größere wüßten Sie ohnehin Bescheid), sollte Ihnen diese gedachte Linienführung, dieses richtige Ausrichten, allmählich ganz leicht fallen und schließlich selbstverständlich werden.

Und zum Schluß noch eine Methode, die Sie daran erinnern soll, daß Sie hoch aufgerichtet stehen und stolz erhobenen Hauptes gehen sollen. Man braucht dazu eine gewisse Vorstellungskraft. Dr. Perry erzählte, daß einige seiner Patienten – darunter viele Hollywoodstars und mehrere Olympiateilnehmer – sich zunächst einmal gesperrt hätten, als er ihnen diese Methode vorschlug, daß sie dann aber bald entdeckt hätten, wie gut sie funktioniert. Das Ganze geht so:

Denken Sie an eine leuchtende Farbe. Schließen Sie die Augen und stellen Sie sich vor, daß fünf mit Helium gefüllte Ballons in eben dieser Farbe über Ihren Körper schweben. Einer ist an Ihrem Kopf befestigt, je einer an beiden Brustmuskeln und an beiden Hüftknochen. Gewöhnen Sie sich an, diese Farbe mit diesen Fantasieballons zu verbinden. Und jedesmal, wenn Ihnen die Farbe dann tatsächlich irgendwo begegnet, sollten Sie an die Ballons denken, an die gestrafften Schnüre, die langsam, aber stetig Ihren Kopf, Ihren Brustkorb und Ihre Hüften nach oben ziehen.

Sie werden feststellen, daß die Spannungen in Ihrem Nacken nachlassen, wenn Ihr Kopf sich hebt, daß sich Schultern und Rücken entspannen, wenn Brust und Becken nach oben zeigen. Ein herrliches Gefühl von Leichtigkeit stellt sich ein und drückt sich aus in der Art, wie Sie sitzen, stehen und sich bewegen. Und schon nach wenigen Wochen werden Sie sich graziöser, selbstbewußter und jünger fühlen.

SPANNEN, STRECKEN, MUSKELSPIELE

Zweimal am Tag, morgens und abends, versuche ich, die folgenden Übungen zu machen. Sie fördern die Spannkraft der Muskeln und die Beweglichkeit, und ich persönlich finde sie sehr belebend. Weil sie fast alle dem Druck auf das Rückgrat, der unausweichlichen Folge der Schwerkraft, entgegenwirken, hat es den Anschein, als würden sie mich größer machen. Das ist wohl eher eine Illusion – aber wenigstens werde ich nicht kleiner!

1. Morgenstern

Diese Übung kräftigt den ganzen Rücken. Sie spannt die Bauchmuskeln, streckt die Gesäßmuskeln und macht die Kniesehnen beweglich.

a. Legen Sie sich auf den Rücken mit einer Decke oder einem Teppich als Unterlage. Diese Übung darf nicht auf einem Bett oder einer anderen weichen Unterlage gemacht werden. Der rechte Arm sollte nach oben ausgestreckt sein, der linke sollte einen 90-Grad-Winkel zu Ihrem Körper bilden. Die Beine gerade ausstrecken. Heben Sie nun das Steißbein an, ohne die Gesäßmuskeln zu spannen, so daß sich das Becken nach oben bewegt. (Konzentrieren Sie sich darauf, vor allem die Bauchmuskeln zu benützen.)

b. Den linken Fuß über den rechten Fuß schwingen.

c. Die Übung wiederholen, diesmal mit erhobenem linken Arm; den rechten Arm vom Körper seitlich weg strecken und das rechte Bein über das linke schwingen.

d. Machen Sie diese Übung fünfmal hintereinander; nach zwei Wochen auf zehnmal hintereinander steigern.

Wichtig: Während der ersten Woche die Übung wie oben ausführen. Später dann die Positionen b und c zunehmend länger, bis zu fünf Sekunden, halten; Arme und Beine dabei so weit wie möglich strecken.

2. Bauchrollen

Bauchrollen sind ähnlich wie Sit-ups, das heißt, man setzt sich mit Schwung auf. Und sie wirken auch so ähnlich. Sie sorgen für einen flachen Bauch. Aber sie belasten die Wirbelsäule ungleich weniger, und indem sie die Bauchmuskeln stärken, stützen sie gleichzeitig den Rücken.

Für diese Übung benötigt man ein Kissen.

Rolle Nr. 1

a. Auf dem Teppich oder einer Turnmatte auf den Rücken legen, die Beine so ausstrecken, daß die Zehen nach innen, die Fersen leicht nach außen zeigen. Ein Kissen zwischen die Oberschenkel nehmen, je höher, desto besser, und pressen. Arme über der Brust kreuzen und, ohne die Gesäßmuskeln anzuspannen, das Steißbein nach unten drücken, so daß das Becken nach oben zeigt.

b. In einer langsamen Bewegung – das Kissen bleibt zwischen den Oberschenkeln – den Kopf so weit heben, daß das Kinn den Hals berührt; die Nase in Richtung Brust, die Stirn in Richtung Bauch neigen. Der untere Teil der Schulterblätter muß auch am höchsten Punkt der Rolle noch am Boden anliegen.

c. Langsam wieder in die Grundposition ausrollen.

d. Die Übung fünfmal wiederholen.

e. Während der ersten Woche die Übung wie oben ausführen. In der zweiten Woche am höchsten Punkt der Rolle kurz anhalten. Die Pause allmählich verlängern, die Position halten und dabei bis fünf zählen.

Rolle Nr. 2
Die Füße sind auf dem Boden, die Knie sind in einem 30-Grad-Winkel abgebogen; die Rolle Nr. 1 von Position a bis e ausführen.

Rolle Nr. 3
Mit den Beinen auf einem Stuhl die Rolle Nr. 1 von Position a bis e ausführen.

3. Schulterkreisen rückwärts

Diese leichten Übungen machen den Oberkörper beweglicher und verbessern die Haltung von Wirbelsäule, Hals und Kopf. Weil sie gleichzeitig gegen den negativen Einfluß der Schwerkraft gerichtet sind, nennt Dr. Perry diese Übungen gerne »natürliches Liften durch gute Haltung«. Weil sich dabei der Oberkörper kräftigt und die Schultern gerade werden, hält man den Hals und den Kopf wesentlich besser. Das Ergebnis: Hals und Gesicht wirken allmählich wieder fester und lebendiger. Ein weiteres Plus dieser Übung: Sie vergrößert die Lungenkapazität und verbessert damit die Blutzirkulation.

Schulterkreisen Nr. 1

a. Stehen Sie mit dem Rücken leicht gegen eine Tür gelehnt; die Arme seitlich, die Füße leicht gedreht, so daß die Zehen nach innen zeigen.

b. Die Brust herausdrücken und mit den Schultern eine Kreisbewegung ausführen: nach oben, dann nach hinten und dann so weit wie möglich nach unten, so als könnte man mit den Schulterblättern die Tür zu fassen bekommen. (Dr. Perry ist der Meinung, daß man, um den runden Rücken loszuwerden, mit den Schultern ausschließlich nach hinten, nie nach vorne kreisen sollte.)

c. Anhalten und bis fünf zählen, dann in die Ausgangsposition zurückkehren.

d. Zehnmal wiederholen.

Schulterkreisen Nr. 2

a. Wie in *Schulterkreisen Nr. 1* gegen eine Türe lehnen; die Arme so abwinkeln, daß die Hände die Schultern berühren.

b. Die Brust herausdrücken und mit den Schultern eine Kreisbewegung ausführen: nach oben, nach hinten und dann so weit wie möglich nach unten kreisen, als ließe sich die Türe mit den Schulterblättern fassen.

c. Anhalten und bis fünf zählen, dann in die Ausgangsposition zurückkehren.

d. Zehnmal wiederholen.

Schulterkreisen Nr. 3

a. Wie in *Schulterkreisen Nr. 1* gegen eine Türe lehnen, die Arme dabei in Schulterhöhe seitwärts ausstrecken. Hände kraftvoll nach außen stemmen.

b. Die Brust herausdrücken, die Hände immer noch nach außen gepreßt, die Schultern nach oben, nach hinten und so weit wie möglich nach unten kreisen lassen.

c. Position halten und bis fünf zählen, dann in die Ausgangsposition zurückkehren.

d. Zehnmal wiederholen.

Anmerkung: Um die Wirkung zu verstärken, sollte man diese Übung zweimal nacheinander und nach drei Wochen dreimal nacheinander ausführen.

4. Beckenschwung im Stehen

Auch zu dieser Übung braucht man ein Kissen. Sie macht den Bauch flach und vermindert eine Hohlkreuz-Haltung, so daß das Gesäß weniger stark hervortritt. Nach Dr. Perry verhilft sie generell zu einer besseren Haltung.

a. Das Kissen weit oben zwischen den Schenkeln plazieren. Die Arme über den Kopf strecken und mit den Handflächen in einem Winkel von 30 bis 45 Grad von der Wand abstützen. Die Füße flach auf den Boden stellen. Das Steißbein einziehen, damit das Becken nach oben zeigt.

b. Das Kissen so fest wie möglich zusammendrücken mit Hilfe der unteren Bauch- und Oberschenkelmuskeln. Die Gesäßmuskeln dabei *nicht* anspannen.

c. Position halten und bis fünf zählen.

d. Zehnmal wiederholen.

5. Lichtblick fürs Gesicht

Diese Übung ist gut für die Muskelspannung an Hals und Kinn, weil sie Verkrampfungen der Halswirbelsäule, des Nackens und im Kopf abbaut. Wenn ich sie zehnmal hintereinander mache, sehe ich immer sehr entspannt und ausgeruht aus.

a. Richten Sie sich zur vollen Größe auf und legen Sie die Hände hinter den Kopf.

b. Versuchen Sie, gleichmäßig und stetig Kopf und Nacken nach hinten zu drücken, während Sie sich gleichzeitig mit den Händen dagegenstemmen.

c. Drücken, gegenstemmen und bis fünf zählen.

d. Zehnmal wiederholen.

6. Beinformer

Dieses Auf-der-Stelle-Schaukeln ist eine gute Übung, wenn Ihnen etwas an festen Oberschenkeln und Waden liegt und Sie überhaupt besser in Form sein möchten von den Fesseln bis zu den Hüften. (Und wer wollte das nicht!)

a. Richten Sie sich zur vollen Größe auf, und verteilen Sie das Gewicht auf die Ferse des linken und die Zehen des rechten Fußes.

b. Mit unbeweglichen Hüften – ohne jedes Wackeln oder Wedeln – das Gewicht schaukelnd auf die rechte

Ferse und die Zehen des linken Fußes verlagern. Dabei wie beim Laufen den rechten Arm nach vorne und den linken nach hinten schwingen.

c. Nun das Gewicht auf die linke Ferse und die Zehen des rechten Fußes verlagern; dabei den linken Arm nach vorne und den rechten Arm nach hinten schwingen.

d. Vierzigmal wiederholen.

AEROBIC – IST DAS WAS FÜR SIE?

Ich sage den Leuten nicht gerne, was sie tun oder lassen sollen. Es ist schließlich ihr Leben, und jeder muß selbst wissen, was er damit anfangen will. Trotzdem mache ich hier eine Ausnahme und sage Ihnen: Wenn Sie einigermaßen bei Gesundheit sind, sollten Sie wenigstens ein paar Stunden die Woche aerobische Übungen machen. Nicht alle meine Übungen sind aerobisch. Die, die ich bisher beschrieben habe, halten mich beweglich und in Form, sind aber nicht aerobisch. Sie halten meinen Körper nicht über einen längeren Zeitraum hinweg in ständiger Bewegung, sie steigern nicht meine Belastbarkeit, und sie sind kein Konditionstraining für Herz und Lunge – was eigentlich der Zweck aerobischer Übungen ist.

Wenn Sie wirklich fit und belastbar werden wollen, wenn Sie Energiereserven aktivieren möchten, die Sie nie bei sich vermutet haben, sollten Sie Aerobic in Betracht ziehen. Diese Sportart kann auch für Diät-Menschen von unschätzbarem Wert sein, weil dadurch der Stoffwechsel beschleunigt und Kalorien schneller abgebaut werden.

Das klingt nach Bekehrung, und ich glaube, ich bin auch wirklich bekehrt. Wo ich auch hinschaue, überall sehe ich ganz deutlich die Resultate von aerobischem Training. Wo ist denn der ganze Wabbelspeck hingekommen? Auch Frauen in meinem Alter und darüber können einen festen, reizvollen Körper haben. Richtiges Essen ist sicher wichtig, aber aerobisches Training ist der Schlüssel zum Erfolg.

Joggen und Aerobictanz sind hierzulande zwar außerordentlich beliebt, doch ist keines von beidem für mich ideal, weil die ganze Springerei meinen Rücken zu sehr belastet.

Aber Schwimmen! Das ist etwas ganz anderes. Das macht Spaß. Da gibt es keine Erschütterungen durch einen harten Boden, nur ein sanftes Gleiten durch das Wasser. Und dabei wird der ganze Körper gefordert und deshalb auch überall geformt. Ganz wichtig beim Schwimmen: Weil man dabei ständig in Bewegung ist, wird auch das Herz gestärkt. Wenn Sie so richtig aerobisch schwimmen wollen, sollten Sie vielleicht sogar einem Fitneßclub beitreten.

Obwohl beim Schwimmen die Verletzungsgefahr im Vergleich zu anderen aerobischen Übungen weit geringer ist, kann es einem schwachen Rücken dennoch schaden. Dr. Perry besteht z. B. darauf, daß ich eine Art Schwimmgürtel trage, damit ich leichter im Wasser liege. Auch wenn Ihr Rücken Ihnen noch nie Kummer gemacht hat, sollten Sie erst mit Ihrem Arzt sprechen, bevor Sie den Sprung ins Wasser wagen. Und strengen Sie sich am Anfang nicht zu sehr an; wenn Sie die ersten paar Male zu schnell oder zu lange schwimmen, ist das genauso gefährlich wie Übertreibungen bei jeder anderen sportlichen Aktivität, an die Ihr Körper nicht gewöhnt ist. Zählen Sie zuerst die Bahnen, nicht die Runden – eine Runde bedeutet hin und zurück, eine Bahn bedeutet nur eine Länge. Ein kleiner psychologischer Trick, damit Sie das Gefühl haben, mehr geleistet zu haben.

Wieviel und wie oft Sie schwimmen, das sind Fragen, die nur Sie selbst beantworten können; aber nur wer regelmäßig trainiert, darf auch Ergebnisse erwarten. Ich bin zur Zeit ziemlich gut durchtrainiert, und dafür ist dreimal eine halbe Stunde pro Woche ein gutes Maß. Gelegentlich trainiere ich sogar viermal; aber wenn mein Terminkalender sehr voll ist, kann es auch sein, daß ich es kaum zweimal die Woche schaffe. Ich freue mich auf die Zeit im Schwimmbecken wirklich jedesmal sehr und bin enttäuscht, wenn ich eine Schwimmstunde versäume.

AQUA-AEROBIC

Manchmal, wenn ich ein bißchen Abwechslung hineinbringen oder meine Haare nicht naß machen möchte, ersetze ich das Bahnenschwimmen durch fünfzehn bis dreißig Minuten Aqua-Aerobic. Diese Übungen macht man in aufrechter Haltung, den Kopf über Wasser. Ich trage dabei entweder einen Schwimmgürtel oder eine Schwimmweste, damit die Füße so wenig wie möglich den Boden berühren. Dr. Perry ist der Meinung, man kann für die Übungen fast alles verwenden, was schwimmt – einen Wasserball, einen Rettungsring oder auch Übungsbretter, und zwar eines unter jedem Arm. Die drei aqua-aerobischen Übungen, die ich hier anführe, sind nur ein Teil meines Programms; ich will Ihnen damit nur einen Eindruck vermitteln, wie das gemacht wird und wie es funktioniert. Versuchen Sie es. Wenn es Ihnen Spaß macht, fragen Sie den Schwimmlehrer in Ihrem Fitneßclub nach ähnlichen Übungen, damit Sie ein volles Trainingsprogramm bekommen.

Man muß sich darüber im klaren sein, daß diese Übungen aerobisch sind, das heißt, daß sie die Ausdauer steigern und die Herztätigkeit verbessern. Aber nur dann, wenn man sie konsequent hintereinander macht, ohne Pause, eine Übung nach der anderen. Das muß man aber erst lernen, und es kann eine Weile dauern, bis Sie damit schnell und ausdauernd genug sind, so daß die gewünschten Resultate sich dann auch einstellen. Aber auch schon während Sie auf dieses Ziel hinarbeiten, verbrauchen Sie eine Menge überflüssiger Kalorien und bringen so die schwachen Punkte Ihrer Figur allmählich wieder auf Vordermann.

Bei aqua-aerobischen Übungen sollten Sie immer aufrecht und gerade stehen oder vielmehr im Wasser schweben, die Brust herausgestreckt und das Steißbein eingezogen. Wenn Sie nicht gut schwimmen können, sollte jemand in Ihrer Nähe sein, der es kann. Gehen Sie nicht ins tiefe Wasser – das ist nicht notwendig; wenn Ihnen das Wasser bis zur Schulter reicht, ist das völlig ausreichend. Und natürlich macht das Ganze noch viel mehr Spaß, wenn man es nicht alleine macht.

1. Knieübungen

Mit dieser Übung beginne und beende ich jedes aqua-aerobische Programm. Es kräftigt Arme, Bauch, Rücken und Gesäß. Man braucht dazu aber auf jeden Fall einen Schwimmgürtel, eine Schwimmweste oder ein anderes Hilfsmittel.

a. »Laufen« Sie im Wasser, ohne mit den Füßen den Boden zu berühren, und bewegen Sie dabei die Arme nach vorne und nach hinten, wobei die Handflächen nach innen zeigen. (Linkes Knie hoch, rechter Arm nach vorne; rechtes Knie hoch, linker Arm nach vorne.) Es geht darum, daß Sie bei jedem Schritt mit den Knien so weit wie möglich nach oben kommen. (Ich komme inzwischen schon bis zur Taille.)

b. Fangen sie mit drei oder vier Laufschritten an. Nach und nach bis zu einem »Fünf-Minuten-Lauf« steigern. Das kann Wochen oder Monate dauern – aber Sie werden es schaffen.

2. Hoch das Bein
Eine wirklich gute Übung für Schenkel und Arme. Auch dazu brauchen Sie eine Schwimmhilfe.

a. Lassen Sie die Arme von vorne nach hinten kreisen und werfen Sie, ohne den Boden zu berühren, das rechte Bein, so hoch es geht.

b. Die Arme kreisen immer noch, und Sie werfen, wie ein Revuegirl, das linke Bein, so hoch Sie können.

c. Wiederholen Sie diese Übung, abwechselnd mit rechts und mit links.

d. Fangen Sie mit dreißig Sekunden an, und steigern Sie nach und nach auf zwei Minuten.

Anmerkung: Je stärker und ausdauernder Sie werden, desto schneller sollten Sie auch werden, um so viele Beinschwünge wie möglich pro Minute zu schaffen.

3. Ballettübungen
Diese Übung ist ein tolles Training für Hüften, Oberschenkel und Waden.

a. Ganz gerade stehen, mit dem linken Fuß wie eine

Ballettänzerin auf Spitze. Lassen Sie die Arme kreisen, um das Gleichgewicht zu halten, und schwingen
Sie den rechten Fuß in einem Bogen von 180 Grad bis
vor den linken Knöchel und wieder zurück. Sie
schwingen dann den rechten Fuß um 180 Grad vor das
linke Knie und zurück, und Sie schwingen schließlich
den rechten Fuß vor dem linken Oberschenkel hin
und her.

b. Die Übung wiederholen, dabei aber den rechten Fuß
in einem Bogen von 180 Grad *hinter* den linken
Knöchel, das Knie und den Oberschenkel schwingen.

c. Jetzt den rechten Fuß auf Spitze stellen und den
linken Fuß erst vor und dann hinter linken Knöchel,
Knie und Oberschenkel schwingen wie oben.

d. Fangen Sie mit zwei Minuten an; steigern Sie sich
allmählich auf drei Minuten, und machen Sie die
Übung dabei so oft wie möglich.

ANDERE AEROBISCHE MÖGLICHKEITEN

Weil es meinen Rücken am wenigsten anstrengt, ist
Schwimmen – und zwar Streckenschwimmen und Aqua-
Aerobic – für mich besonders gut. Aber wenn Sie keine
Rückenprobleme haben, gibt es keinen Grund, warum
Sie nicht auch andere aerobische Übungen in Betracht
ziehen sollten.

Vielleicht macht Ihnen radfahren mehr Spaß, und zwar
entweder draußen in der frischen Luft oder auf einem
Übungsrad im Zimmer. Auch die zweite Methode hat
Vorteile; man ist nicht vom Wetter abhängig (hat allerdings auch keine Entschuldigung bei Regen oder Kälte),
und man kann, weil man nicht aufpassen muß, wo man

hinfährt, auch lesen oder fernsehen, während man in die Pedale tritt. Ein Trockenrudergerät bietet ähnliche Vorteile.

Natürlich kann man auch einfach gehen. Ein gemütlicher Spaziergang ist zwar besser als nichts, aber er ist nicht sonderlich »aerobisch«. Besser ist es, man schreitet forsch aus und schwingt dabei die Arme oder macht Pumpbewegungen. Um die Gefahr einer Verletzung möglichst klein zu halten, schlägt Dr. Perry vor, sich beim Gehen leicht nach vorne zu beugen, das Steißbein einzuziehen und sich jeweils mit dem hinteren Fuß leicht abzustoßen. Durch leichte Gewichte an den Hand- und /oder den Fußgelenken soll sich die Wirkung verstärken lassen.

Das große Gebiet möglicher aerobischer Übungen habe ich damit nicht einmal angeschnitten. Es gibt wahrscheinlich Dutzende, von denen ich noch nicht einmal etwas gehört habe. Wesentlich dabei ist, daß Aerobic grundsätzlich Energie aufbaut, die Langlebigkeit fördert und – für die, die auf Diät sind, das Schönste – Kalorien abbaut.

Wenn Sie wirklich gut in Form kommen wollen, sollten Sie mit Ihrem Arzt über das Für und Wider aerobischer Übungen sprechen und auch darüber, wie Sie es am besten angehen sollten. Denn selbst wenn Sie gesundheitliche Probleme haben – irgendein aerobisches Programm, das Ihnen guttut, gibt es auch für Sie.

Erwarten Sie jedoch nicht, daß Sie sich sofort in Ihr aerobisches Programm verlieben. Geben Sie sich Zeit, um sich daran zu gewöhnen. Das wird auch geschehen, aber es kann eine Weile dauern. Aber auch wenn es zu einem festen Bestandteil Ihres Lebens geworden ist, kann es passieren, daß Ihnen an manchen Tagen einfach nicht nach Bewegung zumute ist. Ich kenne das. Auch jetzt noch gibt es hin und wieder Tage, an denen ich mich lieber neben den Pool legen würde, als hineinzu-springen. Aber es fällt mir immer leichter, diesen Impul-sen zu widerstehen; und jedesmal, wenn ich es schaffe, fühle ich mich besser, und man sieht es mir auch an. Außerdem, wenn Sie trainieren, obwohl Ihnen wirklich nicht danach zumute ist, kommen Sie sich hinterher doppelt so tapfer vor.

Fünfter Teil

Zum guten Schluß

1

Das Geheimnis, wie man schlank und erfolgreich sein kann, ist sehr einfach. Man muß sich selbst als schlank und glücklich empfinden und auch danach handeln. Wenn Sie mit dem, was aus Ihnen geworden ist, zufrieden sind, können Sie Ihr neues Ich mit Energie und Enthusiasmus aufladen und auch so bleiben. Was mich betrifft, ich fühle mich nicht mehr als die dicke Frau aus dem *National Inquirer*. Ich bestreite nicht, daß ich das einmal war; aber ich konzentriere mich auf mein neues aktives Leben, in dem ungute und ungesunde Angewohnheiten einfach keinen Platz mehr haben. Und dazu gehört auch, zuviel zu essen. Wenn Sie jetzt das Gewicht, das Sie loswerden wollten, losgeworden sind, können auch Sie sich Ihre neue, schlanke Figur erhalten, wenn Sie ein paar einfache Regeln befolgen.

Die erste Bedingung dafür ist, daß Sie an das, was Sie erreicht haben, auch glauben. Verbannen Sie all die Selbstbilder aus Ihrem Gedächtnis, nach denen Sie plump und übergewichtig sind. Auch wenn Sie vor einigen Monaten noch ein Zwei-Zentner-Wesen waren – blicken Sie nicht zurück. Sie sind jetzt schlank, und Sie müssen lernen, dieses neue Selbstbild zu akzeptieren.

Dr. Hilde Bruch hat in ihrem Buch *Eating Disorders* (Eßstörungen) ein Phänomen geschildert, das sie »verzerrte Körperbilder« nannte. Sie stellte fest, daß Frauen, die als Teenager dick waren, sich auch als schlanke Erwachsene immer noch als dick empfinden. Sie haben dieses alte Tonband nie gelöscht, und es besteht die Gefahr, daß sie es sich eines Tages gestatten, sich diesem negativen Image anzupassen. Es kann sein, daß sie das Gewicht, das sie verloren haben, wieder ansetzen, weil sie glauben, ihr dickes Ich sei ihr wahres Ich. Wenn ich Frauen, die schlank und fit aussehen, ständig über ihr Gewicht jammern höre, wundere ich mich überhaupt nicht, wenn ich erfahre, daß sie pummelige junge Mädchen waren. Auch Sie kennen sicher solche Menschen – vielleicht gehören Sie sogar dazu.

Ich war zwar kein übergewichtiges Kind, aber die Jahre, so um die vierzig, in denen ich gegen den Fettansatz gekämpft habe, haben in meiner Psyche tiefe Spuren hinterlassen. Es gab, nachdem ich abgenommen hatte, Zeiten, in denen ich mich selber daran erinnern mußte, daß ich nicht mehr Madame Dick war. Und selbst wenn der Spiegel mir den Schlankheitsbeweis lieferte, konnte mich etwas so Simples wie ein zu enger Rock völlig aus der Fassung bringen. Das ist auch wirklich passiert. Der Rock war Größe 36, und als ich ihn anprobierte, kriegte ich den Reißverschluß nicht zu. Ich bekam beinahe Zustände. Obwohl ich treu und brav meinen Gewichthalteplan befolgt hatte, war ich wütend auf mich, weil ich mittags zuviel Salat gegessen hatte. Natürlich hatte sich meine Figur kein bißchen verändert. Der Rock war falsch ausgezeichnet. Er war Größe 34! Aber wie schnell sich mein dickes Selbstbild wieder in meinem Kopf einstellte – ganz normal für jemanden, der gerade viel abgenommen hat, aber gefährlich. Einer der entscheidenden Faktoren beim Gewichthalten ist es, sich auf die Gegenwart zu konzentrieren.

Machen Sie es mir nach. Machen Sie sich frei von den überholten Konturen Ihrer Figur. Wenn Ihre Waage ein

Gewicht anzeigt, das zu Ihrer Größe, Ihrem Knochenbau und Ihrem Alter paßt, kann es sehr gut sein, daß Sie
ganz toll aussehen. Leben Sie also nicht in der Angst vor
einem Rückfall. Sie sind inzwischen schlank und attraktiv; wenn Sie sich selbst aber als schwerfällig und dick
empfinden, kann sich das auch auf andere übertragen,
oder aber auf Ihre eigene hochsensible Psyche. Glauben
Sie mir, wenn Sie Ihre Energien auf Ihr neues, lebendi-
ges und erfülltes Leben konzentrieren, geht es Ihnen
sehr viel besser; und es fällt Ihnen auch sehr viel leichter,
schlank zu bleiben.

Eines der erfreulichsten Resultate meiner eigenen Wie-
dergeburt war ein neuerwachtes Interesse an den Menschen in meinem Umkreis, vor allem an denen, die mir
am meisten am Herzen liegen. Niemand ist stolzer auf
das, was ich geschafft habe, als meine eigene Familie. Als
ich mich mühsam von einer sinnlosen Tätigkeit zur
anderen schleppte, dachte ich an nichts anderes mehr als
an mein eigenes Elend. Ich verlor sogar die wichtigsten
Menschen aus dem Blick, meine Kinder und Enkelkinder. Das ist eine der schlimmsten Nebenwirkungen des
Selbstwertverlustes; wenn man so richtig unten ist, neigt
man dazu, sich zu isolieren. Das erste wirkliche Anzeichen meiner Genesung war, daß ich anfing, wieder als
Mutter zu denken. Und jetzt möchte ich einfach ein
bißchen von meinen Kindern schwärmen.

Michael, ein begabter Schauspieler, arbeitet seit zehn
Jahren in New York. Er gehört zum festen Team einer
bekannten Fernsehserie, und er spielt auch am Broadway und in anderen New Yorker Theatern. Michael und
seine Frau Brooke, eine Schauspielerin und Produzen-
tin, besuchen mich häufig, aber nicht oft genug. Am
meisten leid tut es mir aber, daß ich meine beiden

ältesten Enkelkinder, Michaels Töchter Laele und Naomi, nicht so oft sehe, wie ich möchte. Mein zweiter Sohn, Christopher, arbeitet als Cutter in Los Angeles. Seine beiden Söhne, Caleb und Andrew, kommen mich häufig besuchen – da kann ich nach Herzenslust Großmutter spielen. Meine Tochter Liza, die sich im Staat New York niedergelassen hat, hat sich einen Namen als Bildhauerin gemacht. Es gibt in meiner Kunstsammlung nichts, was mir mehr bedeutet als die bronzenen Reiterfiguren, die Liza mir vor ein paar Jahren geschenkt hat. 1986 wurde ihre Bronzeplastik des Wunderpferdes John Henry von der Newmarket Gallery angekauft und als Porzellanreproduktion vertrieben. Am Muttertag 1986 brachte Liza Quinn, mein jüngstes Enkelkind, zur Welt. Über meinem Schlafzimmerkamin hängt ein wunderschönes Ölbild, das Hap Tivey, ihr Mann, von Liza und ihrem kleinen Sohn gemalt hat. Die Jüngste in der Familie, Maria Burton Carson, wohnt mit ihrer Tochter Eliza in New York. Wenn die Zeit dafür reif ist, wird Maria wieder als Modell arbeiten oder auch ein ganz neues Betätigungsfeld finden; aber in der Zwischenzeit kann sie ganz Mutter sein – ein Privileg, um das ich sie oft beneide.

Es ist nicht nur für mich schön, zu beobachten, wie meine Kinder ihren Weg machen, es ist auch für sie erfreulich, mein neues Ich zu erleben. Denn es ist ein Unterschied, ob man eine Mutter hat, die man bewundern kann, anstatt sie zu bemitleiden, und die einem helfen kann, anstatt daß man sich ihrer schämt. Als Chris, der meine Leidenschaft für Süßigkeiten geerbt hat, abnehmen wollte, fragte er mich nach meiner Diät – und wurde prompt zwanzig Pfund los. Inzwischen hat er sich seine eigene Version meines Grundprogramms ausgearbeitet. Meine Kinder brauchen mich zwar nicht unbedingt, aber ich bin froh, daß ich für sie dasein kann, wenn sie das Gefühl haben, mich oder meinen Rat brauchen zu können. Es ist ein wunderbares Gefühl, wenn man seinen Kindern helfen kann, gerade auch, wenn sie schon erwachsen und selbständig sind.

Zusätzlich zur neugewonnenen Freude an meiner Familie habe ich aber, nachdem ich für mich entschieden hatte, welche Menschen und welche Aktivitäten für mein neues Leben wichtig sind, noch eine Menge Energie übrig, um neue Freundschaften zu schließen und neue Dinge auszuprobieren. Wenn Sie sich auf Ihr neues Selbstbild und Ihr neues Selbstbewußtsein konzentrieren, werden auch Sie einen neuen Bekanntenkreis finden und neue Rollen erproben – und das alles im Grunde ohne jede Anstrengung. All dies ist Teil der unglaublichen Aufgeschlossenheit, die mit dieser Veränderung einhergeht.

Aber wenn man in dieser »Schönen Neuen Welt« gut zurechtkommen will, braucht man starke Freunde. Man braucht Leute, die einen unterstützen, und nicht Leute, die einen sabotieren. Es ist nicht immer einfach, die einen von den anderen zu unterscheiden. Wenn man dick ist, teilt sich die Welt in zwei Kategorien auf – Menschen, die einen piesacken, und Menschen, die einen in Ruhe lassen. Das Merkwürdige dabei ist, daß es in beiden Lagern Helfer und Saboteure gibt. Das Tolle dabei ist, daß Ihr »neues« Ich diesen Unterschied erkennen kann. Als ich dick war, versuchten Freunde, mir zu helfen. Einige hielten es für das Beste, den Mund zu halten und mich machen zu lassen, was ich wollte, bis ich wieder zur Vernunft käme. Andere nörgelten an mir herum. Offen gesagt, beides hatte wenig Wirkung, jedenfalls so lange nicht, bis ich mich dann endlich selbst dazu entschloß, meine selbstzerstörerischen Verhaltensmuster aufzugeben.

Jetzt, im Vollgefühl meiner Kräfte, stelle ich fest, daß ich die Gesellschaft von Menschen suche, die mich in meiner neuen Lebensweise bestärken. Hier ist ein Beispiel dafür, was ich damit meine. Vor ein paar Wochen war ich mit einer Freundin mittags in einem Restaurant. Als ich die Speisekarte studierte, schwankte ich zwischen einem Salat und der Spezialität des Hauses, einem saftigen überbackenen Hühnergericht mit einer dicken Kruste. »Du mußt unbedingt dieses Huhn im Teig probieren«, sagte ich zu meiner Begleiterin. »Es schmeckt toll.« Als der Kellner kam, sagte meine Freundin: »Ihr Huhn im Teig soll ja köstlich sein; ich probiere es aber lieber ein andermal. Heute nehme ich Fruchtsalat mit Hüttenkäse.« Ohne mit der Wimper zu zucken, klappte ich die Speisekarte zu und sagte: »Dasselbe für mich.« Ich will nicht behaupten, daß ich, wenn meine Freundin sich das Huhn bestellt hätte, das auf jeden Fall auch gemacht hätte; ich stelle lediglich fest, daß sie es mir leichter gemacht hat, das nicht zu tun. Ich kenne Frauen, die das Huhn gegessen hätten und noch eine Nachspeise dazu. Diese Freunde treffe ich lieber zu Gelegenheiten, bei denen nichts gegessen wird. Ich spreche auch nicht die ganze Zeit über das Essen. Das habe ich früher gemacht. Wenn ich nicht gerade aß, dachte ich ans Essen. Heute praktiziere ich vernünftiges Essen und »geistiges« Fasten.

Als meine neuen Gewohnheiten dann erst einmal gefestigt waren, war ich auch in der Lage, anderen zu helfen. Ich wurde ein Helfer. Das ist eine Rolle, die mir aus mehreren Gründen entspricht und die ich auch gerne übernehme. Vor kurzem sah ich mir im Fernsehen eine Sendung über das Dicksein an. Es war eine Talk-Show mit vier Gästen. Drei von ihnen, zwei Männer und eine Frau, waren ehemalige Übergewichtler. Der vierte Gast war eine Frau mit schier monströsen Proportionen namens Mary Ann. Mary Ann behauptete, sie hätte fast ihr ganzes Leben lang Diät gehalten, bis es ihr schließlich zuviel wurde. Sie war der festen Meinung, ihr Gewicht lasse sich ohnehin nicht reduzieren, also warum sollte sie versuchen, etwas zu sein, was sie nicht sein konnte. Inzwischen sei sie, so versicherte sie, auch »gerne dick«. Die drei anderen Teilnehmer schienen nicht überzeugt. Die beiden Männer waren verständnisvoll, aber streng. Sie fanden, Mary Ann sollte versuchen, wenigstens ein bißchen abzunehmen. Man merkte ihren Kommentaren die ehrliche Anteilnahme an, die aus ihren eigenen Erfahrungen stammte. Die neu-schlanke Frau dagegen war unglaublich grausam. Sie stürzte sich voller Haß auf Mary Ann, erklärte ihr, sie würde sich nur selbst belügen und sie könne nichts als unglücklich sein, es sei denn, sie würde abnehmen. Ihre Einstellung war das genaue Gegenteil von Hilfe, ein Standpunkt, den ich nie einnehmen könnte und den, Gott sei Dank, auch nie jemand mir gegenüber eingenommen hat. Was immer Mary Ann vom Glücklichsein erzählte, sie war sicher unglücklich. Man kann doch nicht zufrieden sein, wenn man so dick ist, daß man nicht in einen normalen Stuhl paßt. Zwar erreichen nur wenige Dicke derart ungeheure Proportionen, aber ich glaube, daß viele Menschen mit früheren oder akuten Gewichtsproblemen insgeheim die Angst haben, es könnte auch ihnen so ergehen. Das ist wahrscheinlich auch der Grund dafür, warum die Zuschauer während der ganzen Sendung so nervös ge-

301

lacht haben. Vielleicht verachten wir dicke Leute deshalb so schnell, weil wir tief im Inneren davon überzeugt sind, daß das auch uns passieren könnte. Passieren kann es auch. Mir zum Beispiel.

Als ich dick wurde, habe ich mit allen möglichen Entschuldigungen gearbeitet: Verdammt noch mal, das ist mein Körper, das ist mein Leben. Aber es ließ mich, weiß Gott, nicht kalt, was die Leute sagten; doch weil ich ein Filmstar war, wurde mir mehr nachgesehen als den normalen Dicken. Meine Anwesenheit war nach wie vor von einem gewissen Wert für andere, wenn auch nicht für mich selbst. Meistens ist das aber anders. Dicke werden häufig diskriminiert. Für bestimmte Positionen werden sie von vornherein nicht akzeptiert, und man beurteilt sie aufgrund ihrer Kleidergröße. Aber auch meine Berühmtheit konnte mich nicht wirklich schützen. Im Gegenteil, ich lieferte Stoff für Fernsehwitze und Illustriertenartikel am laufenden Band. Ich will zwar keine Zeit darauf verschwenden, auf den negativen Seiten der Vergangenheit herumzureiten, aber es ist mir wichtig, darauf hinzuweisen, wie leicht man Dicken weh tun kann und daß man Menschen mit Gewichtsproblemen lieber helfen soll, anstatt sie herunterzumachen.

Noch eine Regel, die einem dabei helfen kann, das schlanke Leben zu genießen: raus aus dem Haus und sich beschäftigen. In der Zeit, als ich dick war, verkroch ich mich daheim, wenn ich nicht wegen meiner Familie oder der Arbeit aus dem Haus mußte. Genauer gesagt, ich verkroch mich vor den Fernseher oder in die Küche. Aber kaum hatte ich abgenommen, machte es mir wieder Spaß, auszugehen; und auch wenn es für Sie noch eine Anstrengung bedeutet: Sie müssen unter die Leute. Machen Sie einfach das, was Ihnen Spaß macht. Es gibt so vieles, wofür man sich begeistern kann. Ich tanze zum Beispiel leidenschaftlich gern. Das hängt vermutlich mit meiner Erziehung zusammen, denn ausgehen hieß damals Abendessen und Tanzen. Inzwischen konzentriere ich mich mehr auf letzteres und mache auch vor der Disco nicht halt. Wenn Sie kleine Kinder haben, sollten Sie sich um die Schule kümmern – gehen Sie zu Elternabenden, oder helfen Sie mit beim Organisieren von Veranstaltungen außerhalb der Schule. Beschäftigen Sie sich mit der Politik. Sie müssen ja nicht gleich einen Senator heiraten! Änderungen in der politischen Landschaft kann man viel wirksamer herbeiführen, wenn man sich in örtlichen Komitees dafür stark macht. Wichtig ist, daß man sein neues Leben auf neue Interessen und neue Tätigkeiten ausrichtet, nicht auf den Kühlschrank und den Fernseher.

Natürlich riskieren Sie etwas, wenn Sie die Sicherheit und die Bequemlichkeit Ihres »Nestes« aufgeben. Aber wer sich seine gesunde Selbstachtung erhalten will, muß auch einmal ein Risiko eingehen. Und wenn Sie dann später, nach dem Abnehmen, das erste Mal die Runde drehen, sehen Sie, was Ihr Risiko wert war. Ihre Freunde – und auch Ihre Feinde – werden von Ihrem neuen Ich überwältigt sein. Ich erinnere mich noch gut daran, welchen Spaß es mir machte, mich mit meinen 108 Pfund wieder vor den Medien zu präsentieren. Natürlich war da auch Eitelkeit mit im Spiel. Alle Frauen wollen gut aussehen. Aber noch viel wichtiger war die Bestätigung, daß mein Leben in eine neue, richtige Bahn gekommen war. Nichts läßt die Selbstachtung höher steigen, als wenn andere anerkennen, daß man alles gut im Griff hat. Und damit das auch so bleiben kann, ist es gut, sich zu einem Experten der neuen Lebensart zu entwickeln.

Das ist längst nicht so schwierig, wie Sie vielleicht denken. Wenn Sie auf Ihre Diät achten, unterliegt alles, was Sie essen, Ihrer Bewertung. Darum wird jeder, der ernsthaft Diät macht, irgendwie auch zu einem Experten in Ernährungsfragen. Sperren Sie sich nicht dagegen. Lernen Sie, soviel Sie können. Ich habe das damals genauso gemacht. Ich las die entsprechenden Bücher und sprach mit Diätexperten und Ärzten. Schließlich war ich soweit, daß ich nichts Eßbares mehr ansehen konnte, ohne daß der entsprechende Kalorien- und Kohlehydrat-Gehalt und der Nährwert vor meinem inneren Auge abrollten. Ein ganz normales Stück Kuchen zerlegte sich in seine Bestandteile – Mehl, Zucker, Wasser und Eier –, jeder davon mit seinem spezifischen Nährwert. Jetzt, nachdem ich feste Eßgewohnheiten habe, bin ich mir nicht mehr in diesem Ausmaß des Nährwerts jedes einzelnen Bissens bewußt; allerdings bewahrt mich dieses Wissen immer noch vor Freßorgien und auch davor, über längere Zeit von Schokoladeriegeln zu träumen, deren Nährwert gleich Null ist. Wenn Sie wissen, wie viele Kalorien das Zeug hat, auf dem Sie herumkauen, ist die Gefahr, daß Sie zu einem unfreiwilligen Kauer werden, nicht sonderlich groß.

Und so, wie Sie Ihr neues Wissen über Ernährung genießen sollten, sollten Sie auch für andere Aspekte Ihres körperlichen Wohlbefindens ein Gespür entwickeln. Werden Sie ein Profi in Sachen Garderobe und Make-up. Finden Sie heraus, welche Schönheits- und Gesundheitspräparate Ihnen guttun. Lernen Sie, was Ihnen steht und was nicht. Natürlich sollten Sie das nicht übertreiben. Sie müssen nicht ständig die Nase in einem Modejournal haben oder ganz allein die Boutique am Ort vor den roten Zahlen bewahren, um zu zeigen, daß Sie ein Interesse an Ihrem Aussehen haben. Sie sollten sich einfach auf eine vernünftige Weise Informationen aneignen, die Ihnen helfen, gut auszusehen. Machen Sie sich Gedanken über sich selbst, damit Sie wissen, was für Sie gut und richtig ist.

Etwas, das sicher für jeden richtig ist, ist körperliche Betätigung. Ich habe schon erwähnt, daß das bei einer Diät ganz besonders wichtig ist. Genauso wichtig ist dies aber auch beim Gewichthalten. Und auch hier sollten Sie ein Experte dafür werden, welche Übungen für Sie am gesündesten und am besten sind. Vor etwa zehn Jahren brach plötzlich das ganz große Interesse am körperlichen Wohlbefinden aus. Aerobic wurde zu einem Schlagwort, und die altmodische Gymnastik wurde ins Abseits gedrängt. Im Laufe der Zeit zeigte sich, daß man Aerobic nicht allzu intensiv betreiben und am besten mit den langerprobten Gymnastikübungen kombinieren sollte. Und während die Erwachsenen mit Begeisterung der körperlichen Ertüchtigung huldigen, zeigen die neuesten Untersuchungen, daß ihre Kinder dikker und wabbeliger geworden sind. Das ist doch pure Ironie. Es ist erwiesen, daß Schulkinder heutzutage 40 Prozent mehr Körperfett haben als noch vor fünfzehn Jahren! Sie hocken lieber vor dem Fernseher und essen ungesundes Zeug, anstatt draußen zu spielen. Das Problem wird verschlimmert dadurch, daß die Schulen das Sportprogramm zugunsten der reinen Lernfächer verkleinert haben. Es ist also bitter nötig, daß die Eltern wenigstens irgendeine Sportart betreiben. Sie sollten Ihre Kinder nicht nur zum Gruppensport animieren – gehen Sie mit ihnen nach draußen, laufen Sie, wandern oder fahren Sie Rad.

Das Schwierigste bei jeder sportlichen Betätigung ist es,

das wöchentliche Programm auch einzuhalten. Nur weil Sie Ihr Idealgewicht erreicht haben, dürfen Sie sich nicht auf Ihren Lorbeeren ausruhen. Setzen Sie alles in Bewegung, um regelmäßig zu trainieren. Manche Leute motivieren sich dadurch, daß sie einem Fitneßclub beitreten oder Gymnastikkurse belegen. Wenn Sie dafur kein Geld ausgeben wollen, sollten Sie wenigstens jeden Tag einen flotten Spaziergang machen. Aber überlassen Sie das nicht dem Zufall. Bestimmen Sie einen festen Zeitpunkt, und weichen Sie nicht davon ab. Ein festes Verhaltensmuster läßt sich leichter einhalten, als wenn man nachlässig an die Sache herangeht. Noch leichter wird es, wenn man dabei nicht allein ist. Ich habe von drei Frauen gehört, die sich vor ungefähr fünf Jahren zusammengetan und ihren eigenen Fitneßclub gegründet haben. Es gibt bei ihnen keine Beiträge und keinen Vorturner. Sie treffen sich jeden Morgen um halb sieben, bei Sonne und bei Regen, zu einem einstündigen, temporeichen Spaziergang. Dann gehen Sie nach Hause an ihre Arbeit. Ihre morgendliche Aktivität ermüdet sie aber nicht, sondern lädt sie auf mit Energie, von der sie den ganzen Tag zehren können.

Wenn Sie sich Ihr neues Ich erhalten wollen, müssen Sie sich vor zuviel Fett und zuviel Zucker hüten. Sehen Sie in beiden Dingen die Feinde, die sie ja auch sind. Schauen Sie sich die Ernährungsweise der Schulkinder an, von denen zuvor die Rede war, und Sie werden feststellen, daß sie sich vorwiegend von Speisen ernähren, die sehr viel Fett und sehr viel Zucker enthalten. Und hier kann Ihr neuerworbenes Wissen um die Ernährung auch Ihrer Familie zugute kommen. Sobald Ihnen bewußt ist, daß manche Nahrungsmittel außer leeren Kalorien nichts enthalten, ist es viel einfacher, sie durch Lebensmittel zu ersetzen, die diesen Namen auch verdienen.

Wenn Sie Ihr Gewicht aufgrund guter Eßgewohnheiten und regelmäßiger Bewegung halten und Ihr neues und aktives Leben fest im Griff haben, kann sich die Gegenwart für Sie so erfreulich gestalten, daß es Ihnen keine Mühe machen wird, diese guten Gewohnheiten auch für eine schlanke und sinnvolle Zukunft beizubehalten.

2

Sophie Tucker, die letzte der großen Blues-Sängerinnen, war schon fast siebzig, als sie sagte: »Von dem Tag an, an dem es auf die Welt kommt, bis zu seinem achtzehnten Geburtstag braucht ein Mädchen gute Eltern. Von achtzehn bis fünfunddreißig braucht eine Frau ein gutes Äußeres. Von fünfunddreißig bis fünfundfünfzig braucht sie eine gute Persönlichkeit. Und ab fünfundfünfzig braucht sie gutes Geld.«

Gut gesprochen, Sophie! Aber eine wichtige Sache hat das alte Mädchen dabei vergessen, auch wenn sie sonst ins Schwarze getroffen hat. Ich hätte noch hinzugefügt, daß jeder Mensch vom Tag seiner Geburt an ein starkes Selbstwertgefühl haben muß. Das ist die einzige Währung, die man jederzeit einlösen kann.

Ich sollte das wissen.

Ich bin mittlerweile beim letzten Abschnitt von Sophie Tuckers Gleichung angelangt; alle anderen habe ich überstanden, wenn auch nicht immer mit fliegenden Fahnen, so doch in einem gesunden Bewußtsein meines eigenen Wertes.

Ich hatte Glück. Ich hatte gute Eltern. Manche Menschen haben es da nicht so gut. Sie wachsen auf, und aus irgendeinem Grund fühlen sie sich ungeliebt. Das ist schlecht für die Selbstachtung. Aber Vernachlässigung in jungen Jahren – ob echte oder eingebildete – ist auch wiedergutzumachen. Sie kann sogar den Charakter stärken. Wenn man bedenkt, daß ich schon eine Berühmtheit war, noch ehe ich dreizehn war, hätten auch die besten Eltern der Welt eine gewisse Verzerrung meines Selbstbildes nicht vermeiden können. Von dem Augenblick an, an dem ich anfing, Filme zu machen, war ich kein Kind mehr. Ich war so gut wie immer mit Situationen aus der Erwachsenenwelt konfrontiert und mußte ohne die Gesellschaft Gleichaltriger auskommen. Erst Jahre später, im Betty-Ford-Center, wurde mir klar, wie sehr mich das geprägt hat. Im Kopf ging ich dort alle meine frühen Erfahrungen durch, um für mein weiteres Leben den bestmöglichen Weg zu finden.

Wahrscheinlich täte das allen Leuten gut, ob sie nun Probleme haben oder nicht. Man kann mit negativen Impulsen wesentlich besser umgehen, wenn man weiß, warum sie überhaupt entstanden sind. Wir bekommen dadurch zwar nicht gleich unser ganzes Leben in den Griff, aber doch immerhin etwas mehr Kontrolle über unsere Umstände.

Als ich in Washington entgleiste, kam es mir nicht in den Sinn, daß mein eigentliches Problem ein Mangel an Selbstachtung war und daß alles Essen der Welt dieses innere Gefühl von Leere nicht hätte ausfüllen können. Man muß schon sehr tief unten sein, um zu glauben, daß eine Schokoladencreme alles wieder ins Lot bringen kann. Aber für viele Frauen mittleren Alters, die unglücklich sind, ist dies eine klassische Reaktion. Jetzt, da Sie meine Erfahrungen kennen, wissen Sie, daß es glücklicherweise sehr viel gesündere und sehr viel bessere Lösungen gibt.

Eine davon ist es, sich selbst zu belohnen, wenn man das Idealgewicht erreicht hat und es hält. Wenigstens einmal im Monat sollten Sie sich für Ihr neues Ich etwas gönnen. Ich meine damit nicht, daß Sie zu Cartier oder

Tiffany hineinschneien sollen, um sich irgendeinen teuren Klunker zu kaufen. Überhaupt nicht. Man muß nicht eine Menge Geld ausgeben, um sich selbst eine Freude zu machen. Sie könnten sich hübschen Modeschmuck, Spitzenunterwäsche oder auch einfach einen Rahmen kaufen für ein Foto, auf dem Sie schlank und schick aussehen. (Vergessen Sie nicht, das Foto immer wieder auszuwechseln, damit es mit Ihrem Image Schritt hält!) Was Sie sich kaufen, muß nicht teuer sein; es sollte einfach etwas sein, das Sie sich wünschen.

Ich habe noch einen Tip auf Lager, um Sie zum Gewichthalten und zur gesunden Selbstachtung zu motivieren: Probieren Sie alle vier Wochen eine neue Sportart aus. Experimentieren Sie mit Skiern oder mit Schlittschuhen. Nehmen Sie Tanz- oder Schwimmunterricht. Wenn Sie schwimmen können, lernen Sie einen neuen Stil. Eine meiner Freundinnen machte einen Tauchkurs. Um sich mit der neuen Technik vertraut zu machen, zogen sie und ihre Mitschüler die ganze Ausrüstung an und sprangen einfach in den Swimmingpool. Inzwischen beherrscht sie auch schon das Tiefseetauchen und macht das alles mit so großer Begeisterung, daß sie auf Meeresbiologie umsatteln möchte.

Das Entscheidende dabei ist, daß man durch den Spaß an etwas Neuem seinen Horizont erweitert. Auch Gesellschaftstanz ist eine wunderbare Sache. Vor einiger Zeit erlebte beispielsweise der Tango eine Renaissance. Man nahm Tanzstunden und glitt wieder nach argentinischen Rhythmen über die Tanzfläche. Das sind »Leibesübungen«, die man wirklich nicht als Fitneßprogramm empfindet; sie machen einfach Spaß.

Bestimmte Dinge werden Sie vielleicht nicht lange machen wollen; aber Ausprobieren tut nicht weh. Sie werden staunen, wie sehr man sich für etwas begeistern kann, das man erst spät im Leben lernt. Ich las von einer achtzigjährigen Frau, die in Boston am Marathonlauf teilgenommen hat. Mit siebzig hatte sie angefangen zu laufen!

Und noch ein Tip zum Gewichthalten: Probieren Sie jede Woche ein neues Diätrezept aus. Verschiedene Zubereitungsarten für dasselbe Nahrungsmittel halten Ihre Geschmacksnerven auf Trab. Viele Zeitungen bringen Rezepte, die entweder schon kalorienarm sind oder meiner Diät ohne Mühe angepaßt werden können. Ich schneide mir die interessantesten Rezepte aus und koche sie nach. Sie können sich auch selbst auf die Probe stellen und eigene kalorienarme Gerichte erfinden. Und gar nicht schlecht ist es auch, sich einmal die Woche hinzusetzen und den Speiseplan für die nächsten sieben Tage zusammenzustellen. Auf diese Weise wird die Versuchung, aus der Diät auszubrechen, sehr viel geringer.

Jeder neue Einfall – solange er konstruktiv ist – macht das Gewichthalten leichter und lustiger. Erinnern Sie sich, wie ich mir vor einigen Jahren die Haare blond gefärbt habe? Es war eigentlich nur ein Jux, und auch wenn ich keine Blondine blieb, hat es mir, solange ich eine war, sehr viel Spaß gemacht. Wenn es etwas gibt, was Sie schon immer ausprobieren wollten, aber nie gemacht haben – ich rate Ihnen dringend: Probieren Sie es jetzt. Ich kenne einen Arzt, der immer so viel zu tun hatte, daß er nie Zeit für seine kreativen Möglichkeiten fand. Er war weit über sechzig, als er anfing, Klavier zu spielen – etwas, das er sich immer schon gewünscht hatte. Er ist bestimmt kein Horowitz, aber er hat eine solche Freude daran, sich in seinem Wohnzimmer durch

Beethovens *Für Elise* zu quälen, wie ein Konzertpianist, der vor einem großen Publikum Scarlatti-Sonaten spielt. Viele Menschen bereichern ihr Leben dadurch, daß sie ein Instrument lernen. Und für Menschen, die sich für Musik interessieren, aber nicht unbedingt ein Instrument spielen wollen, gibt es nichts Schöneres, als sich einem Chor anzuschließen. Das muß beileibe kein berühmter Chor sein, eine kleine Gruppe aus Ihrer näheren Umgebung tut es auch. Wenn Sie literarische Ambitionen haben, sollten Sie versuchen, endlich die Geschichte zu schreiben, die Sie schon so lange zu Papier bringen wollten. Es gibt in vielen Städten Kurse für kreatives Schreiben, für den Fall, daß Sie sich Anleitungen holen wollen. Sie können es auch mit einem Fotolehrgang oder einem Kunstkurs versuchen. Ich habe es mit der Malerei versucht; meine Ergebnisse sind zwar eher gemischt, aber Freunde von mir haben sich zu wirklichen Künstlern entwickelt. Einige sind damit sogar ins Geschäft gekommen und erzielen gute Preise für ihre Werke. Es ist zwar ein tolles Gefühl, wenn einem das gelingt; aber Sie müssen mit Ihrem Hobby kein Geld verdienen. Worauf es ankommt, ist: Je mehr Sie machen, desto lebendiger fühlen Sie sich.

Aber selbst wenn Sie alles, was ich Ihnen rate, ausprobieren, wird es Zeiten geben, in denen Sie das Gefühl haben, es einfach nicht auszuhalten, wenn Sie jetzt nicht eine Schokoladencreme, oder was sonst Ihre große Schwäche ist, bekommen. In so einem Fall müssen Sie zwei Dinge tun: Zwingen Sie sich dazu, dreißig Minuten zu warten. Das müßte an sich genügen. Wenn es nicht genügt, brauchen Sie Hilfe. Rufen Sie einen Freund oder eine Freundin an. Auch wenn Sie eigentlich nicht wollen: Zwingen Sie sich zu einem Hilferuf. Sie sind keine Niete, nur weil Sie auf etwas wahnsinnig große Lust haben! Nicht einmal dann, wenn Sie nachgeben und auf einen Freßtrip gehen. Solange Sie sich Hilfe suchen und dann umgehend wieder Ihre Diät oder Ihr Gewichthalteprogramm einhalten, dürfen Sie mit sich zufrieden sein.

Ein Wort zum Schluß: Seien Sie freigebig mit Ihrer Person. Ich setze mich für den Kampf gegen AIDS ein. Noch bevor mein Freund Rock Hudson starb, habe ich mich mit dieser Geißel der Menschheit beschäftigt. Das geräuschvolle Schweigen über diese Krankheit macht mich wütend. Diese Diskriminierung, dieses Stigma. Ich dachte mir, ich mache doch genau dasselbe, also steige in die Arena und tu etwas. Und das tat ich dann auch. Ich war schon sehr engagiert, aber der Tod von Rock hat dann daraus ein echtes Anliegen gemacht. Ich finde nicht, daß man tatenlos zusehen darf, wenn es so viel zu tun gibt, um diese Welt besser und sicherer zu machen.

Ich selbst habe mich für den Kampf gegen AIDS entschieden; aber es gibt viele Organisationen, die Hilfe brauchen. Es gibt viel zu viele Hungersnöte, Krankheiten, Kriege und viel zuviel politische Unterdrükkung, als daß man sich lediglich um seine Taillenweite kümmern dürfte. Nichts wird Ihre Selbstachtung positiver beeinflussen, als wenn Sie anderen helfen. Das macht Sie angenehmer für sich selbst und angenehmer für Ihre Mitmenschen. Wir können nicht alle wie Mutter Teresa sein, aber jeder von uns kann versuchen, einen kleinen Winkel dieser Welt zu verbessern.

Ich glaube, ich bin heute glücklicher als je zuvor. Es

gab auch andere Zeiten in meinem Leben, die von Freude und Glück erfüllt waren, wie etwa meine wunderbaren Jahre mit Mike und Richard. Aber zum ersten Mal ist es ein Glück, das ich mir selbst verdanke. Nicht weil ich jung oder schön oder berühmt war, fiel es mir in den Schoß. Und es kam auch nicht daher, daß ich einen Mann liebte. Es wurde mir nicht »geschenkt«, dieses Glücklichsein. Ich habe es mir verdient.

Indem ich scheinbar unüberwindliche Hindernisse bezwang, lernte ich, daß meine Ausmaße nicht die schlimmste Barriere für meine Selbstachtung waren. Um das richtige Gefühl für meinen eigenen Wert zu bekommen, mußte ich alte Ängste, Zweifel und Sorgen bewältigen. Erst dann war es mir möglich, mein Bild neu zu formen. Jetzt befinden sich mein Äußeres und mein Inneres in Harmonie. Und es geht mir wirklich so gut, wie ich aussehe.

Ich habe schwer daran gearbeitet, diesen Zustand zu erreichen, und deshalb ist dies auch mein schönster Sieg. Aber noch ist der Krieg nicht vorbei. Es gibt so vieles, was ich noch tun möchte; es ist kaum zu fassen. In den letzten drei Jahren habe ich drei Filme gedreht, und ich kann im Augenblick mit den Angeboten eigentlich kaum mehr Schritt halten. Ich bin auch an einem größeren geschäftlichen Vorhaben beteiligt. Obwohl mir alle diese Unternehmungen ein großes Gefühl der Befriedigung vermitteln, bin ich, glaube ich, auf meine karitativen Leistungen am meisten stolz. Ich habe für die AIDS-Forschung Millionen von Dollars gesammelt. Und ich höre noch lange nicht auf damit. Ich höre erst dann auf, wenn diese entsetzliche Krankheit besiegt ist.

Was ich eigentlich damit sagen will, ist, daß ich nach Jahrzehnten, in denen ich ein Filmstar, ein Name in den Schlagzeilen war, ein aktiver und produktiver Mensch geworden bin. Ich glaube, ich habe bewiesen, daß jeder sein Leben verändern und wirklich lebenswert machen kann. Man muß es nur versuchen.

Danksagung

Ich möchte mich bei Jane Scovell bedanken für die vielen Stunden, die sie mir bei der Niederschrift dieses Buches geholfen hat.

Bedanken möchte ich mich auch bei Richard Brooks, meiner Lektorin Phyllis Grann und ihren Mitarbeitern, Sidney Guilaroff, Joy Harris, Sheran Hornby, Robby Lantz, Roddy McDowall, Nolan Miller, Carole Bayer Sager, Chen Sam und ihren Mitarbeitern, Liz Thoburn, Robert Wagner und Roger Wallo.

Den tiefsten Dank aber schulde ich meiner Familie.